产品市场竞争与股票异质性风险
理论模型和实证

CHANPIN SHICHANG JINGZHENG YU GUPIAO YIZHIXING FENGXIAN LILUN MOXING HE SHIZHENG

吴昊旻 ◎ 著

本书获
石河子大学『211工程』重点学科（兵团经济社会发展与区域合作研究）建设项目资助
石河子大学哲学社会科学优秀学术著作出版资金专项资助

暨南大学出版社
JINAN UNIVERSITY PRESS
中国 · 广州

图书在版编目（CIP）数据

产品市场竞争与股票异质性风险：理论模型和实证/吴昊旻著. —广州：暨南大学出版社，2012.9
ISBN 978－7－5668－0111－1

Ⅰ.①产… Ⅱ.①吴… Ⅲ.①产品—市场竞争—研究
Ⅳ.①F713.5

中国版本图书馆 CIP 数据核字（2012）第 022508 号

出版发行：暨南大学出版社

地　址：中国广州暨南大学
电　话：总编室（8620）85221601
营销部（8620）85225284　85228291　85228292（邮购）
传　真：（8620）85221583（办公室）　85223774（营销部）
邮　编：510630
网　址：http：//www.jnupress.com　http：//press.jnu.edu.cn

排　版：广州市天河星辰文化发展部照排中心
印　刷：佛山市浩文彩色印刷有限公司

开　本：890mm×1240mm　1/32
印　张：10.25
字　数：276 千
版　次：2012 年 9 月第 1 版
印　次：2012 年 9 月第 1 次

定　价：25.00 元

序　一

日益关注公司财务与宏微观制度环境（尤其是法与金融、公司治理）的互动关系，以及采用行为的方法和基于市场结构、产业组织等理论来研究公司财务问题，已然成为近三十年来现代财务学研究的主流和热点（Ritter，2005）。经济的发展模式是计划的还是市场的，市场主体的博弈是倾向竞争的还是受到管制的，行业结构是集聚的还是分散的，一直是各国社会和市场经济发展优先关注的战略问题，也是现代经济管理学研究的基本命题。受现代西方经济学理论的“鼓吹渲染”，以及发达市场经济体系国家势力的“物质感召”，近半个世纪以来，通过鼓励或引导以形成激烈的竞争，一直被认定为是推进公司及行业（产业）绩效提升的有效乃至唯一的路径。比较优势原理表明，国家发展需依其资源禀赋，公司壮大则赖其竞争优势。但新的经济变迁背景以及特定制度环境之下的公司经营实践却表明，公司的竞争优势并非一定得由激烈的竞争才能获得。基于经济增长、产业组织、竞争优势以及市场结构等宏微观理论视角的诸多研究表明，公司竞争优势的获取必须依赖更低的成本、更高的效率、更强的市场势力甚或更为集中的行业结构。

现代经济学理论尤其是新制度经济学和产业组织理论等，很早就已认识到“结构”之于组织绩效的关键性作用，如经济学家贝恩（Bain，1951）提出的“SCP”范式、熊彼特（Schumpeter，1912；1942）的“创造性破坏”思想以及管理学家迈克尔·波特（Porter，1988）发展的“竞争优势”理论等，均将“结构”（Structure）作为影响企业所在的行业（产业）乃至一国（地区）经济绩效重要的、基础性的因素。新制度经济学和产权理论的代表人物德姆塞茨（Demsetz，1973）等指出，效率或竞争优势才是衡量行业结构优劣的关键，过于分散的竞争会有损效率（Stigler，1968；Gale，1972）；科斯（Coase，1981）也常发出“我被反垄断法烦透了”的批评，垄断很可能正是竞争的自然结果（张五常，1999）。后续一系列的实证研究亦为此提供了经验证据——正如本书文献述评和理论分析部分所展示的结果：存在显著的产品市场势力（Product Market Power）或垄断势力（Monopoly Power）或相对集中（More Concentrated）的行业结构，即不完全竞争的产品市场（PM）有助于缓解公司证券市场（SM）的低效率；公司的产品市场竞争与其证券市场的效率因其关联和互动，故其对于公司的价值亦必具有“互为表里”甚或“此消彼长”的联动效应。

异质性风险（Idiosyncratic Risk）也称特质性风险或异质性回报波动（Idiosyncratic Return Volatility），是影响公司股票预期回报的重要特征性因素。风险与收益实时共存，作为异质性风险的度量，异质性波动如能被定价，则股票的预期回报与预期的异质性波动应该正相关，但鉴于预期回报与预期的异质性风险均不可观察，故实务中常用已实现回报作为截面回归中的替代应变量，它等于预期回报与随机偏误的和（Fu，2009）。股票预期回报的异质性风险包含着公司未来收益及对其产生冲击性影响的相关信息，故异质性风险表示的是一种对未来回报不确定性的投资风险（Wei and Zhang，2006）。所以，异质性风险可以作为公司的股票市场的效率高低的一个替代，而整个上市公司的异质性风险水平则可以反映或透视出一国（地区）证券（股票）市场的效率水平。这也是国外关于公司所在的产品市场竞争（Product Market Competition）如何影响其证券市场效率（Stock Market Efficiency）的最新研究所遵循的一个基本逻辑（Gaspar and Massa，2006；Irvine and Pontiff，2009；Kale，2010；Brown and Kapadia，2007）。

进入21世纪，尤其是2008年金融危机以来，世界经济格局正在或者已经发生了重大变革。面对频发的金融甚或经济危机，世界各国尤其是以美国、欧洲各国为代表的发达市场经济体，在危机前后不断采取一系列弱化竞争、加强政府干预的应对措施，如政府收购困境公司、强化金融管制、实施贸易壁垒等。在危机来临之前，为加强公司财务安全、避免危机恶化，我国（国资委等）亦要求从政策层面强化“现金为王”策略，避免盲目地多元化扩张，进一步做大做强主业，同时推进行业的优化集中与放开准入，力主依托结构化调整，更加重视和凸显企业及行业竞争的效率，并相继取得显著成效。这些现实的背景变迁表明：产品市场上的过度竞争往往会损害其证券市场的效率，降低资源（资本、信息等）的配置效率，加剧要素（产品、资本等）市场上的信息不对称，并最终引致公司回报的频繁波动、更高的风险和更差的事后收益。这与国外学者基于美国等发达经济体上市公司样本的“竞争—绩效”关联的系列研究成果相一致。在此背景之下关注我国公司的产品市场竞争与其证券市场效率之互动关联及其公司价值效应，无疑具有显著的理论及应用价值。

吴昊旻博士的这部著作以产品市场竞争与异质性风险为主题，主要沿着产业组织理论的“SCP”范式以及市场结构理论的“效率—结构”（Efficiency - Structure）假说的逻辑框架，同时结合企业战略管理以及“创造性破坏”思想的最新成果，运用理论模型和实证检验方法，从产品市场竞争（PMC）影响之“正反两种路径”及其与公司证券（股票）市场效率（SME）关联之“三大作用渠道”（信息、风险及结构化视角）和“四个重要关切点”（行业聚散结构、市场竞争强度、异质性风险与公司绩效）的多维纵深视角，系统考察了近十年来我国上市公司所在行业的结构及其市场竞争程度与其证券（股票）市场效率的内在关联，得出了一系列有价值的研究证据和颇具启发意义的研究结论。当然，受到我国证券市场的发展历程及其水平、上市公司相关数据的限制以及研究方法与假设等诸多局限，书中的很多结论还需要进一步验证。然而，瑕不掩瑜，考虑到上述经济环境变迁之大背景，以及此类研究在国内尚属少有，故其“抛砖引玉”之意义自然不言而喻。

暨南大学管理学院历来鼓励和推动此类具有创新性尝试和启发性意义的研究，并注重倡导博士生奠定彰显思想的深厚理论基础、进行严密无懈的理论分析（包括数学建模或逻辑推理）和严谨求实的实证检验并重的系统性规范研究，我想这也应该成为我国最高学历层次教育的一个原则和方向。吴昊旻博士是石河子大学经济与管理学院的青年教师，他能够如期顺利取得博士学位，并在国内重点刊物（CSSCI 来源刊）上发表了数篇代表性研究成果，在读期间还成功中标 2010 年教育部人文社会科学研究项目，这既受惠于暨南大学管理学院的优良学风，也得益于石河子大学经济与管理学院扎实的硕士研究生教育。作为他的导师，我乐意为本书作序，并由衷祝愿他在今后的教学和研究道路上能够再接再厉，更上一层楼。

暨南大学管理学院教授、博士生导师　广东商学院院长

辛卯年仲秋于暨南大学苏州苑

序　二

结构化分析是现代经济学理论尤其是新制度经济学和产业组织理论的一个惯常路径甚或逻辑起点，“结构”（Structure）影响已经成为制度环境分析及其效率改善的关键。正如产业组织理论的“SCP”范式（Bain，1951）、“创造性破坏”思想（Schumpeter，1912；1934）以及现代企业战略管理（强调竞争合作）和竞争优势理论（Porter，1988；Moore，1996）所指出的那样，结构在很大程度上决定着经济主体的行为选择及其绩效，结构是——并且始终是——影响组织经济绩效以及创新动力的主要因素之一。也正如本书第2章至第4章的文献述评和理论分析部分所作的详尽阐释与理论透视那般，提醒或倡导弱化市场的过度激烈的竞争以有助于形成更具效率优势的企业市场势力（Market Power）和行业竞争结构的国外最新研究，与上述经典理论的观点和逻辑一脉相承、互为表里。组织的效率和竞争优势才是衡量行业结构优劣的关键，过于分散的竞争将有损绩效（Demsetz，1973；Stigler，1968）。

本书的研究结果亦证实了上述经典理论预期或国外最新实证研究的结论：存在显著的产品市场势力（Product Market Power）或垄断势力（Monopoly Power）或相对集中（More Concentrated）的行业结构，即不完全竞争的产品市场（PM）有助于缓解公司证券（股票）市场（SM）的低效率；公司的产品市场竞争（Product Market Competition）与其证券市场效率（Stock Market Efficiency）因其关联和互动，故其对于公司的价值亦必具有“互为表里”甚或“此消彼长”的联动效应。异质性风险（Idiosyncratic Risk）反映了公司的特有风险或其证券（股票）预期回报的波动（Idiosyncratic Return Volatility），表示的是一种对未来回报不确定性的投资风险（Wei and Zhang，2006；Fu，2009），故其可以反映公司证券投资或其证券（股票）市场效率的高低，而整个上市公司的异质性风险水平则可透视出一国（地区）证券（股票）市场的效率水平。近几年来，越来越多的研究表明，美国乃至全球资本市场上公司异质性风险或其回报波动在近几十年来均呈现显著增加的趋势，而其典型的经济后果是公司产品市场竞争业绩与其证券市场绩效的关联性下滑。诸多学者将其归咎于经济领域内日趋激烈的竞争（Campbell et al.，2001；Comin and Philippon，2006；Chemmanur et al.，2006；Gaspar and Massa，2006；Tookes，2008；Hoberg and Phillips，2010；Irvine and Pontiff，2009；Peress，2010），从异质性风险入手关注公司的产品市场竞争与其证券市场的效率互动，也因此成为相关研究的一个基本逻辑。

结合全球经济变迁背景，尤其是2008年金融危机以来美国等发达经济体适时强化国家干预、优化市场竞争结构，以及我国针对企业规模和行业（产业）结构调整采取的一系列措施及其新政取向特征，本书以2000—2010年我国上市公司为样本，综合产业组织理论、市场结构理论以及企业战略管理理论等理论的最新框架和研究成果，运用理论模型和实证检验相结合的规范研究方法，从行业的聚散结构及其市场竞争强度的多维结构化视角，系统考察我国上市公司产品市场竞争与其异质性风险的关系，关注是什么导致市场的激烈竞争，公司产品市场竞争的加剧是如何传导至其证券市场并导致其异质性风险或其回报的频繁波动，异质性风险更高但其超额回报却更低的现象何以普遍存在（Fu，2009），公司两大要素市场是否存在效率关联，竞争的加剧是否会破坏公司间日益重要的战略协作，上述关联的逻辑路径又如何等问题。虽然受制于市场发展、样本数据及方法假设等局限，但本书得出的研究结论显然仍具有重要的理论和应用价值并颇具启发意义（见第9章研究结论），为后续研究关于如何从行业竞争结构及其与公司证券市场的效率互动角度，系统推进我国企业的创新创造、竞争合作及其战略管理水平，并最终实现公司绩效的持续提升，提供了一个可行的研究“范式”。

与时俱进，现代的公司财务研究因相继吸收产业组织理论、新制度经济学（产权理论、交易成本、法律经济学）以及战略管理等经济与管理理论的最新养分，而得以不断地延展其研究视野、不断地扩充其理论内涵，并最终不断地提升其制度解释的能力，公司财务也得以由微观协调走向宏观治理层面。“结构化分析范式”和“制度主义”的兴起，使得现代公司财务与公司治理的相关研究甚至被称为“新制度财务学”。正如20世纪80年代以来随着产业组织理论与金融经济学交叉融合而兴起的产品市场竞争与公司融资、战略公司财务和行为金融等多元流派，已逐步成为新时期公司财务理论研究的新趋势那样，我相信，随着我国公司产品与资本市场的进一步发展以及上市公司数据等条件的更趋完善，旨在为公司两大分离之要素市场的效率互动构建理论与经验关联，亦必将成为——尤其是在金融危机之后——公司财务理论及其实践领域日益重要的命题。如上所言，本书的研究为此提供了一个新方向，并或可成为此类研究的一个可行“范例”。本书结构几称宏大，体系可堪严谨，论证亦近充实，我非常乐意为吴昊旻博士的这本专著作序，并希望他能在这个领域的研究中作出更大的贡献。

石河子大学经济与管理学院常务副院长、教授、博士生导师

杨兴全

于石河子大学经济与管理学院

前　言

国外越来越多的研究将近几十年来美国乃至全球资本市场上公司股票异质性风险或其回报波动的显著增加，以及公司产品市场竞争（PMC）业绩与其证券市场效率（SME）的关联性下滑，直接归咎于经济领域内日趋激烈的竞争。本书关注我国资本市场是否也存在上述现象？我国上市公司异质性风险的显著增加（若有）及其绩效的关联性下滑，是否也应归咎于多因素导致的市场竞争的加剧？公司产品市场竞争的加剧是如何传导至其证券市场并导致其风险或回报的频繁波动，即公司两大要素市场是否存在效率关联或互动？行业竞争加剧的后果又有哪些？对于上述现象的解释中外有何差异？受产业组织、市场结构、企业战略管理和创造性破坏等相关理论以及国外最新研究启发，本书基于产品市场竞争之“内生互动效应”和“外生独立影响”正反两种路径及其“七类效应”的描述，对我国上市公司的产品市场竞争与其证券市场的效率关联或互动（“PMC－SME”）及其影响路径进行系统的逻辑分析、理论建模和实证检验。

秉承本书理论分析提出的“SICP”范式及其“结构化分析”路径，即从“行业竞争结构—异质性风险—公司绩效”的关联视角出发，在系统验证“激烈的竞争有损公司绩效”的数理模型基础之上，本书以2000—2010年我国沪深A股上市公司为基本样本，对上述关联命题予以系统检验。本书基于我国上市公司的产品市场竞争（PMC）及其结构的多维度量，以及全行业样本、制造业（C）样本和区分证券市场（SM）之风险结构差异的多元分组样本的实证检验结果，显著支持了本书的理论预期，研究表明：我国上市公司的股票异质性风险水平——至少近十年来——确亦呈现出显著增加的趋势，异质性风险与其市场风险水平的明显“背离”虽国内外皆然，但其背离的“性质”却显著不同；公司异质性风险的显著增加亦应主要归咎于其产品市场竞争的加剧；过于分散的行业结构以及激烈的市场竞争将有损公司的整体绩效或风险回报；而相对集中的行业结构与显著的公司市场势力（MP）则有助于缓解公司证券市场的低效率，即其能够有效弱化公司的股票异质性风险或其回报波动、降低资本成本与信息不对称，并进而稳定和提升公司的绩效。这与Demsetz（1973）、Campbell等（2001）、Fama和French（2004）等早期经典研究以及Gaspar和Massa（2006）、Brown和Kapadia（2007）、Irvine和Pontiff（2009）、Kale（2010）、Peress（2010）、Hoberg和Phillips（2010）等最新研究的基本结论相一致。本书的研究结果对于新时期我国上市公司的获利模式及其决策路径的研究与实践以及我国金融市场发展和产业结构调整等宏观政策的改革与创新，均具有重要的理论与应用价值。

PREFACE

Over the past few decades the volatility of the average stock return, or idiosyncratic risk, has drastically outpaced total market volatility in the U. S. and global capital markets. And the typical economic consequences of the dramatically volatility is the inter-related decline in firms' product market competition (PMC) performance and its stock market efficiency (SME) . Growing body of foreign literature has directly attributed the significant increasing trend of idiosyncratic return volatility to the increasingly fierce economy-wide competition. This paper focuses on whether our capital market also has such phenomenon? Whether the significant increasing trend of idiosyncratic risk of our listed companies (if) and its performance's inter-related decline should also attributed to the more intense economy-wide competition in China? How firms' intense competition in product market is to transfer to its securities market and lead to its risk or frequent fluctuations in return? Whether there exists the efficiency affiliated or interactions between the two factors market, namely firms' product market and stock market? Based on the industrial organization, market structure, strategic management or the theory of creative destruction, and inspired by the latest research abroad, the theoretical model and empirical test of this paper systematically investigates the product market competition "endogenous interaction effect" and "exogenous independent effect".

Based on the basic sample of China's Shanghai and Shenzhen A shares of 2000 – 2010, and our listed company's product market competition's multi-dimensional measurement, the empirical results of the paper significantly support the theoretical expectations whatever in its total sample or its multiple sub-samples. The results of this study indicate that: at least over the past decade, the idiosyncratic risk level of listed companies' in China is also indeed showing a significant increasing trend. The paper argues that this finding is attributable to the more intense product market competition, the intense market competition among firms and the fragmented industry structure would be detrimental to the company's performance, and the more concentrated industry structure or firms' significant product market power (MP) can help to alleviate the low efficiency of the company's securities market, that is, they can effectively weaken the idiosyncratic return volatility, lower its cost of capital and information asymmetry, and thus stabilize and enhance the company's overall performance. These results are not only consistent with the early classic literature and recent research findings, but also consistent with the characteristics of the new policy orientation in China. These findings obviously have important theoretical and practical value in the research or practice of our listed companies' decision-making path, as well as China's financial market development and industrial structure adjustment and other macro-policy reform and innovation.

目 录

图表目录

[illegible]

[illegible]

[illegible]

[illegible]

[illegible]

[illegible]

[illegible]

[illegible]

[illegible]

[illegible]

[illegible]

[illegible]

1 绪 论

“恶劣天气的本质，不在于一阵两阵骤雨，而在于许多天集合而成的一种倾向。”

——霍布斯《利维坦》

绪论之意，在能概观全文。作为本书的开篇之论，本章旨在提出本书所要关注的问题及其渊源，分述本书关注的基本命题或假设、预期结论及其可能的贡献，同时介绍本书的研究方法，最后指明本书的框架结构和内容安排。

1.1 问题的提出

越来越多的研究表明，美国乃至全球资本市场上公司异质性风险（idiosyncratic risk）或其回报波动（idiosyncratic return volatility）在近几十年来均呈现显著增加的趋势，而其典型的经济后果是公司产品市场竞争（PMC）业绩与其证券市场效率（SME）的关联性下滑。诸多学者将其归咎于经济领域内日趋激烈的竞争（Campbell et al.，2001；Comin and Philippon，2006；Chemmanur et al., 2006; Gaspar and Massa, 2006; Tookes, 2008; Hoberg and Phillips, 2010; Irvine and Pontiff, 2009; Kale, 2010; Peress, 2010)，而行业的结构是决定公司间竞争及其风险绩效的关键(Demsetz, 1973; Hou and Robinson, 2006; Brown and Kapadia, 2007; Haw et al., 2008; Irvine and Pontiff, 2009; Kale, 2010; Peress, 2010)。那么，是什么导致了市场的激烈竞争？公司产品市场竞争的加剧是如何传导至其证券市场并引致其风险与回报的频繁波动？异质性风险更高但其超额回报却更低的现象何以普遍存在(Fu, 2009)？公司两大要素市场是否存在效率关联？竞争的加剧是否会破坏公司间日益重要的战略协作？上述关联的逻辑路径又如何？对此，国外相关研究已经起步，但结果不一，结论分歧主要集中在影响路径或作用机理方面，可谓莫衷一是，但其基本结论仍显著支持竞争的加剧将有损公司绩效。鉴于这类研究旨在系统为公司两大分离之要素市场构建理论及经验关联，故其必将成为——尤其在金融危机之后——公司财务理论及其实践领域日益重要的命题。

考虑到中国快速的经济增长及其新兴、转轨而多元的市场经济背景，我国资本市场是否也存在上述现象？上市公司异质性风险或其绩效波动是否也应归咎于经济领域内更趋激烈的竞争？行业竞争加剧的后果及其解释中外有何差异？本书立足公司产品市场的行业竞争结构及其证券市场的公司/行业构成等多维结构特征、异质性风险或回报波动即“结构—风险—绩效”的关联视角，基于公司产品市场竞争之“内生互动效应”和“外生独立影响”正反两种路径及其“七类效应”的描述，对我国上市公司的产品市场竞争与其证券市场的效率关联及其影响路径进行系统的理论分析、数理建模和实证检验。结合2008年金融危机以来美国等发达国家经济政策的适应性调整特征（规模化或集中化趋势、金融方面的量化宽松政策），以及我国针对宏微观领域不断出台的一系列政策规划着意“调结构”及“重规模、上效益”等新政取向之变迁背景[①]，则上述基于公司产品市场竞争与其证券市场效率关联及其“结构化分析”视角的系统研究，显然具有切合理论发展前沿以及特定制度环境特征的重要理论与现实意义。

1.2 研究的方法、内容及结构安排

本书共分三编九章，除第1章绪论独立成章以外，本书其余三编八章的结构安排、研究内容简述如下：上编两章，分别为第2章文献回顾、第3章国内外文献综评；中编三章，分别为第4章理论分析、第5章理论模型构建、第6章制度背景分析；下编三章，分别为第7章实证研究设计、第8章实证检验与结果分析，以及第9章研究结论及其他。除绪论与文献述评、研究结论与启示外，本书的主体内容及其对应的具体章节如下：

（1）产品市场竞争之基础性影响：理论分析。

为避免理论模型受其特定假设之局限，使结论更为深入、系统而可靠，项目特在建模之前先作一般理论分析。本书首先将行业结构及其市场竞争对公司绩效之影响分为“内生互动效应”与“外生独立影响”两大正反相成、内外相生的基本方面：①“内生互动效应”系统关注“小”公司的不断上市及公司基本经营环境之变迁等如何通过改变行业的竞争结构进而系统影响公司证券市场的风险绩效水平，即分别考察“小公司”、“新上市”、“基本现金流波动”及“信息—风险”等公司特征因素引致其风险绩

① 与此相适应，自2008年金融危机之后，公司强强联合的趋势盛行欧美，与先前持续多年的“反垄断”（如针对微软公司）厉政相比，政府层面似乎普遍转为允许甚至鼓励并购和强强联合，例如“诺基亚微软联手对抗谷歌苹果联盟”（2011年2月）等；而且，强强联合的趋势甚至扩展到证券交易所，如纽交所和德交所的合并（2011年3月）、新交所和澳证交易所的合并（2011年4月）等。我国一系列新政的适应性调整也体现出推动行业结构优化集中、做大做强企业规模等特征。这既应该是危机影响的“经济后果”，也应该是行业竞争结构变迁的内在要求，否则难以解释。

效波动的“四类效应”；②“外生独立影响”则着重考察将行业结构变迁作为影响公司产品市场竞争及其绩效波动的起点，并与特定制度背景一起，如何成为显著影响行业/公司之风险与绩效的基础力量？即分别用“自然保值或风险转嫁”、“信息传播”及“创新激励”三类效应概括相对集中之行业结构和公司市场势力何以显著正向影响公司风险与绩效的作用机理。同时，本书将深入考量公司显著市场势力及集中行业结构的不同来源或制度渊源，通过其风险绩效影响的对比分析，对“竞争—绩效”关联的逻辑及其影响机理进行切合制度背景特征的系统考察。至此，支撑本研究的“结构—制度—行为—绩效”的SICP框架即得以形成。

这部分内容对应本书的第4章“理论分析：路径与机理”。

（2）竞争加剧是否有损绩效：理论建模。

企业竞争战略选择与其面临的投融资约束、成本水平、信息分布及市场规模等公司内部因素与外生冲击密切关联。对应上述理论框架及其逻辑，并基于公司内外环境之综合考量，本书将是否面临投融资约束作为区分公司产品市场竞争战略差异及其绩效后果的一个简单临界，并据此分别构建数理模型。①首先基于公司无融资约束的理想情形，并结合其技术及成本差异等影响，对过度竞争有损绩效的逻辑进行一般性描述。②进一步考察公司面临融资约束的现实情形，构建能够区分行业结构及其公司市场势力之具体影响路径且能切合制度背景的数理模型，即考虑在一个两阶段双头垄断的行业竞争环境中，基于非对称信息博弈原理以及融资合约分析思想，分别借助产出竞争、融资约束、生产成本、信息分布结构及市场规模等相关假设，通过公司间产出竞争的行为博弈分析，对竞争加剧有损绩效的内在逻辑及其作用路径进行理论模拟，得出产品替代程度与生产成本、融资约束及市场规模等交互影响的相关推论，为在制度背景分析后提出可检验假设提供更可靠的依据。这是对Irvine和Pontiff（2009）基于消费者转换成本以及Novy－Marx（2009）基于生产成本视角等已有

“竞争—绩效”模型的一个显著改进；而且，引入融资约束之现实情形还可更好地印证证券市场效率对于公司产品市场竞争战略的反向影响或绩效约束，这种不同融资依赖的互动及其与公司战略的关联，可更好地体现公司产品市场竞争与其证券市场的效率关联。

这部分内容对应本书的第5章“理论模型构建”。

(3) 制度背景分析部分。

产业组织、市场结构及战略管理等理论及其最新进展，无不将“结构”作为其逻辑分析的关键起点。本书将制度纳入结构分析的范畴，即是考虑到结构作为“制度”或“市场”等用以约束竞争的合约性安排，既是制度变迁或市场化改革的结果，又是其动因。行业竞争结构内生于特定制度环境，即其对于公司风险绩效的影响将受一国之基本经营环境影响，且会随其市场化进程及环境变迁而具有动态特征。这里的结构显然也包括证券市场的行业构成等多维特征，即分类资本市场中（拟）上市公司的大小、强弱、风险高低或上市早晚等结构特征均会显著影响异质性风险或回报波动。那么，是哪些因素或环境的变迁引致经济领域内更为激烈的竞争？公司产品市场竞争动态是如何传导至证券市场并引致其风险回报的频繁波动？对应理论分析及其“SICP”范式，本部分对我国上市公司基本经营环境（行政管制、竞争法规、金融市场发展等）及宏观经济变迁（新政取向、金融危机）等制度背景对于行业竞争结构及异质性风险与回报的系统影响即“七类效应”，进行描述性统计与相关分析。

这部分内容对应本书的第六章“制度背景分析”。

(4)“竞争—绩效”关联：经验证据。

本书拟以2000—2010年我国沪深A股上市公司为基本样本，并基于我国上市公司产品市场的行业竞争结构及其所在证券市场的风险结构特征，采用多维变量以及多元分组样本，对上述的“竞争—绩效”即公司产品市场竞争与其证券市场的效率关联（“PMC - SME”）命题进行系统的实证检验。主要的产品市场竞争变量采用行业集中度（HHI、EI）、公司市场势力（EPCM、PCM），以及表征市场竞争程度的公司间策略互动程度指标（CS）和公司间经营相似程度或技术差距的指标（NH）等六大指标，并区分行业内外差异、结构与势力影响、技术创新水平等视角予以多维度量；作为公司证券市场效率的集中体现，异质性风险（IR）拟采用基于个股月回报和日回报的CAPM回归残差或其平方和予以替代，并适时控制市场风险、成交量、换手率、股价、信息不对称、获利能力、公司规模、成长性、产权结构（国有及机构性持股比例）、R&D、现金流比率、公司年龄以及行业、年度等的影响。在结合制度背景描述及相关性分析后，采用不同模型予以检验，并适时采用八种分组（不同板块、产权性质、研发水平、公司势力、上市时间、成长性等差异）进行相关的单变量检验和多元回归分析。所有计量分析均采用STATA10.0处理。

主要的检验命题如下：①产品市场竞争之“内生互动效应”的检验。主要对公司特征性因素（包括公司所在行业的竞争结构）引致的异质性风险或其回报波动的“四类效应”，即“小公司效应”、“新上市效应”、“基本现金流波动效应”及“信息—风险效应”的存在、影响程度及其作用路径（即是否通过行业竞争结构）进行描述性的关联趋势分析和验证。②产品市场竞争之“外生独立影响”的检验。分别检验相对集中的行业结构和显著的公司市场势力（MP）是否在稳定公司业绩、有效降低信息不对称等方面更具优势。即结合制度背景分析，着重验证更为集中行业里的公司何以利用其市场势力优势而获得持续的更高的回报，以及为维护这种优势，行业集中度又何以影响其在位公司的战略选择。更高的行业集中度或更为显著的公司市场势力何以能促进信息的有效配置。③稳健性检验。针对主要的竞争变量，并结合公司异质性风险的其他度量（采用日回报数据等），采用不同的分组样本以及不同的控制变量，对上述命题进行重新检验。

这部分内容对应本书的第7章“实证研究设计”和第8章

"实证检验与结果分析"。

本书的基本框架如图 1-1 所示[①]：

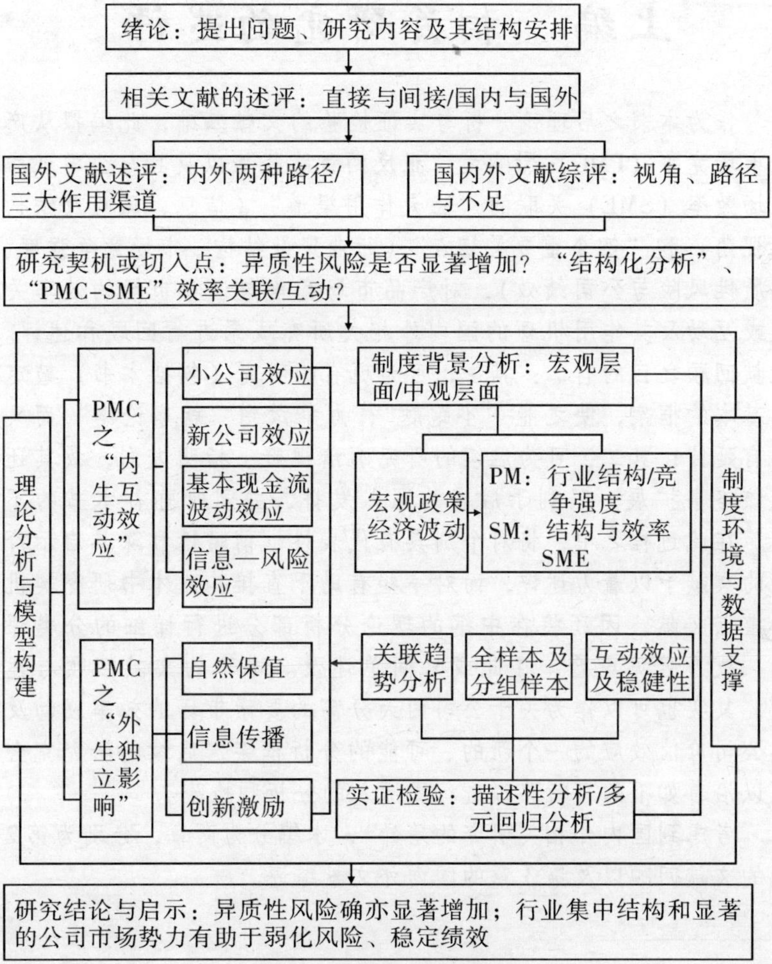

图 1-1 本书的基本框架

① 图中"横线"表示各部分研究的内容与结构，"箭头"表示章节的逻辑顺序、因素间的作用方向或检验路径。

上编　相关研究的述评

作为本书之后理论分析与实证检验的文献基础，此编拟从产品市场竞争（PMC）影响之“正反两种路径”以及其与公司证券市场效率（SME）关联的“三大作用渠道”（信息、风险及结构化视角）和“四个重要关切点”（行业聚散结构、市场竞争强度、异质性风险与公司绩效），对产品市场竞争与证券市场的效率关联或互动及其作用机理的国内外相关研究成果进行回顾和述评。文献回顾之目的有二：其一，可为现有的研究（包括本书）敲定出基本的框架，使之能“不跑题”，力争做到“就事论事”而又略有延伸；其二，可为后续的研究廓清视野、指明方向，故其还应该略事扩展，以利于后者的深入发挥，并同时弥补本书的不足。在此过程之中，将对个别具有代表性、前瞻性和深具启示价值的文献予以着力述评，而对一些有助于直接构成本书研究契机的重点文献，因还将在中编的理论分析部分进行详细的分类评析，故为避免重叠，在此或只简单述及。本章的文献回顾与述评，其实也可以作为关于公司两大分离的要素市场的效率互动及其公司价值效应的一个新的、可能的分析框架，后续的研究完全可以沿着如下的可行路径进行更深入的分析和检验。

考虑到国内外相关研究的差异①，本编分为两章，分别为第2章的文献回顾以及第3章的国内外文献综评。

---

① 目前，尚未见到与本书逻辑关切直接相关的国内研究文献，考虑到其与该主题的国外间接与直接研究的“不可比性”，本书将其纳入第3章“国内外文献综评”予以回顾、评析和对比，以便更为清晰地综述其差异。但这并不意味着本书第2章的文献回顾便只是研究观点的罗列，相反，与第3章的国内外文献综评相比，概观而具体的评析在第2章体现得更为充分。

2 文献回顾

日益关注公司财务与宏微观制度环境（尤其是法与金融、治理环境）的互动关系，以及采用行为的方法和基于市场结构、产业组织等理论来研究公司财务问题，已然成为近三十年来现代财务学研究的四大主流和热点（Ritter，2005；许年行等，2008）。经济发展模式是计划的还是市场的，市场博弈是竞争的还是管制的，行业结构是集中的还是分散的，一直是各国社会和市场经济发展优先关注的战略问题，也是现代经济管理学术研究的基本命题。受现代西方经济学理论的“鼓吹渲染”，以及发达市场经济体系国家势力的“物质感召”，近四十年来，鼓励或引导形成激烈的竞争一直被认定为推进公司绩效的有效乃至唯一的路径依赖。比较优势原理表明，国家发展需依其资源禀赋，公司壮大则赖其竞争优势。但新的经济背景和特定制度环境下的公司经营实践却显示，公司的竞争优势并非一定得由激烈的竞争才能获得。基于经济增长、产业组织以及竞争优势、市场结构等宏微观理论视角的诸多研究表明，公司竞争优势的获取可能必须依赖更低的成本、更高的效率、更强的产品市场势力甚或更为集中的行业结构。早期研究如 Demsetz（1973）等就指出，效率或竞争优势才是衡量行业结构优劣的关键，过于分散的竞争有损效率（Stigler，1968；Gale，1972）。这已陆续为一系列研究（Morck et al.，2000；Campbell et al.，2001；Gaspar and Massa，2006；Kale，2010；Peress，2010）和实践所证实：存在显著产品市场势力（Product Market Power）或垄断势力（Monopoly Power）[①] 或相对集中的行业结构，即不完全竞争的产品市场有助于缓解公司证券市场的低效率；产品市场（PM）与证券市场（SM）因其竞争能够相互推动，故其对公司价值的效应亦必密切关联。结合 2008 年金融危机以来世界各国尤其是以美国为代表的发达市场经济国家在危机前后的一系列弱化竞争、加强政府干预的应对措施（政府收购困境公司、强化金融管制、实施贸易壁垒等），以及我国（国资委）为加强公司财务安全、避免危机恶化，要求从政策层面强化“现金为王”策略等现实背景亦可充分说明，产品市场上的过度竞争可能会弱化其证券市场的效率，降低资源（资本、信息等）的配置效率，加剧要素（产品、资本等）市场上的信息不对称，并因而导致公司回报的波动、更高的风险（现金流风险等公司特征或异质性风险）和更差的事后收益。

这就意味着公司的竞争优势和价值实现可能具有新的“路径依赖”，即要取决于其行业产品市场的竞争绩效及其证券市场效

① 相关研究并不刻意区分市场势力（Market Power）和垄断势力（Monopoly Power），多直指公司在其产品市场（PM）上的显著优势，但严格说来，这里的“市场势力”还应包括公司在其证券市场（SM）上的优势。鉴于本书的主题关切及其逻辑框架（“SICP”范式），本书亦多直指前者即产品市场势力（Product Market Power）。但以本书及相关研究的分析看来，这两种势力亦实属相互对应、相辅相成，“有其一必有其二”。而且，考虑到公司市场势力的不同来源或其制度渊源，本书将“Power”一词统一翻译为“势力”似更为恰当。

率的高低，且该影响还可能具有“因结构（行业结构、市场竞争程度）、因时机（行业兴衰、需求高低）、因空间（制度环境、地域差别）甚或因资产（风险收益属性）”而异的动态综合特征。此时，若要综合保障和进一步提升公司价值，就必须系统关注不同制度环境（产权背景、市场化进程等）和宏观经济背景变迁（如金融危机影响）等影响之下的公司产品市场特征（行业结构、竞争程度）与其证券市场效率的内在关联、作用机理及其价值效应。产品市场和证券市场是公司生存发展所须依赖的两个最重要的市场，是公司实现有效资源配置和价值创造的依托，但因其并不直接相互作用，故传统公司财务研究往往将产品市场竞争、证券市场效率对于公司经营决策及其价值的影响作为独立的效应予以分别考察，尚绝少有研究直接关注这两个市场在公司价值实现过程中的系统关联效应。所以，厘清和探明产品市场与证券市场的内在关联、作用机理及其价值效应，理顺已有研究的逻辑与分歧，对于“后危机时代”尤其是我国特定制度背景下公司的产品市场竞争、投融资战略及其价值实现路径，以及金融体制改革等宏微观层面建设均具有重要的理论与现实意义。

为了首先在文献基础上找出公司的产品市场（PM）与其证券市场（SM）这两个分离市场之间的某种关联或作用路径（媒介），本章拟从产品市场竞争影响之“正反两种路径”以及与公司证券市场效率关联的“三大作用渠道”（信息、风险及结构化视角）和“四个重要关切点”（行业聚散结构、市场竞争强度、异质性风险与公司绩效），对现有的直接研究及其相关文献成果予以回顾和述评，以作为本书此后的理论分析与实证检验的文献基础。依其路径差异，本章可分四节，分别为：“信息渠道”观、“风险渠道”观、特定制度环境影响以及“结构—风险—绩效”观。

2.1 行业结构、市场竞争与公司证券市场的效率："信息渠道"

公司的产品市场竞争（PMC）可以通过其所在行业的结构和市场竞争程度这两个重要方面予以考察。行业结构是指行业的集中或分散程度，或是否存在显著的市场垄断势力，而竞争程度则是指在特定行业结构下公司间竞争的激烈程度或战略性互动的频繁程度。基于战略管理与产业组织理论的研究表明：公司经营的成功依赖于内部环境（如所有权结构和激励机制）及其所在的外部环境，一个成功的企业必须使其内部的能力和价值与其所在的外部环境相匹配（Porter，1981），公司的决策路径必须同时考虑其内部环境和外部环境这两个重要的影响变量（Saloner，1991）。行业结构和产品市场竞争作为公司经营依赖的外部环境及其价值实现路径，对于公司决策具有重要影响。市场结构理论以及产业组织理论的基础分析范式即"SCP"范式（Bain，1954）指出，公司的绩效取决于其所在行业的结构、市场竞争程度及其行为选择。但因公司的产品市场并不直接作用于证券市场，其市场势力（Market Power）——更大的市场份额、更为独特的产品或垄断等优势力量——必是通过某种"中间或内生的"机制或渠道影响公司证券市场的效率及其价值效应的，而且因此（通过中间机制的作用）预示着产品市场上的过度竞争可能有损公司证券市场的效率（产品市场竞争与证券市场效率可能是互补的关系）。本节关注公司信息披露、风险应对在此过程之中的独特联结作用，围绕信息披露在证券市场中的作用及其影响因素、条件或环境，揭示产品市场竞争、公司信息披露与其证券市场效率的内在关联、作用机理及其价值效应。诸多最新研究已经为上述逻辑关联框架的合理预期提供了间接或直接证据。

2.1.1 信息披露、证券市场效率与公司绩效

Healy 和 Palepu（2001）在关于“信息不对称、公司信息披露与资本市场”的研究述评中分析信息披露的作用时指出，信息和激励问题会阻碍资本市场经济（Capital Market Economy）中资源的有效配置，而信息披露以及保障公司管理层与投资者间信息披露可信的机构，可有效缓解上述问题。每个经济体都面临的一个关键问题是如何实现储蓄对于投资机会的最优配置，在此过程中，至少有两大问题始终不能回避，即投资决策之前的“信息问题”以及其后产生的“代理问题”，而信息披露在现代资本市场中的作用正可以解决这些问题。众所周知，高质量的信息披露能通过降低信息不对称、吸引或刺激交易活动而增加证券流动性，降低资本成本，改善证券市场的效率，提升公司价值（Demsetz，1968；Baiman and Verrecchia，1996；Amihud and Mendelson，1988；Welker，1995；Healy et al.，1999；Leuz and Verrecchia，2000；Verrecchia，2001；Dye，2001；Lambert，2001；Leuz and Verrecchia，2005；Leuz and Wysocki，2007；Gao，2008①），或能通过降低股票回报的预计风险而降低股权融资成本（Klein and Bawa，1976；Barry and Brown，1984，1986；Coles and Loewenstein，1988；Handa and Linn，1993；Coles et al.，1995；Clarkson，1996；Botosan，1997）。结构决定行为选择及其绩效，公司的信息披露及其经济后果还受到行业结构、市场竞争诸多环境因素的重要影响。来自代理成本、专有成本（Proprietary Cost）理论及产业组织、战略管理（如竞争优势理论）和公司治理等理论

---

① Healy 和 Palepu（2001）、Leuz 和 Wysocki（2007）等分析指出，信息披露质量与资本成本关系、理论研究与经验证据分歧显著；资本成本也可能与信息披露质量正相关，关于信息披露质量对当前或新的投资者财富的影响而言，资本成本并不是一个有效度量。但 Gao（2008）关于信息披露的投资效应的研究却为高质量信息披露可单调降低资本成本提供了合理解释。

视角的系列研究还表明，公司的信息披露战略取决于其产品市场的竞争地位；而全球化以及特定背景之下的所有权结构、法制等制度环境差异也会通过行业结构与市场竞争程度而作用于公司的信息披露、风险战略及其影响效应。因此，对于产品市场竞争、公司信息披露与证券市场效率及其价值效应的考察还必须置于更为宏观的影响背景之下作系统综合的考量。

2.1.2 公司市场势力、信息不对称与证券市场效率

竞争环境即不同的行业结构和产品市场竞争会影响公司信息尤其是私人信息（Private Information）的披露选择，但不同视角的研究结论存在分歧。专有成本（Proprietary Cost）理论就认为，公司之所以不披露更多信息是因成本考虑，即私人信息的披露可能有损公司的竞争地位：处于低竞争环境中的公司因为考虑到对其竞争地位的更大的潜在损害，因此更少披露私人信息；但因有助于缓解其竞争地位的风险，高竞争环境中的公司则更愿意披露其私人信息。实际上，由于可以降低管理层和股东之间的信息不对称，额外的信息披露对公司是有利的（Hayes and Lundholm，1996；Harris，1998；Botosan and Stanford，2005），这种额外的信息披露为股东及其他信息使用者提供了更好验证公司结果的信息。而基于产业组织、战略管理理论等视角的研究则表明，公司的信息披露战略取决于其产品市场的竞争地位或类型，竞争的加剧会导致自愿的、私人的信息披露更少（Verrecchia，1983；Clinch and Verrecchia，1997；Admati and Pfleiderer，2000；Perotti and Thadden, 2003; Kale, 2010; Shin, 2002[①]), 这为考察公司的产品市场竞争——市场势力或行业集中度——如何影响其信息披露战略及其经济后果（降低信息不对称、刺激交易活动、增加流动性等）提供了直接证据，也为上述基于不同视角的研究分歧给出了一种解释。

更多的信息披露可以促进证券的流动性，依赖于公司关于信息披露程度的相关决策，产品市场上公司间的战略互动能够导致公司市场份额与其证券流动性或正或负的关联。正向关联的合理解释来自于 Cournot 双寡头产能竞争的情形，此时，更有效率（边际成本更低）的公司将拥有更大的市场份额（Tirole, 1988; Shy, 1995）。考虑到信息不对称，Perotti 和 Thadden（2003）等研究指出，公司的信息披露战略取决于其产品市场地位：如果弱小的竞争对手预计到占支配地位的主导公司（Dominant Firm）将要披露私人信息（如所有者信息等）时，他们就会冒险采取激进的产出战略，这将有损主导公司的利益；而当主导公司增加信息披露时，其弱小竞争对手的产出策略就会趋于缓和。可见，基于产品市场上公司间战略互动效应的分析为更强的公司势力（如更大的市场份额）可以促进其证券的流动性提供了解释，即当行业市场竞争程度的增强或公司间互动增加时，公司将更少披露信息，其证券的流动性也因此更低。但这样的结论还要依赖于主导公司信息披露正向效应的净影响，因为自愿的信息披露会产生成本，故上述结论并非一直成立，即当增加信息披露产生的正向效应不能抵消因自愿信息披露增加而导致的成本时，信息披露与证

① Shin（2002）研究发现，公司自愿信息披露的水平受其产品市场竞争类型的影响：当公司间竞争是产能竞争时，为降低资本成本，公司将披露更多信息；而在价格竞争时，因更高的所有者成本与较低的额外资本需求导致资本成本降低的好处更少，故公司将更少披露信息，即产品市场竞争类型对于公司信息披露的影响还会因其外部资本需求水平而异。可见，融资约束或融资环境与产品市场竞争亦密切相关。具体可参见杨兴全和吴昊旻（2009）。

券流动性还可能负相关。而竞争对手也会“以其人之道，还治其人之身”，即其会利用信息披露做出反击以“掠夺”主导公司的利润（Admati and Pfleiderer，2000），但因主导公司的信息披露成本将更高，故其因此会更少披露信息，从而降低其证券的流动性。Verrecchia（1983）、Clinch 和 Verrecchia（1997）等研究就发现，当产品市场竞争趋于激烈时，公司将更少披露信息。可见，（主导公司的）产品市场势力可以有效降低市场上的信息不对称，而由以上公司间的竞争博弈可见，信息披露的增加，反过来又可能会弱化公司间的竞争。

Merton（1987）的早期研究为信息披露、交易活动与证券流动性的关系提供了另一种解释，也为 Kale（2010）考察市场份额代表的产品市场势力（Product Market Power）与证券流动性的关联提供了一个基础。Merton（1987）的不完全信息模型预期，投资者基数（Investor Base）的扩大能降低资本成本、增进公司价值，因为更大的投资者基数会吸引或刺激更多的交易活动，从而有助于改善公司证券的流动性。Amihud 等（1999）基于日本公司样本的实证研究表明，当投资者基数增加时，公司证券的流动性确实会增强，从而验证了 Merton（1987）的理论分析。与现代资本结构理论以及 Leuz 和 Verrecchia（2005）等相关研究关注产品市场竞争如何通过公司现金流进而影响公司价值的视角不同，Kale（2010）的研究考察市场势力（更大的市场份额、因产品独特而享有的更高定价能力）是否能通过另一种作用渠道即“证券流动性—资本成本”，进而影响公司的价值，并据此假设，市场份额更大的公司更易为更大范围的投资者所知晓，故其证券的流动性也应更强，而其资本成本也更低（Acharya and Pedersen，2005；Fang et al.，2009），原因在于：首先，由于市场份额更大的公司更易吸引媒体的关注和报道，从而更易为更多的投资者所了解；其次，大公司的如广告等宣传的支出往往也更大，而这会增加其在众多投资者中的能见度（Visibility），且广告支出更大的公司，其股东基数和股票流动性也更高（Merton，1987；Grullon et al.，2004）；最后，更大的市场份额更易受到投资者特别是大机构投资者的青睐。因此，享有更大市场份额即产品市场势力更强的公司，因能吸引更多的投资者关注，刺激更多的交易活动，从而提高了公司证券的流动性。而证券交易的频繁互动客观上可有效推进信息（尤其是私人信息）的共享程度，提高公司信息的配置效率，降低信息不对称，故公司的信息披露与证券流动性对于其证券市场效率的改善及其价值的提升，其关联和影响始终是正向且互动的。与流动性更强的证券其资本成本也更低的已有结论一致，Kale（2010）经研究发现，无论用市场份额还是用超额利润边际（Excess Profit Margin，度量定价能力）来衡量市场势力，其与公司证券的流动性始终保持正向关系；出于自身利益考虑，市场份额更大的强势公司会披露更多信息以有效阻止过于激进的弱小竞争对手（掠夺），结合已有文献（Healy et al.，1999；Welker，1995；Leuz and Verrecchia，2000）关于公司信息披露与其证券流动性正相关的研究结论，拥有市场支配地位的主导公司若披露更多信息，其证券的流动性也会更高。上述结果在 Peress（2010）、Hoberg 和 Phillips（2010）、Tookes（2008）、Aguerrevere（2009）、Kale（2010）以及 Gaspar 和 Massa（2006）、Hou 和 Robinson（2006）等关于产品市场竞争或行业结构与信息不对称及证券市场效率关系的最新研究中亦得到直接或间接的印证。

2.1.3 行业集中度、公司市场势力、投资者“信息依赖”与证券市场效率

市场势力的发展往往导致日趋集中的行业结构，而更集中行业中的大公司亦更易拥有市场势力，故公司产品市场势力与其行业集中度“互为因果、一体两翼”，因此“完整的”产品市场竞争应从行业结构与市场竞争程度两个方面予以考量。Demsetz（1973）、Gale（1972）等早就指出，效率的高低或是否取得竞争

优势才是衡量行业结构优劣的关键，不能只看其表面是竞争的还是集中的，过于分散的竞争会有损效率，集中与分散的行业市场结构引致的政策高效率都是“有条件的”，可能还要考虑规模等影响。Demsetz（1973）通过理论分析和实证检验，进而提出如下质疑并提醒予以充分重视：诸如分散化或反并购的政策，相对于其对低效率的消除或解决，是否也会因此导致更大的低效率？Morck 等（2000）、Campbell 等（2001）、Comin 和 Philippon（2006）等关于美国因全球化和放松管制而导致的激烈竞争背景下的公司收益异质波动大增的研究发现，以及 Chemmanur 等（2006）、Gaspar 和 Massa（2006）、Irvine 和 Pontiff（2009）与 Kale（2010）、Tookes（2008）、Hoberg 和 Phillips（2010）、Peress（2010）等的最新理论与实证研究结果也均表明，正是竞争的加剧弱化了股价的信息含量（信息配置效率更低、信息不对称加剧），并因此导致公司证券收益波动的增加和更差的事后收益。可见，正如过度的垄断会损失效率一样，竞争也是一把“双刃剑”。产品市场上公司间竞争加剧导致的公司利润波动一方面能因此增加证券的风险收益（Hou and Robinson，2006；Gaspar and Massa，2006；Irvine and Pontiff，2009），或者能推动证券市场的可预测性（Malkiel and Xu，2001；Goyal and Santa - Clara，2003），但此收益的增加在很大程度上体现为依赖内幕信息或内部人交易导向的“投机性”交易所得，是低效的证券市场作用的结果[①]（Tookes，2008；Peress，2010；Hoberg and Phillips，2010；Novy - Marx，2009），而特质性波动被定价后能推动证券市场可预测性的结果，在目前似乎也只是与小公司最为相关（Brown and Ferreira，2003；Bali et al.，2005）。而显著的产品市场势力或垄断地位因能有效避免激烈的竞争、平滑掉公司特质性成本冲

① Tookes（2008）、Peress（2010）等研究表明，内部人知情交易的增加会降低公司证券的流动性，有损证券市场的效率。

击引发的现金流波动，从而可以有效降低投资者面临的信息不确定性、股票回报的波动以及公司未来业绩的不确定性，成为自然的套期保值工具（Natural Hedge）（Peress，2010；Kale，2010）；或者能通过影响信息配置的效率（如股价信息含量）或特定的行业结构和市场竞争动态下的投资者的“信息依赖”差异——更依赖私人信息还是公开的行业信息——进而影响公司证券市场的效率及其价值效应，即显著的产品市场势力可以弥补或缓解公司信息披露不足或分布失衡（严重不对称）时产生的负面影响（Peress，2010； Kale，2010； Tookes，2008）。Hoberg 和 Phillips（2010）、Novy - Marx（2009）及 Tookes（2008）等将之归结为产品市场竞争地位或市场/垄断势力对于竞争加剧和产出扩张导致的负外部性的更为充分的“内部化能力”，而 Gaspar 和 Massa（2006）等则将其概括为市场势力的“自然套期保值效应”（Natural Hedge Effect）与“不确定性效应”（Uncertainty Effect）。

Peress（2010）的研究在竞争的证券市场和非对称信息下（即有噪声）的投资者交易行为的标准理性预期模型基础上，引入公司在产品市场上的垄断势力（Monopoly Power）影响，从而将投资者交易行为与产品市场竞争程度关联起来；此时，公司可以凭借其垄断势力将产出的随机冲击转嫁到客户那里，从而使其利润得以“绝缘于”行业产出波动的负面影响。Peress（2010）研究发现：拥有更强产品市场势力的公司，因其更大的股票成交量（包括内部人交易），加速了私人信息在股价中的配置效率，而股价信息含量的提高又使得投资者对于公司产出和收益的预期更趋集中，证券流动性因此增强，公司利润和证券收益的波动被大大弱化；且当发行新股时，产品市场势力更强的公司的资本配置效率也更高，故不完全竞争的产品市场（存在垄断势力、行业结构更为集中）不但没有波及权益市场，反而有助于缓解证券市场的不完全性（信息和资源配置的低效）。Tookes（2008）关于信息、（知情）交易与产品市场竞争互动关系的理论与实证研究发现，（内部人）知情交易更易发生在竞争势力较弱、市场份额较小的竞争对手公司股票那里，因为更高频率的知情交易会增加逆向选择的成本并降低流动性，故其模型意味着产品市场竞争势力更弱，公司的证券流动性更差，反之亦然。Kale（2010）关于产品市场势力与证券市场流动性关系的实证研究发现，产品市场势力通过降低利润和证券收益的波动，使得投资者能更精确地知晓股价信息，更少受订单流波动或噪音交易的负面影响，从而提高证券的流动性，并在其他条件不变时增加了公司市值；而若将更高的流动性与更低的权益成本相关联的话——正如 Acharya 和 Pedersen（2005）等指出的那样——则意味着产品市场势力能通过改善证券流动性而增进公司的价值，这与 Fang 等（2009）关于公司价值（M/B）与证券流动性正相关的结论一致。这个间接的影响渠道弥补了传统研究相关结论——即产品市场势力之所以影响公司价值是因为具有市场势力的公司更有能力影响其现金流——的不足。Kale（2010）对于信息不对称是否影响市场势力与证券流动性关系的纵深检验还发现，产品市场势力（MP）与流动性的正向关系将随着信息不对称性增加而得以强化，从而首次为 Peress（2010）的理论预期提供了实证支持。与 Demsetz（1973）、Gale（1972）、Morck 等（2000）、Campbell 等（2001）、Comin 和 Philippon（2006）的研究发现以及 Gaspar 和 Massa（2006）、Tookes（2008）、Novy－Marx（2009）、Hoberg 和 Phillips（2010）、Irvine 和 Pontiff（2009）等最新研究结论一致，Kale（2010）的研究亦印证了不完全竞争的产品市场有助于公司证券市场效率的提升（流动性更强），而信息不对称（也是不完全竞争市场的体现）则会强化上述正相关关系；而且，上述关系还可能是互动的，即当产品市场势力正向作用下的证券流动性增强时，信息不对称程度会降低。考虑到更集中行业中的大公司更易拥有和发展其市场势力，故“市场势力—波动性（与流动性负向）”关联也与 Hou 和 Robinson（2006）的研究结果一致，即由于更低的困境和创新风险，更集中行业公司的现金流风险也更低。

综上可知，产品市场势力可通过影响信息披露降低信息不对称、减缓收益波动、增加证券流动性、提高信息/资本的配置效率等影响路径而作用于公司证券市场的效率，即集中的行业结构和适度竞争的产品市场有助于改善证券市场的效率，并进而影响公司绩效，故此时公司价值的实现路径可能因此具有“因结构（行业结构、市场竞争程度）、因时机（行业兴衰、需求高低）、因空间（制度环境、地域差别），甚或因资产（风险收益属性）”而异的动态综合特征。这就与 Aguerrevere（2009）等关于行业竞争程度与公司面临的市场风险或资产预期收益率的关系，会因资产的风险收益属性（因为当前资产和成长机会对市场不确定性的敏感度不同）、产品市场的需求高低或行业兴衰（Hoberg and Phillips，2010；Novy - Marx，2009；Maksimovic and Phillips，2008）以及行业的竞争结构（Hou and Robinson，2006；Gaspar and Massa，2006；Irvine and Pontiff，2009；Chun et al.，2008）等特征而异的研究结论一致。

2.2 行业结构、市场竞争与公司证券市场的效率：“风险渠道”

2.2.1 公司市场势力、现金流波动与预期回报风险

产品市场竞争对于公司证券市场效率及其价值的影响，也可能是通过其他的关联路径如“风险渠道”而非“信息渠道”发挥效应的。由上评述可见，在“市场势力—波动性（与流动性负向）”影响方面，Hou 和 Robinson（2006）的研究结论虽与 Kale（2009）等最新研究一致，但对于产品市场竞争程度与证券收益的关联，Hou 和 Robinson（2006）却得出相反结论，即更集中行业（B/M 低、竞争程度低）的公司只能获取更低的平均回报

（预期证券收益），他首次基于“创造性破坏”理论（Schumpeter，1912）以及产业组织理论的“SCP”范式（Bain，1954）为此提供了“基于风险”（Risk - based）的解释：产品市场的结构通过影响公司经营决策的均衡而决定着公司的风险；创新风险或困境风险是引致行业集中度溢价（Concentration Premium）的主要原因，因从事更多创新活动而具有更高的预期成长率（风险因此更高），竞争行业（Less Concentrated）中 B/M 更低的股票因此获得（要求）更高的回报。Hou 和 Robinson（2006）的研究将产品市场特征作为资产回报的决定因素有效纳入到资产定价模型中，为公司产品市场竞争与其证券市场效率影响关系的“风险渠道”解释提供了新的视角；作为证券市场效率的体现，证券回报或公司价值与产品市场结构、成长性的内在关联由此成为后续研究的重要关切点。但正如 Aguerrevere（2009）指出的那样，Hou 和 Robinson（2006）关于行业集中度与证券收益的实证结果及其基于创新风险的解释近乎“似是而非”，即其并未提供关于市场结构影响给定行业公司风险动态及其绩效（证券回报率、公司价值等）的精确机制。

风险的考量往往要与公司所在的行业竞争环境（经济变迁、制度背景等）相联系，而对于风险的处理就势必因此将公司的产品市场竞争战略与其证券市场的效率高低关联起来。Hoberg 和 Phillips（2010）的理论与实证研究关注在行业繁荣和萧条的背景之下，产品市场特征和行业竞争如何影响公司的现金流及其证券收益。研究发现，公司的真实业绩和财务收益（Real and Financial Outcomes）与其所在行业的兴衰变化密切相关：在竞争性行业尤其是高成长的竞争行业中，更高的行业市值、投资及新融资（New Financing）水平，常常伴随着显著更低的经营现金流和异常证券收益（AR），分析师预期（EPS）更易乐观（Positively Biased），且证券收益的同步性（Returns Comove）亦更显著；而在集中的行业，这些关联则较弱或基本不显著。Hoberg 和 Phillips

(2010）将之解释为，相对于更集中行业，高竞争行业中的公司和投资者缺乏合作，以及其未能更有效地将行业竞争加剧（更高的投融资水平）对于公司现金流和证券收益的负外部性（Negative Externality）影响充分予以内部化（Internalizing），故而导致较差的事后收益；而当行业参与者未能或不想考虑这种外部效应时，则此竞争对公司投融资决策的影响将趋于最大。Fresard (2010）结合金融危机背景，用进口关税的变化作为竞争加剧的外生强化因素，实证考察公司现金持有量对其财务实力（Financial Strength）与产品市场行为的互动关联效应。研究发现，公司现金持有量对其产品市场业绩具有战略性影响。特别地，Fresard (2010）的研究为更大的相对现金持有量在遏制或削弱竞争对手的同时会系统地带来未来的市场份额收益（Market - share Gains）提供了证据；而当竞争对手面临更大的融资约束或竞争公司间的战略性互动更频繁时，现金的这种“竞争效应”将更显著。此外，Fresard（2010）的检验结果还显示，现金的这种竞争性效应有助于增进公司价值和经营绩效。结合 2008 年全球金融危机及其随后的萧条背景以及 Campello 等（2009）、Duchin 等（2008）[①]等的发现，Fresard（2010）的研究即预示着：在金融危机前储备现金的公司很可能从金融风暴中受益，进而在其产品市场竞争中获得领导地位，并最终能在行业衰退结束时完成其向行业领导者的成功转型。这已在诸多案例（如思科公司）以及我国公司在金融危机背景下“现金为王”政策的适应性调整中得到充分印证。

2.2.2 两种作用渠道的内在关联

公司的产品市场势力（MP）也可以体现为更多的现金持有

① Campello 等（2009）、Duchin 等（2008）等新近研究表明，为应对日益紧缩的信贷条件和避免现金困境（Cash Squeeze），现金贫乏（Cash - poor）的公司不得不削减其研发支出、就业机会以及其他资本性支出。

或能战略性地保持更为充裕的现金流，但公司的现金流策略既可能是其信息影响的结果，也可作为应对信息不对称、市场风险或不确定性冲击的战略手段，而公司对于风险的处理或其风险战略，必将最终落实在证券回报或公司价值的变化上，成为其证券市场效率（SME）的体现，故产品市场势力与公司（现金流）风险处理的关系，也可以成为联结产品市场竞争与证券市场效率的另一个影响渠道。上文中，显著的产品市场势力可以更充分地内部化因行业激烈竞争导致的公司现金流和证券收益的负外部性（Hoberg and Phillips，2010；Kale，2010），或新增产出导致的价格外部性影响（也即投资增加的逆向效应）（Novy - Marx，2009；Ghemawat and Nalebuff，1985），从而不必单纯依赖日趋白热化的、外生竞争策略的原因，可能正在于“现金流势力”的作用。这与Leuz和Verrecchia（2005）、Kale（2010）等关于公司市场势力通过影响信息披露质量进而影响其预期现金流及价值（更低的资本成本）的研究结果亦潜在一致。可见，公司的产品市场势力（MP）无论是通过“流动性或资本成本或收益波动或资本配置等—证券市场效率”，还是通过“回报风险、现金流波动或不确定性等—证券市场效率”的渠道，信息均在其中扮演重要角色，或者说上述作用路径都要经由或借助于“信息渠道”发挥效应。因此，“信息渠道”与“风险渠道”不应孤立研究，而应将其系统关联。

此外，考虑到公司不同来源的产品市场势力以及其与行业集中度的互动关联，“信息渠道”与“风险渠道”亦不可孤立视之。公司及投资者面临的现金流波动、收益风险等未知因素以及市场不确定性等随机冲击会导致更少的（私人）信息披露，而公司的产品市场势力或适度集中的行业结构或能通过刺激信息披露尤其是促进私人信息的有效配置而降低信息不对称，或能通过稳定收益风险、现金流波动以及弱化市场随机冲击而刺激交易、增加证券流动性、促进行业信息的共享程度，并最终弱化行业竞争加剧导致的负外部性影响，成为公司价值的保值工具。故“信息渠道”与“风险渠道”是相互关联、共同发挥影响效应的。

2.3 公司产品市场竞争与其证券市场效率：特定的制度环境影响

产业组织理论和市场结构理论表明，公司绩效取决于其所在行业的竞争结构及其行为选择。行业结构、市场竞争具有明显的制度环境差异，一国尤其是新兴市场经济国家集中的产权结构、频繁的政府干预和金融管制、较低的市场化水平及其地域差异等宏观治理环境，对其行业分布、市场竞争结构等具有显著影响，且会随着经济背景的变迁而具有“因时而异”的动态特征，并因此“造成”不同来源和特征的公司产品市场势力——因更大的市场份额、更新的技术工艺或更独特的产品、更多的现金持有或能保持更充裕的现金流？还是因政府直接赋予或公司寻租？也即是自然的商业垄断还是政府垄断？——和行业集中度（还可能受行业的兴衰变化、公司进退以及国家产业政策等影响），而其影响效应又未尽相同。故研究产品市场竞争与证券市场效率的内在关联、作用机理及其价值效应，就必须深入考察公司产品市场及其股票流通的证券市场所在的宏观制度环境和经济变迁背景，从而真正切合“SCP”范式，并“完美地”将上述“三大逻辑关联、四个重要关切点”“镶嵌”在一国制度环境和经济变迁层面分析的现实背景之下。这对于考察新的经济背景和特定的制度环境之下的公司价值实现路径的可能变化，具有重要的理论范式意义和决策应用价值。诸多研究已经表明，特定的所有权结构（Mayer，1997[①]；Birt et al.，2006；Peress，2004）、法制环境和全球化

① Mayer（1997）经研究发现，公司的所有权结构可能受其产品市场的竞争程度的影响。

（Ball et al.，2000；Jaggi and Low，2000；Hung，2001；Ball et al.，2003；Hope，2003a，b；Bushman et al.，2004；Bushman and Piotroski，2006；Webb et al.，2008；Gray et al.，1995；Cahan et al.，2005）以及其他制度环境差异（Jaggi and Low，2000；Francis et al.，2005）等，均会通过行业结构、产品市场竞争而影响公司的信息披露、风险战略及其经济后果，因此，考虑制度环境差异的系统影响必将成为后续研究的一个重要关切点。

2.4 公司产品市场竞争与其证券市场效率："结构—风险—绩效"

如果说上述研究分别基于"信息渠道"和"风险渠道"而关注公司产品市场竞争（PMC）与其证券市场效率（SME）的关联或互动——正如2.2.2节所指出的那样，两类研究仅仅主要围绕产品市场竞争及其影响效应而展开，但并未有效凸显出两大渠道的内在关联，即上述基于信息渠道和风险渠道的研究，只能为本书的逻辑关切即公司产品市场竞争与其证券市场效率的关联或互动研究提供一个"抽象"的视角。因此，本书拟基于"结构化分析"视角而将上述两种作用渠道链接起来，并为公司产品市场竞争与其证券市场的效率关联或互动提供一个更为清晰和可操作的关联路径，而这也正是本书下章的理论分析与建模以及其后续的系统实证检验的基础。这种关联路径可以概括为"结构（竞争）—风险（信息）—绩效（回报）"，而其核心在于行业竞争结构的基础性影响。为避免与理论分析章节的重复，在此只简单综述其代表性文献及其主要观点。

照应前文，国外对公司产品市场竞争与其证券市场效率系统关联的集中关注始于20世纪90年代。结合产业组织、市场结构以及战略管理等理论和各国的经济变迁实际，对上述关联及其价值效应的分析检验，可从风险与绩效波动的视角即信息分布、异质性风险或回报波动及其交互影响的角度而展开，而这正是现有研究普遍遵循的路径；而且，从其所在行业的结构及其竞争强度两方面综合考量公司产品市场竞争，并将其风险与绩效波动的显著增加归咎于行业竞争的加剧，也几乎在同时成为学界的普遍共识。纵观学界的现有研究，依其视角或路径差异及结论的不同侧重，大体可将公司产品市场竞争或其行业竞争结构的基础性影响，概括为如下的“内外两种路径”及其“七类效应”。

2.4.1 第一种路径：产品市场竞争之“内生互动效应”

第一种路径关注公司特征因素之影响，并将行业结构作为与规模、成长性等公司特征并列的内生因素予以考察，项目将其概括为产品市场竞争的“内生互动效应”，依其视角与结论差异，又可细分为“四类效应”：①“小公司效应”。以 Campbell 等（2001）为代表的早期经典研究指出，异质性风险的大增在很大程度上是由小公司上市数量的增加所致。考虑到小规模上市公司的多元特征，Campbell 等（2001）的结论启发和带动了后续研究基于不同效应的多维关注。②“新上市效应”。新上市公司多具有小规模、高风险等特征。与 Campbell 等（2001）的解释不同，Fama 和 French（2004）将其归咎于权益资本成本的降低使得更多弱小或风险更高的公司更易上市。受以上文献及 Bennett 和 Sias（2006）、Rajan 和 Zingales（2003）等多维研究的启发，Brown 和 Kapadia（2007）系统考察了美国近四十年来异质性风险与其权益市场发展的关系，并认为这种“新上市效应”的产生并非简单受小公司风险的增加驱动，而是因一国经济中更具风险的某些子样本公司的日益公众化所致。产品市场上公司间的竞争互动、需求波动等还会显著影响新上市公司的市场份额、IPO 回报及拟上市企业比例（Chemmanur and He，2009；Chod and Lyandres，

2010)。③“基本现金流波动效应”。该效应与上述效应虽有关联，却更能凸显行业结构及公司市场势力（Market Power）的显著影响。与早期研究及有效市场理论一致，Irvine 和 Pontiff (2009) 指出，美国资本市场异质性波动的显著增加是公司基本现金流波动增加的反映，而其最终推手乃是经济领域中的更趋激烈的竞争——弱小公司的融资便利、行业管制放松及跨国竞争。其纵深检验还表明，Bennett 和 Sias（2006）、Brown 和 Kapadia (2007) 等的“风险归咎”对于异质性波动时间趋势只有 1/3 的解释力，而其基于竞争环境的解释不但能协调上述分歧，且具有更强的解释力。这就与 Gaspar 和 Massa（2006）、Hou 和 Robinson (2006) 及 Kale（2010）、Peress（2010）、Hoberg 和 Phillips (2010) 等基于产品市场竞争之“外生独立”影响视角及其“不完全竞争产品市场与显著市场势力有助于提升公司证券市场效率及其价值”的基本结论不谋而合。④“信息—风险效应”。信息不对称仍是公司特征的反映，基于公司特征信息的判断将直接影响证券估值。Lowry 等（2010）认为对公司股票的总需求不确定性才是决定信息不对称的主要因素，而现实中公司的信息不对称特征及其判断差异始终存在且影响显著，并不能通过上市的机制设计得以有效解决，因此，新公司股票的总需求必然呈现动态时间序列及截面差异特征，对其回报波动，就须从（拟）上市公司类型及其市场环境变化两个层面予以考察。故当（拟）上市公司中包含更多弱小、更依赖创新、不确定性更高或收益更不稳定的公司时，更显著的信息不对称将导致 IPO 估值难度及偏误增加，异质性风险亦必更高。Lowry 等（2010）的结果与 Beatty 和 Ritter (1986)、Sherman 和 Titman（2002）等早期模型及实证结论一致，且与上述三类效应一脉相承。

沿着上述逻辑，若再纳入制度背景影响差异考量，则那些不能在正常市场——因不能为官方认可，进而也不能为更多投资者青睐——上市融资的公司，势必会因此被认定为信息不对称更严重或风险更高的公司，且势必又会与那些更弱小、收益更不稳定、更多依赖创新或成长性更高、周期性更显著的公司一起成为一种“新的歧视类型”。这与 Lowry 等（2010）的结果有异，却正好构成本项目考察更集中行业结构与公司市场势力不同来源或制度渊源及其影响效应分析的一个依据，为项目基于我国证券市场结构即其分类机制设计（理论分析及样本选择）等制度背景，考察行业竞争结构变迁之于公司风险绩效的系统影响提供了良好契机，且这种考量也刚好能为 Lowry 等（2010）、Ang 等（2009）指出的，以及 Campbell 等（2001）、Fama 和 French（2004）、Bennett 和 Sias（2006）及 Brown 与 Kapadia（2007）等研究预示的，仅用非主板市场波动或其（拟）上市公司类型度量市场波动何以那样“不尽如人意”，提供了一个切合制度背景的更好的解释。

2.4.2 第二种路径：产品市场竞争之“外生独立效应”

上述解释自有其合理性，但无论哪种效应，异质性波动的显著增加及其时间趋势，均可归咎于竞争实力更弱（Weaker）、规模更小（Smaller）、更具风险（Riskier）、所在行业更不完善（Less Established）、信息更为分离或估值更难（More Dispersed）、过早上市（Earlier）或更年轻（Younger）等公司特征因素的单独或组合影响；且无论将行业竞争结构作为内生互动因素还是外生驱动力量，某类（拟）上市公司本身的“小”——弱、小、高风险、年轻等特征的集合，及其在产品、资本市场上的日益集聚或扩散即其结构比重的变迁，始终都起着关键作用，即正是其“数量及质量”结构的变迁基础性地改变了行业结构及其市场竞争，并因此又重塑了其风险特征。这正好回应了 Irvine 和 Pontiff（2009）结论的一般意义，即其“竞争归咎”其实包含了 Bennett 和 Sias（2006）、Brown 和 Kapadia（2007）等所谓的“风险归咎”，行业竞争的加剧其实是公司风险及其回报特征变化的起点。综上证据，便能为系统考察产品市场竞争之“外生独立效应”即行业聚散结构及其市场竞争之重要影响的纵深研究，提供一种清晰路径，而这正是项目经由“七类效应”而系统考量行业竞争结构之基础影响或公司两大要素市场效率关联的基本缘起。

现有研究又可分为三类：①行业集中度如何影响行业内的信息传播及其投资者对于公司未来回报的可预期性？即行业集中度的“信息传播效应”——更集中的行业能显著强化行业共同信息及竞争性信息的传播效应，从而促进其有效配置、降低预期不确定性（Cheng，2005；Haw et al.，2008）、提升公司间战略互动及其价值依赖度（Piotroski and Roulstone，2004），而这种战略互动又会放大信息传播的竞争效应（Chen et al.，2005），形成良性循环。②公司产品市场势力何以能稳定公司业绩？即公司市场势力（尤其）在面临逆向外部冲击时的“自然保值或风险转嫁效应”（Hou and Robinson，2006；Gaspar and Massa，2006；Aguerrevere，2009；Peress，2010；Kale，2010）。③更集中的行业与显著的市场势力优势是否有助于推进企业创新与创造？即“创新激励效应”（Schumpeter，1912；Chun et al.，2008）。Hoberg 和 Phillips（2010）、Novy - Marx（2009）及 Tookes（2008）等将上述效应归结为公司市场势力更为充分的“内部化能力”，界定有别但异曲同工。

3 国内外文献综评

3.1 国外研究评析

3.1.1 信息与风险渠道：总体评价

综上两种渠道的研究，可以认为，行业结构、产品市场竞争影响公司证券市场的效率及其价值效应，其作用路径有二：特定制度环境下的、公司不同来源和特征的市场势力可有效降低信息不对称、减缓收益波动和现金流风险、增加证券流动性、提高资本配置效率并有助于推进公司价值；借助于显著的产品市场势力影响，私人信息配置效率的提高势必增加市场参与者对于行业公开信息的依赖程度——信息含量取决于私人信息的配置效率，受特定制度环境下的行业结构与市场竞争程度作用，行业领导者或垄断者公司（私人）信息披露动机会发生“适应性”变化，从而引致不同行业结构与市场竞争动态下的投资者的“信息依赖”差异或风险战略选择，有利于证券市场的持续、健康发展（因内幕交易有损证券市场的流动性），即适度集中的行业结构和不完全竞争的产品市场有助于改善公司证券市场的效率。

但正如第 2 章 2.4 节所言，基于信息渠道和风险渠道的已有研究，却只能为本书的逻辑关切即公司产品市场竞争与其证券市场效率的关联或互动研究提供一个“抽象”的视角，即其并不能或很难“落实”到具体的可检验路径之上，从而为考察公司两大要素市场的效率关联或互动提供经验证据。在这个层面或意义上，应该说，Gaspar 和 Massa（2006）、Hou 和 Robinson（2006）、Tookes（2008）、Peress（2010）、Kale（2010）以及 Aguerrevere（2009）、Hoberg 和 Phillips（2010）以及 Irvine 和 Pontiff（2009）等的“直接”研究，首次将公司产品市场竞争与其证券市场效率关联起来，从而为关注公司两大“分离”之要素市场的效率关联及其价值效应的研究提供了有益启示，而这样的关联研究正在衍生出一种新的分析视角或研究路径，其核心在于关注公司所在的行业竞争结构对于其产品市场竞争业绩及其证券市场效率的基础性影响。在新的经济背景及制度环境差异之下，这种研究有助于政府监管层、公司战略层乃至投资者决策层形成一个关于证券市场效率改进、产品市场竞争战略以及公司价值系统决定的、新的分析框架，从而也使其具有应用基础研究的重要价值。

3.1.2　两大要素市场之效率关联：“结构—风险—绩效”

本书第 4 章的理论分析将基于“SICP”范式构建以及“结构化分析”的视角，对公司产品市场竞争与其证券市场的效率系统相关联的多种效应及其作用机理进行多维而纵深的透析，在此基于第 2 章 2.4 节的视角概观，在对已有研究视角进行理论梳理之前，首先对其“亮点”予以简单阐述，同时也作为对“信息”和“风险”两大“抽象”渠道的一个纵深评价。现有研究的视角及其路径多将公司的产品市场竞争或其行业竞争结构作为与公司特征并列的“内生互动性”因素来考察（Fama and French，2004；Brown and Kapadia，2007；Bennett and Sias，2006；Lowry et al.，2010），虽已凸显了行业结构变迁之影响，但结论颇受其视角微观之局限；而产业组织理论、市场结构理论以及战略管理（比较或竞争优势）等理论业已显示，行业结构及其决定的市场竞争程度（公司市场势力的对比）还自有其显著的“外生独立效应”（Demsetz，1973；Gale，1972；Gaspar and Massa，2006；Hou and Robinson，2006；Haw et al.，2008；Chemmanur and He，2009；Peress，2010；Kale，2010），故理应从行业结构及其市场竞争之“内生互动效应”与“外生独立效应”内外或正反两种路径来考察其对于公司风险绩效波动之系统影响。但是，现有的研究绝大多数仍属于间接研究，基本是从公司财务的相关视野出发，要么偏于资产定价或资本成本，要么偏重股权结构、信息披露或现金流波动影响（Peress，2004；Birt et al.，2006；Shin，2002；Leuz and Verrecchia，2005；Fresard，2010）；而零星的直接研究基本“观其一面”，如 Peress（2010）和 Tookes（2008）关注内部人交易，Hou 和 Robinson（2006）及 Haw 等（2008）考察行业集中度，Hoberg 和 Phillips（2010）、Aguerrevere（2009）关注行业兴衰与公司绩效，Kale（2010）及 Gaspar 和 Massa（2006）则着意于证券流动性及收益波动等，或多局限于实证检验而无系统理论支撑，尚未将公司产品市场竞争与其证券市场效率（“PMC－SME”）系统关联起来。对于产品市场竞争的度量（或局限于行业结构，或只考量市场势力，或偏重产品差异，或拘泥于利润波动等，且多未区分行业内外差异），尤其是证券市场效率的界定不一而足（如流动性、盈余波动、异质性风险、投资者预期分散度或盈余反应、信息不对称等），研究视角多元而少系统之理论基础，变量界定稍欠于多维或略逊于精确，这成为导致已有研究结论尚存明显分歧的主要原因，如 Peress（2010）

与 Tookes（2008）关于内部交易之影响；Hou 和 Robinson（2006）、Gaspar 和 Massa（2006）、Chun 等（2008）、Irvine 和 Pontiff（2009）及 Kale（2010）等与 Harris（1998）、Botosan 和 Harris（2000）及 Bamber 和 Cheon（1998）等关于行业集中度与企业未来盈余可预期性的关系等；而且对于特定制度环境差异及宏观经济变迁背景的考量还不够深入。这些局限均势必影响其结论的实用价值，而这些局限正应该成为后续研究需要着意突破的方面。

3.2 国内相关研究：现状与评析

3.2.1 产品市场竞争（PMC）及其关联视角

国内关于公司产品市场或其证券市场效率的研究，虽能紧跟国外研究趋势与路径，并得出一系列与特定制度背景相切合的、有价值的研究结论，但对公司两大要素市场关联的研究却多局限于分离而未见系统，故只能分别作为公司证券市场效率研究或者产品市场竞争效应研究的“间接”相关文献，只能为本书的逻辑关切提供“侧面”的证据。

如苏冬蔚（2008）通过关于噪声交易与市场质量的研究发现，知情交易（能事先取得关于资产价值的重要信息并进行内幕交易）会加剧市场上的信息不对称，并进而影响交易成本，而且私人信息具有较高的相关性和持久性，因此监管当局必须进一步规范交易异常波动的公开信息披露制度。而李心丹等（2008）则指出，内控严密有效、治理水平更高，信息披露充分及时、披露质量更好的上市公司，更能弱化内幕主体的行为倾向并阻碍内幕交易的发生。这与 Peress（2010）、Tookes（2008）等的结论一致。结合我国新兴加转轨的制度背景，李青原（2009）、方军雄（2007）等关于信息质量、市场化进程与资本配置效率的研究发现，会计信息质量与上市公司投资不足和过度显著负相关，高质量的会计信息确实能够通过改善契约和监督降低道德风险与逆向选择，从而提高公司的资本配置效率。朱茶芬和李志文（2009）分析指出，会计信息披露对于缓解公司与外部投资者的信息不对称、促进公司的合理定价、提高资本市场配置效率具有重要意义，但广泛的政府干预会对会计报告行为造成严重的负面影响，是抑制公司披露意愿的另一重要制度根源。袁知柱和鞠晓峰（2009）发现了制度环境（区域制度环境和双重上市）与公司治理因素（股权结构、董事会特征、治理会议、管理层激励和审计质量）对公司股价信息含量的显著影响；而杨德勇和姜南林（2008）的研究还表明，更大规模、更有效率以及法律体系更为完善的证券市场有助于（区域）产业结构的调整；不完全竞争的（证券）市场结构是证券风险的一个重要来源，会通过影响买卖双方的交易策略而降低市场的交易效率（刘霖，2006）。

关于产品市场竞争的影响效应，王雄元和张鹏（2009）关注了行业竞争与公司产品市场竞争力对年报披露时间选择的影响；杨兴全和吴昊旻（2009）的实证研究则首次考察了行业结构、产品市场竞争对公司现金持有量的影响及其价值效应，研究发现，我国上市公司现金持有量存在显著行业差异，产品市场竞争和产品独特性与公司现金持有量正相关，为保持和强化其产品市场竞争优势、避免经营风险，高竞争行业与生产更独特产品的公司将持有更多的现金。这与 Fresard（2010）关于更大的相对现金持有的“竞争性效应”有助于增进公司价值、强化竞争优势（市场份额、博弈优势），并更可能从 2008 年金融风暴中受益（在行业衰退结束时率先成为行业领导者）的研究结论，以及 Kale（2010）、Leuz 和 Verrecchia（2005）等关于产品市场势力通过影响信息披露质量进而影响公司预期现金流及其价值（更低的资本成本）的研究结果基本一致。类似的间接研究还有苏冬蔚和麦元勋（2004）等关于流动性与资产定价，翟林瑜（2004）、高鸿桢和林嘉永（2005）等关于信息、投资者行为与资本市场效率，张纯和吕伟（2007）关于信息披露水平、市场关注程度与企业融资约束，杨兴全和张照南（2008）、杨兴全和吴昊旻（2009）等关于治理环境、现金持有量与公司投资等方面的研究，以及众多考察中国证券市场运行效率、投资者行为或投融资效率影响因素的其他研究等。

3.2.2 “结构—绩效”关联视角

国内基于结构化分析视角关注我国上市公司的行业竞争结构及其公司价值效应的研究，亦有很多有价值的结论。例如徐忠等（2009）关于我国银行业市场结构与其绩效关系的研究发现，市场份额与银行资产回报率显著正相关，而市场集中度和资产回报率则显著负相关，其结论部分支持“相对市场力量”（RMP）假说。于良春和张伟（2010）基于其 ISCP 框架考察转轨经济条件下行业性行政垄断的维持及传导机制，通过对我国电力、电信、石油及铁路等四个典型垄断行业的行政垄断强度及其导致的资源配置效率降低程度的实际测算后发现，行业性行政垄断在各个层面上均造成较大效率损失，消除行政垄断，对于促进产业内竞争及其效率乃至经济增长意义重大（于良春等，2008；余东华，2007；江伟和史晋川，2005）。邓可斌和丁重（2010）基于公司特质信息理论关注创造性破坏的公司差异，实证发现，中国企业普遍缺乏创新动力，企业创新更多体现为技术效率改进；中等规模企业的创新动力较强，小规模企业则偏好技术效率改进；垄断地位虽会弱化其创新动力，但主导中国技术创新的仍是大企业而非新兴公司（吴延兵，2006）。由于大企业多处于垄断地位而少有创新动力，而中小企业又缺乏足够的创新投入，从而导致创新效率的低下。因而，减少对大企业的政策与制度倾斜，加强对中小企业的扶持，是解决我国创新动力缺乏问题的关键。这与聂辉华、谭松涛和王宇锋（2008）等的结论基本一致：中国企业的创新与规模、市场竞争间均呈倒U形关系，适度的规模和市场竞争有利于促进企业创新，国企相对具有更多的创新活动，并且这种相对优势伴随企业规模变大而更加显著，但国企的创新效率相对私营企业较低，国有产权会降低激励对创新的促进作用（李春涛和宋敏，2010）；企业规模与民营企业研发支出强度呈显著倒U形关系，民营企业拥有一定的市场力量有助于提高其创新强度和自主创新比例，企业所在的行业结构及其市场竞争战略影响其创新方式，且存在明显的地区差异（朱恒鹏，2006）。企业规模还具有（产业）集聚效应，陆毅等（2010）的理论与实证研究就发现，产业集聚和企业规模正相关，相对于企业数量，企业的规模能为其带来更大的集聚效应，故优先引进初具规模的大企业或重点扶持部分优势企业有助于更好地带动其他企业的发展。可见，大企业并非没有创新创造的原动力，在合适的行业竞争结构之下，大企业可以更好地发挥其已有基础或优势，进而有利于行业效率乃至社会福利的更大改善。这些研究为弱化行政性垄断、促进行业结构优化调整，或经由自然竞争形成的适度垄断有助于提升行业/公司绩效的预期或现状提供了证据。

3.2.3 总体评价

考虑到本书的逻辑关切，概括国内关于公司产品市场竞争或其证券市场效率的相关研究，以及基于“结构—绩效”视角的已有结论，上述研究还存在如下不足：①对于公司两大要素市场即产品市场与其证券市场的效率关联研究，仍多局限于分离考察，对其互动关系的存在、作用机理及其价值效应尚绝少关注；②尚未有效整合相关理论及其经验分歧，并结合特定制度环境或宏观经济变迁之影响而构建起系统分析公司产品市场竞争与其证券市场效率关联（互动）的逻辑框架，这使得大多数的相关经验研究无系统的理论分析作为其充分依托。③对于公司垄断势力的来源区分及其影响差异，尤其是对行业集中结构与显著市场势力对公司/行业在面临困境或危机等逆向外部冲击时的显著正向效应，少有“一分为二”的系统分析。④尚未见（国外亦然）相关研究基于产品市场竞争之“内生互动效应”及“外生独立效应”正反两种路径及其多维效应的视角对上述关联进行系统分析和验证。⑤尚未有涉及我国证券/资本市场分类设计即其（拟）上市公司的大小、强弱、风险高低、上市早晚等证券市场结构特征如何影响异质性风险或回报波动的系统研究。⑥尚未将产品市场竞争影响有效纳入到公司资本资产的定价研究及其实践中去，对于产品市场竞争、公司异质性风险或其回报波动的系统关联研究非常缺乏。这些不足以及已有研究提供的理论与经验启示，为本书关注行业的集中结构与公司的显著市场势力的不同来源或制度渊源及其风险与绩效差异影响的系统考量（逻辑分析、理论建模与实证检验），提供了一个良好的研究契机和切入点。

中编　理论分析、模型构建与制度背景

在第1章绪论以及本书上编之第2、3章的国内外文献述评的基础之上，本编得以在“引经据典”之后，开始进入“正题”。作为本书的核心篇章，此编主要对本书所要构建和检验的逻辑框架进行理论分析——现有研究的分歧或冲突、理论渊源差异以及其为本书创造的研究契机。本编分三章，分别为第4章的理论分析：路径与机理（产品市场竞争影响之内生观与外生观），第5章的理论模型构建，以及第6章的制度背景分析。此外，还需说明的是，为避免教科书般地详细陈述相关理论基础的产生及其适用范畴，并使文章更加紧凑而简洁，本书特意将其“隐含或湮没于”相关视角之下的作用机理或影响路径的概括、透视或解析之中。所以，诸如产业组织理论、市场结构理论（两大视角）、战略管理理论（包括竞争优势理论）以及比较优势原理、有效市场假说（EMH）等相关理论，便基本只限于“字眼的提及”而无冗赘的铺陈和复述。

4 理论分析：路径与机理

本书上编之第 2、3 章的文献回顾与国内外研究述评，其实也可以作为关于公司的两大分离的要素市场的效率互动及其公司价值效应的一个新的或可能的分析框架，后续的研究完全可以在其基础之上开展进一步的多元分析和检验。因为是从相关文献的视角或路径出发，对公司两大分离市场或两类变量效率互动的作用机理的全面概括，故其也完全可以作为本书“理论分析”的一个构成部分。基于该“分析框架”并以示侧重，本章重点旨在梳理已有相关研究的分歧或冲突及其理论渊源的差异，以使得本书研究命题的提出，并非简单地基于相关文献的分歧及其直接质疑，而是能够从一个相对独立的视角出发，并能够站在一个更为普遍、深入和系统的理论基础与切合特定制度环境的真实背景之上。

由文献述评的已有相关研究来看，公司产品市场与证券市场的效率互动想必是通过“风险”或“信息”等渠道而相互链接起来的，考虑到其符合产业组织、市场结构及企业战略管理等理论预期以及各国经济实际的研究结论，这就使得关于公司产品市场竞争与证券市场的（上述互动或关联）效率互动及其价值效应的分析与检验，可从风险与绩效波动的视角即公司或投资者面临的信息分布、异质性风险或回报波动及其（内生）互动的角度而展开，而这正是现有研究普遍遵循的路径。此外，考虑到“信息—风险—公司价值（回报）”这个逻辑路径的研究，多是将行业结构及其市场竞争作为“内生性”的公司特征因素来考察的（Fama and French，2001，2002，2004；Brown and Kapadia，2007；Bennett and Sias，2006；Lowry et al.，2010）——往往将其与公司的规模、成长性、利润波动等自身特征因素并列考察，而产业组织理论、比较或竞争优势理论以及战略管理等理论的研究成果早已显示，行业结构及其决定之下的市场竞争程度还自有其显著的“外生独立效应”（Demsetz，1973；Gale，1972；Bain，1954；Gaspar and Massa，2006；Hou and Robinson，2006；Haw et al.，2008；Chemmanur and He，2009；Peress，2010；Kale，2010），故还理应从“因果倒置（互置）”（上述路径可能“置果为因”）的独立、超然或互动视角，对其之于公司异质性风险（或回报波动）、信息不对称以及其他的公司特征因素等的“基础性”影响效应予以深入、系统的考察。

4.1 视角概述

纵观学术领域关于公司信息分布、异质性风险或其回报波动的研究，依其切入视角的差异、考察路径的不同以及关注点面的侧重，大体可将其分为三类视角或三种流派。本节及以下部分主要基于“正反或内外两种路径”、“三大视角或流派”以及“四类影响效应”，对三类视角之下的关键文献及其相关的作用机理进行分析，进而为本书系统关注公司产品市场竞争与证券市场效率的关联或互动“张目”，并以期大体形成一个合理而可行的分析范式或考察路径。在此，先略述其观点，后解析其详情。

概括学界关于公司异质性风险或其回报波动的相关研究，大体可分为如下三类：第一类，将异质性风险或其回报波动的增加归咎于公司特征性因素（Brown and Kapadia，2007；Bennett and Sias，2006）；第二类，关注异质性风险或其回报波动（R^2s）的国际差异，并通常将异质性风险的变化归咎于一国金融市场的效率高低或其他制度环境差异（Morck et al.，2000；Jin and Myers，2006；Carlin，2009；Brown and Kapadia，2007；Irvine and Pontiff，2009）；第三类，重点关注公司的产品市场竞争或其行业竞争结构与公司证券市场效率的系统性关联（Demsetz，1973；Gaspar and Massa，2006；Hou and Robinson，2006；Haw et al.，2008；Chemmanur and He，2009；Peress，2010；Kale，2010），这与前两类研究亦密切相关，前者尤其是公司特征因素影响可以概括为产品市场竞争之“内生互动效应”，而第三类则可称之为行业竞争结构之“外生独立效应”，这两种效应内外互动，正反相生，相辅相成。考虑到其理论基础的重叠以及研究证据的交叉，从理论上讲，公司特征因素、行业竞争结构以及金融市场发展等宏微观因素，其影响实难清晰界定，亦不应割裂视之，实为考究其视角差异和作用机理，这是考察不同方面、不同层次的因素变量之关联路径乃至作用机理的有效门径。为此，本书立足其关联，并从行业竞争结构的基础性影响切入，重点关注行业结构、产品市场竞争是如何通过信息或风险的“中介渠道”进而影响公司的证券市场效率及其公司价值效应，并为关注或深入探索公司两大分离之要素市场间的效率互动（互补或抵消）及其公司价值效应的研究提供些许启示。

本书认为，产品市场竞争正是通过内外或正反两种路径影响公司的异质性风险或其股票回报的波动，从中即可清晰地看出公司两大分离的要素市场的效率/绩效关联的存在及其作用机理；而这两种影响路径的理论分析，正好可以框架全文，既可以照应上编之已有文献的成果评述，又可以界定下编的实证检验路径及其结果分析。概而言之，其路径为二：

其一，产品市场竞争之“内生互动效应”。产品市场竞争之“内生观”，即由公司面临的信息不对称、异质性风险或股票回报的波动以及其互动等公司特征因素影响证券市场效率的视角，“内生地”推演或揭示出上市公司的行业构成或其市场竞争程度的影响。但在这里，行业结构及其市场竞争可能并不是导致公司异质性风险或其回报波动即其价值效应变化的“根本原因”，而只是作为某一种公司特征因素，或其“必然结果”，即可能是公司自身风险特征的变化改变了其所在行业的构成或其产品市场的竞争程度，并进而又一起——均作为公司特征影响——导致公司风险的增加或其回报的非正常波动这个“最终结果”。故此，该路径拟从“三大作用方面”（即公司特征因素、金融市场发展等宏观因素、信息不确定影响）和“四类影响效应”（小公司效应、新上市效应、基本现金流波动效应以及信息—风险效应）的具体视角而展开分析。

其二，行业竞争结构（PMC）之“外生独立效应”。产品市场竞争之“外生观”，即有必要“反过来”——“置果为因”——将公司所在的行业结构及其市场竞争强度当做影响公司异质性风险或其回报波动以及信息不对称等公司特征因素变迁的渊源或其“根本原因”，或作为公司风险绩效变化的“起点”或外生驱动性力量，考察行业的聚散结构（如集中程度）及其市场竞争的强度尤其是公司间产品市场势力（Market Power）的对比等，对于公司异质性风险、信息不对称及其导致的回报波动等公司证券市场效率因素的显著影响（Brown and Kapadia，2007；Bennett and Sias，2006；Irvine and Pontiff，2009；Kale，2010）。故此，该路径拟从行业结构和市场竞争程度两大维度或“两大关联层面”予以具体考察，见本章4.3节。内外两种路径相结合，其实正好揭示出公司两大分离的要素市场即公司产品市场竞争与其证券市场（“PMC－SME”）的效率关联或互动，理论分析的视角亦就此得以展开，以下即由内而外、由表及里，分而析之。

4.2 公司特征性因素与其证券市场的效率（SME）

4.2.1 公司特征因素、异质性风险与回报波动

现代公司财务原理如资本资产定价（CAPM）、套利定价（APT）等经典模型指出，风险的高低将通过影响权益回报而直接决定公司价值的实现。公司面临的风险大体可以分为市场风险（Market Risks）、行业层面的风险（Industrial Risks）以及公司特征性风险（Firm－specific Risks）或异质性风险（Idiosyncratic Risks），其中，市场风险与行业风险影响着公司的基本面（Fundamentals），而公司特征性风险则直接决定了公司的绩效；而且，很多研究表明，公司异质性风险的变化也可以反映出市场及经济整体的基本面的诸多变化特征[①]。故研究不同行业的公司价值差异的落脚点，应该（更多地）集中在其异质性风险方面。鉴于其公司特征差别以及风险构成特性，异质性风险既可以作为公司的一种特征性因素，也可以看作是公司权益市场发展程度或其效率高低的一个表征。诸多研究表明，在过去的三十年到四十年之间，证券平均回报的波动均大大地超过了总的市场波动水平，公司异质性回报波动（Idiosyncratic Return Volatility）显著增加

① 近期很多研究为公司预期现金流波动的系统性增加提供了许多种解释，诸如公司多元化的降低或日趋集中以及股票期权的增加使得管理层更愿意选择投机性项目（Campbell et al.，2001）、ROE 波动的系统性增加（Wei and Zhang，2006）、机构投资者作用的增加及其从众倾向（Xu and Malkiel，2003）、知情交易（Informed Trading）的增加（Morck et al.，2000；Durnev et al.，2004）以及更大的资本市场开放度（Li et al.，2004）。

(Campbell et al., 2001; Fama and French, 2001, 2004; Pastor and Veronesi, 2003; Bennett and Sias, 2006)，且每年的增幅接近甚至超过6% (Irvine and Pontiff, 2009[①])。本节基于行业竞争结构的内生影响的视角，重点解析公司特征因素影响的“三种效应”，即“小公司效应”、“新上市效应”以及“基本现金流波动效应”，并立足于其内在关联，重点透视其影响路径与作用机理，为本书以“结构—绩效”影响为起点和作用机制进而纵深关注行业竞争结构等因素的系统综合影响提供理论和证据铺垫。

(1) 公司特征因素影响：“小公司效应”(Small Lists)。

公司异质性风险或回报波动何以显著增加？不同的文献基于不同的视角得出不同的解释，但考其“源头”，最具代表性之经典研究当属 Campbell 等 (2001)，其研究启发和带动了后续研究对于公司面临的行业层面的风险尤其是异质性风险的持续而多元的关注。后续诸多文献 (Ritter and Welch, 2002; Fama and French, 2004; Pastor and Veronesi, 2003; Bennett and Sias, 2006; Brown and Kapadia, 2007; Irvine and Pontiff, 2009; Chemmanur and He, 2009; Lowry et al., 2010) 以其为契机，或再证其确实，或再检其谬误，结论似乎“不一而同”。但综其要旨，则均着力于公司自身特征——如公司类型、规模、是否上市以及何时上市、公司年龄、成长性、所在行业等因素——之微观影响的挖掘，并未显著而有效地扩展到行业竞争结构乃至制度背景及经济环境变迁的宏观影响层面。考虑到其路径或作用机理的差异以及与下一节的行业竞争结构、金融市场发展等中观或宏观因素之独立影响的分析相区别，本书将此类文献皆归纳到本节，并对其代表性文献进行重点解析。

---

① Irvine 和 Pontiff (2009) 认为，与有效市场理论的预期一致，这是公司的基本现金流的异质性波动 (Idiosyncratic Volatility of Fundamental Cash Flows) 增加的反映。对此后文还有专节分析。

Campbell 等（2001）“最早”① 基于市场整体、行业层面以及公司层面三种风险的分类视角对公司普通股风险显著增加的原因及其时间趋势进行考察。研究发现，过去三十六年来（1962—1997 年），公司回报的波动显著地高于（超过 2 倍）市场总体的波动水平，而这并非仅仅是由上市公司数量的增加或者是日估计数据的序列相关性的变化导致的；异质性风险显著高于市场波动水平的增加趋势意味着，过去几十年中单个股票回报之间的相关性以及市场化模型（Market Model）的 R^2 对于单个股票的解释力均趋于下降——尽管需要达到一定的多元化水平的上市公司（股票）数量在增加。

抛开公司特征之外的其他的“技术性”因素——样本选择与度量模型，Campbell 等（2001）的研究对于公司异质性风险大增趋势（公司股票截面回报的分散度呈现出随时间而显著增加的趋势）的解释，在很大程度上可以归结为小公司上市数量的增加效应所致（Fama and French，2004）。但 Fama 和 French（2004）对 Campbell 等（2001）的研究结果却给出了不同的解释。在其早期研究（Fama and French，2001）关注新公司上市当年（first - year）的平均盈利性（下降了）和成长性（增加了）变化趋势，以及 Seguin and Smoller（1997）等研究基础之上，Fama 和 French（2004）的后续研究考察了这些新上市公司在上市五年之后（Five - year Post - listing）的盈利性与成长性的变化特征，并将该特征与新上市公司的存活率相联系，关注其生命周期特征和

① 准确地说，虽然很少有实证研究重点关注行业层面以及公司层面的波动，但 Campbell 等（2001）的风险分类视角的研究并非最早，在其之前即有少数研究基于风险分类视角考察其“杠杆效应”以及伴随着负回报的波动增加趋势（Black，1976；Christie，1982；Duffee，1995）、大公司异质性波动的持续性特征（Engle and Lee，1993）、产业或公司重组的宏观经济模型（Loungani et al.，1990；Bernard and Steigerwald，1993；Brainard and Cutler，1993）、异质性波动与公司投资（Leahy and Whited，1996）以及国际性的公司多元化（Roll，1992；Heston and Rouwenhorst，1994）和新兴市场的公司收益波动（Bekaert and Harvey，1997）等等。

时间趋势的变化。其研究认为，Campbell 等（2001）的研究所发现的公司截面回报波动或分散度（Dispersion）显著增加的时间趋势，其实应该归咎于公司盈利性及成长性的分散度的增加，而这又是其偏度增加（Increased Skewness）和 1979 年之后大量小规模公司蜂拥上市的必然结果（Flood of Small New Lists）。至少从表面上看，该观点与后文 Brown 和 Kapadia（2007）、Bennett 和 Sias（2006）以及 Lowry 等（2010）等的解释明显存在差异，但 Pastor 和 Veronesi（2003）的研究结论与其一致①。

此外，Campbell 等（2001）的研究虽然在关注公司特征风险之外，还对行业层面的风险进行了重点考察，但也并未将其独立于公司特征因素之外予以“外生”检验，这就与后面的文献以行业竞争结构的考察为渊源或起点的研究可以清楚地区别开来。与其类似的研究还有 Bennett and Sias（2006）以及 Brown and Kapadia（2007）等。

（2）公司特征因素影响：“新上市效应”（New Lists）。

对于公司异质性风险的增加的原因，与 Campbell 等（2001）等早期研究不同，Fama 和 French（2004）将其归咎于权益资本成本的降低使得更多弱小的或预期收益更远（More Distant Expected Payoffs）的公司得以更容易地上市融资。Fama 和 French（2004）的研究发现，过去三十年间，美国主要证券市场上的新上市公司（New lists）以每年近 160 家（1973—1979 年）到 550 家（1980—2001 年）的速度高速递增，而伴随着上市公司数量的激增，新上市公司的自身特征也在同时变化着。Fama 和 French（2004）的统计检验显示，公司的截面盈利能力在逐渐变得更为左偏（Left Skewed），而其成长性则变得更加右偏（Right Skewed），上市公司的存活率（Survival Rates）在显著下降——

① Pastor 和 Veronesi（2003）发现，上市公司尤其是更年轻的（Younger Stocks）以及未支付股利的上市公司的盈利能力的分散度有随着时间而增加的趋势。

因业绩贫乏而退市。Fama 和 French（2004）的研究指出，很可能是（资本）供给环境的变化使得新上市公司因此能以更低的资本成本上市融资——其资本供给曲线下移，并使得那些更为弱小的公司和收益预期更远的公司有了正的市场价值。这与其前期研究（Fama and French，2002）[①] 的结果相吻合，也与其得出的新上市公司的盈利能力变化及其成长性特征还具有跨行业的普遍性的经验证据相一致。

Bennett 和 Sias（2006）的研究视野则更宽，其结论亦更具有系统性意义。与 Fama 和 French（2004）直接关注新上市公司的影响效应不同，Bennett 和 Sias（2006）关于公司特征性风险随时间而变化的研究，还将公司异质性风险与证券回报波动显著增加的原因“潜在或含蓄地”扩及（归咎）行业影响的中观层面，这为 Brown 和 Kapadia（2007）、Chemmanur 和 He（2009）以及 Lowry 等（2010）等后续学者的纵深、拓展研究提供了契机。沿着 Campbell 等（2001）的分类考察风险的视角及其回报模型，Bennett 和 Sias（2006）直接通过公司及行业层面的风险度量指标的界定、计算和分解，并结合不同的分组样本（如公司规模、行业集中度等）来考察公司异质性风险的时间变化趋势。Bennett 和 Sias（2006）研究发现，相对于市场风险和行业风险的微弱变化，美国市场上的公司特征风险在过去三十余年间（1962—1999 年）一直稳步增加，却在 2000—2003 年又大幅下降。Bennett 和 Sias（2006）的研究假设将公司特征风险的这些变化归咎于三大驱动因素：风险性行业的市场权重的变化——风险性行业显著增

① Fama 和 French（2002）经研究认为，除了短期的均值反转（Mean Reversion），总盈余的增长是不可预期的，这意味着 20 世纪 80 年代和 90 年代的公司市盈率（P/E）的普遍提高，在很大程度上是因为预期证券回报的下降或者更低的权益资本成本的结果。在更低的权益资本成本之下，盈利能力更低的公司以及预期收益更远（Longer-term Expected Payoffs）的公司就会变成净现值为正的投资项目和可以公开上市融资的可行候选人（Viable Candidates）。

加；小市值公司相对作用的变化——小市值公司的风险更高、影响更大，以及对行业内集中度变化的度量误差——行业内集中度（HHI）显著降低（由高变低）。Bennett 和 Sias（2006）的研究表明，上述每一种因素都与公司特征风险的时间趋势变化有关（Contributes to），而将这三种因素结合起来便能在很大程度上解释过去几十年间公司异质性风险的变化趋势。

相对于上述关于公司异质性风险的影响因素研究，Brown 和 Kapadia（2007）的研究更为系统而深入，他将公司特征因素影响其异质性风险的研究提高到一个更为系统而综合的层次，对于公司异质性风险的增加何以与其自身特征变化密切关联的解释亦具有普适性的意义——正如作者自我评价的那样，该研究虽然在实际上并未推翻先前研究的结论，但提供了一个一致性的解释（Unifying Explanation）。基于 Campbell 等（2001）、Fama 和 French（2004）、Bennett 和 Sias（2006），以及 Rajan 和 Zingales（2003）与 Morck 等（2000）等的多元研究路径，Brown 和 Kapadia（2007）的研究纵深而系统地考察了公司特征性风险与权益市场发展的关系，其研究将“二战”后美国资本市场上近四十年来（1963—2004 年）的公司特征性风险的增加，直接归咎于众多风险更高的新公司的上市即“新上市效应”（New Listing Effect）。研究发现：样本中过早上市（List Earlier）的公司其异质性波动显著且持续地高于较晚上市（List Later）的公司；在任何给定区间（十年分组）上市的公司的异质性波动并未表现出显著的时间趋势，即并没有（先前研究所谓的）显著的时间特征——即使有也是因为采样问题（Sampling Problem）所致；而且，其研究还可以解释先前研究关于成长机会、利润边际（Profit Margin）、公司规模以及行业构成（Industry Composition）等因素何以与公司特征风险的增加有关，即在控制了先前研究得出的公司规模、利润边际以及成长性等因素对于公司异质性风险增加的影响解释之后，这种基于上市年份（Listing Vintage）分组的研究结论仍然显示出其重要价值，且能解释上述变量的影响趋势，即这种“新上市效应”对于公司的异质性波动具有一贯的、基础性的解释力。

故此，Brown 和 Kapadia（2007）认为，这种“新上市效应”的产生并非简单受小公司风险的增加驱动，而是因为（一国）经济中更具风险的某些子样本公司（Riskier Sub - sample）的不断上市或日益公众化所致。所以，Brown 和 Kapadia（2007）断定，这种公司特征风险增加（的现象）其实在很大程度上是一个样本选择或采样问题（Sampling Problem）——尽管单个（Typical）上市公司的风险在同时增加，但整个经济（Economy - wide）的公司异质性风险（如企业存活率或破产率、平均盈利等）却并未发生显著变化。这与先前研究关于金融市场发展时间趋势的相关结论以及 Brown 和 Kapadia（2007）本人对于金融市场发展（使得小公司更易上市融资）与公司异质性风险增加的相关性检验结果一致。

（3）公司特征因素影响：基本现金流波动效应。

早期很多研究将公司异质性风险的增加归咎于其基本现金流的波动（Campbell，1991；Vuolteenaho，1999；Gertner et al.，1994；Stein，1997；West，1988；Shiller，1981；LeRoy and Porter，1981）[①]，因其也属于典型的公司特征因素影响，故亦可称之为“基本现金流波动效应”。本节立足于分析该效应与上述的“小公司效应”及“新上市效应”的内在关联，以凸显后文将要详述的行业结构以及公司势力（Market Power）或规模差异的重要影响，并重点针对其关联路径进行深入解析。

与先前的研究发现一致，Irvine 和 Pontiff（2009）也发现在过去的四十年中，证券平均回报的波动都大大超过了总的市场波

① 可以参见 Campbell 等（2001）第五部分对于异质性风险影响因素的述评（第 37 ~ 40 页），这些因素涉及现金流波动、总产出波动、金融创新、上市时间、现金流信息、折现率，以及管理层激励等影响。

动水平，公司异质性回报波动显著增加且每年增幅接近6%。与有效市场理论一致，Irvine 和 Pontiff（2009）基于异质性回报波动、现金流与产品市场竞争关系的研究认为，该结果是公司基本现金流（Fundamental Cash Flows）的异质性波动增加的反映，而其最终推手乃是经济领域（Economy - wide）中的更为激烈的竞争——全行业以及不同经济体间的国际竞争。Irvine 和 Pontiff（2009）基于横截面和时间序列的实证检验显著支持以上推论，而且这种基于经济竞争（Economic Competitiveness）的解释还有利于促成对各国的R^2相关文献以及基于美国市场上公司异质性风险研究结果的重新解释。特别是考虑到先前研究如 Brown 和 Kapadia（2007）、Fama 和 French（2004）等认为异质性风险的增加更多地与通过 IPO 公开交易的更不稳定的公司及其上市时间（Listing Vintage）有关，以及 Bennett 和 Sias（2006）与 Campbell 等（2001）等又将其归咎于市值更小的上市公司数量的增加等略存分歧的研究结果，Irvine 和 Pontiff（2009）基于竞争环境与公司基本现金流波动增加的解释为此提供了一种新的视角。因为，Irvine 和 Pontiff（2009）的纵深检验表明，Bennett 和 Sias（2006）以及 Brown 和 Kapadia（2007）等的“风险归咎”对于公司异质性基本波动的时间趋势只有 1/3 的解释力，而其基于竞争环境的解释则不但能协调（Coexist with）这些不同的“风险归咎”，而且可以解释上述研究未能解释的部分。可见，在这个层面上，Irvine 和 Pontiff（2009）的研究结论显然更具有一般的意义①，其不但与 Demsetz（1973）、Gale（1972）、Gaspar 和 Massa（2006）、Hou 和 Robinson（2006）、Tookes（2008）以及 Kale（2010）、Peress（2010）、Hoberg 和 Phillips（2010）等基于“结构—（风险）绩效”框架的分析视角而得出的“不完全竞争的产

① Irvine 和 Pontiff（2009）对于行业管制的放松、国际竞争环境及其他经济影响的纵深检验，又进一步验证了竞争的加剧最终导致异质性风险的增加的预期。

品市场或相对集中的和存在显著市场势力（MP）的产品市场有助于提升证券市场的效率及其价值效应”的研究成果一脉相承或相为呼应，也与本书的主旨“不谋而合”。这在后文有详细的解析和对比，在此不必赘述。

4.2.2 公司特征因素与行业竞争结构（PMC）的影响关联：一个深入解析

回顾上文公司特征影响的“新上市效应”，Brown 和 Kapadia（2007）的研究似乎与“小公司效应”一起，明确了两个重要的，但有待进一步检验的命题：

首先，值得强调的是，与 Bennett 和 Sias（2006）的研究类似，Brown 和 Kapadia（2007）的研究考虑到了因新公司的不断上市而导致的行业构成（Industry Composition）的可能变化及其影响，并明确地将其作为公司的特征因素予以考量。但其得出的上市年份（Listing Vintage）的基础性影响以及采样问题（Sampling Problem）的论断，似乎意味着行业竞争结构的影响倒在其次，甚或被上市年份差异等公司特征因素所“吸收或稀释”了，其影响“似因似果”又近乎“非因非果”。这显然与产业组织理论的基本逻辑及其“结构决定参与主体之行为选择及其绩效”的 SCP 经典范式相抵牾，亦不符合经济增长等宏观经济理论的预期。即使抛开理论推演的偏误，这种结论亦难与实际相符合——因为行业结构的形成或产业的重组，无论作为政策选择的对象或者市场自然演进的结果，均会对其中的公司乃至整个市场或经济体的绩效产生直接影响。正如人口数量的增长必然影响国民整体的结构特征一样，行业内新公司的上市，其类型、规模、成长性、技术含量及其风险特征等差异亦必影响其所在行业的构成，改变公司间相互势力的对比及其风险或回报差异，这显然也是现代公司财务或金融理论的风险/回报分析的基本逻辑。

另外，从其后文关于金融市场发展与公司异质性风险关系，以及行业构成分析的专门考量来看，行业构成的影响显然也具有独立考究的价值。因为，正如 Brown 和 Kapadia（2007）所指出的"'二战'后美国公司异质性波动的增加确实集中在经济的某一部分，即集中在那些借助于金融市场的更大发展而得以更容易地上市融资的公司那里"，而这又与其"'新上市效应'的产生并非简单受小公司风险的增加驱动，而是因为（一国）经济中更具风险的某些子样本公司的不断上市或日益公众化所致"的总体结论完全一致。而对这些结果的合理归咎，显然要落实在某些行业特征变化的头上，正是这些能得以更容易上市融资的中小公司，基础性地——即小公司上市的影响显著，与 Bennett 和 Sias（2006）的结论一致——改变了行业的结构，并因此又重塑了其风险特征——某些行业的风险的增加（Riskier Industries）以及新上市公司的不相称的成长性（Disproportionate Growth），很自然地会导致公司风险尤其是异质性风险的增加。这正好回应了 Irvine 和 Pontiff（2009）的研究结论的一般性意义，即其"竞争归咎"其实包含了 Bennett 和 Sias（2006）及 Brown 和 Kapadia（2007）等所谓的"风险归咎"，行业竞争的加剧其实是公司风险及其回报特征变化的起点。在这个意义上，所谓的上市年份（Listing Vintage）的基础性影响，似乎不过是借助或经由行业构成特征的改变进而影响了公司的异质性风险，行业构成影响及其差异被"不自觉地"当做"中介渠道"湮没于上市年份等公司特征因素的影响效应之中了。

其次，Brown 和 Kapadia（2007）等的研究表明，金融市场的发展等宏观制度环境变迁对于公司微观层面的风险或回报差异显然具有"重要而特定"的影响，且与行业竞争结构影响密切关联，而这常为先前的研究所忽略或抽象处理。透视 Brown 和 Kapadia（2007）等关于经济基本面风险、金融市场发展以及行业构成的分析，一个清晰的逻辑链条（即沿着"宏观经济基本面的趋好及金融市场的发展——上市融资的门槛或资本成本降低——众多的小型、更具风险的（Riskier）公司的不断上市——行业构成变化（风险及数量）——公司风险尤其是异质性风险的增加”的逻辑路径）也就此凸显出来，而这个逻辑路径也正是 Brown 和 Kapadia（2007）、Rajan 和 Zingales（2003）、Campbell 等（2001）以及 Bennett 和 Sias（2006）等考虑金融市场发展等宏观影响的研究所潜在遵循的逻辑。

经济发展、制度环境变迁以及（势力集团）政策博弈的影响显然至关重要（Ang et al.，2009），但其鲜明的时间特征——尤其是在新兴/转轨市场经济国家（Brown 和 Kapadia 于 2007 年的研究似乎也证明，发达国家如美国也具有这样的重要的背景影响特征），也可能刚好契合了 Fama 和 French（2004）、Brown 和 Kapadia（2007）等所谓的上市年份（Listing Vintage）等的基础性影响，但反而在一定程度上弱化了制度与结构的内生或外生性影响。然而，时间差异所呈现出来的趋势化等特征，可能只是具有作用背景的“抽象价值”，而并不具有普适性或归纳性的理论内涵或“长久性规律”的意义。此时，Brown 和 Kapadia（2007）的“风险归咎”便值得进一步乃至重新的检验。上一节中 Irvine 和 Pontiff（2009）与 Brown 和 Kapadia（2007）等研究结果的对比分析，就可以很好地证明这一点。

4.2.3 金融市场的发展、异质性风险与公司绩效

在公司特征因素影响“三类效应”的分析之后，本节关注金融市场的发展以及其他可能的宏观经济环境因素与公司异质性风险的内在关联。之所以在公司特征因素部分又专节讨论金融市场发展之影响，首先在于实际其构成了公司特征风险分析的一个基本面（Fundamentals），并直接影响公司微观特征因素如融资门槛、资本成本、规模以及成长机会等的显著变化，而且，这也是

已有相关研究的基本考量[①]，亦利于结果的对比。另外，考察金融市场的发展也是特定制度背景考察的一个基本要素，且能在更大程度上凸显出本书所要突出的行业竞争结构的特征变化所具有的根本性意义，因此，本节仍然属于“内生看”行业竞争结构的影响部分。金融市场的发展通过影响公司的上市门槛而使得更多的弱小公司或风险性公司得以基础性地改变了其所在行业的竞争结构，并最终影响其风险回报或绩效，即沿着“金融市场发展—上市成本—行业竞争结构—公司风险回报或价值”的逻辑影响路径，显然，行业竞争结构只是“其中的一环”。

Rajan 和 Zingales（2003）关于金融市场发展（国际）差异的政治本质的研究首先提出这样一个问题：金融市场的发展可有效促进一国的经济增长（Demirguc - Kunt and Maksimovic，1998；King and Levine，1993；Jayaratne and Strahan，1996；Rajan and Zingales，1998a），但为何有些国家的金融市场仍然非常滞后？Rajan 和 Zingales（2003）提出了一个金融发展的利益集团理论（Interest Group Theory），并认为支持金融发展的政治力量的作用是一个重要的影响因素，而金融部门以及行业中的既得利益者（Incumbents）可能会敌视金融市场的长远公平发展，因为公平的以市场为基准的金融交易市场（Arm’s Length Financial Markets）不但不能满足既得利益者的“在职收益”预期，反而会引致更多的竞争。可见，连这些“当局者们”也预期到了放开金融市场的发展必会产生加剧行业竞争的显著经济后果。这与 Irvine 和 Pontiff（2009）关于金融创新之于经济发展的“有趣推论”一致。

抛开基于其主题关切的解释[②]，Rajan 和 Zingales（2003）的研究及其构建的各种金融发展的指标，为本书的主旨提供了一个

① Irvine 和 Pontiff（2009）也将其归入公司异质性风险研究的两大分类或流派之一。

② Rajan 和 Zingales（2003）认为，开放跨境贸易尤其是资本的自由流动（Capital Flows），可以缓解既得利益者的反对动机和能力，从而有利于金融市场的繁荣。

重要启示：一国的制度环境变迁尤其是产权背景变化等对于公司的风险回报特征或价值效应，乃至金融市场的发展显然具有重要影响。而集中的行业结构或垄断的公司势力（Monopoly Power）作为行业竞争乃至一国金融体系规则中的权威或强势博弈者，实际上早已具备 Rajan 和 Zingales（2003）以及 Olson（1982）等所谓的“既得利益者”（Incumbents）甚或“利益集团”（Interest Group）的资格和经济后果。那么，类似的“结构性障碍”（Structural Impediments）——诸如产权法制、文化传统、政治体系、投资者法律保护等制度性障碍，对于公司价值乃至整个行业绩效和证券市场效率的提升，究竟是弊大于利还是利大于弊？而该影响又是否具有显著的国别（截面）差异和时间序列特征？① Rajan 和 Zingales（2003）的研究还表明，一国的金融市场等制度体系（Institutions）可能会延缓或加速利益集团的行动。那么，金融市场等制度环境的改善，是否会有效缓解不同的尤其是公、私利益相关主体之间的制度性（或结构性）代理冲突，并进一步优化行业竞争乃至金融市场体系的博弈规则，从而有利于公司乃至资本市场的长远、健康的发展呢？

再次回顾上文的公司特征影响的“小公司效应”和“新上市效应”。Brown 和 Kapadia（2007）的研究还揭示了平均异质性波动与（一国）金融市场发展的内在关联，在采用 Rajan 和 Zingales（2003）对美国 1929—2004 年金融市场发展的度量指标之后，异质性波动的时间趋势表现出与其一致的“U”形特征。Brown 和 Kapadia（2007）的研究表明：“二战”后美国公司异质性波动的增加确实集中在经济中的某一部分，即集中在那些借助于金融市场的更大发展而得以更容易地上市融资的子样本公司那里。而

---

① Rajan 和 Zingales（2003）认为，一国金融部门的发展并不会随着时间而单调变化，并认为其提出的“利益集团理论”可用于解释金融市场发展水平的国别（截面）差异和时间序列特征。

且，Brown 和 Kapadia（2007）的纵深检验还发现，异质性风险的增加并非全因金融市场发展程度的变化，一些极端事件如大萧条、科技股泡沫等也会导致异质性风险的短期增加趋势——这可能导致其每十年的分组样本期间内并无显著异质性波动的结果，但仍然是金融市场的长期变化在更大的程度上影响着公司平均异质性风险的显著增加及其时间趋势特征。考虑到日益增长的金融知识或经验可能会使得融资更为便利或成本更低，而且其对公司风险亦必具有长期正向的效应，因此，Brown 和 Kapadia（2007）还预期，上市公司平均的融资条件的不断变坏（Declines Over-time），可能并不一定就是经济不稳定的表现，而很可能是反映了上市公司的行业构成的变化。而这似乎正好可以解释美国经济稳定但其证券市场风险反而增加的“怪现象”（Paradox），而后者正是因为经济体中大量的（Larger），更具风险的（Riskier）新公司的日益公众化所致。

可见，与前面的分析一致，所谓的“小公司效应”和“新上市效应”，还是通过影响其所在行业的竞争结构——公司数量（决定竞争程度）及其风险构成（决定竞争绩效）——而发生作用，即正是那些更不稳定或风险更高的小公司的日益公众化，基础性地改变了上市公司的行业结构及其风险构成特征，并最终导致了更高的异质性风险。Brown 和 Kapadia（2007）的实证检验发现，新上市公司的异质性风险以及基本面风险均更高，而这些公司多为小公司。这与 Irvine 和 Pontiff（2009）对异质性风险的“竞争归咎”一致。所以，所谓的“风险归咎”和“竞争归咎”，很可能在其本质上是一致的[①]，即行业结构及其决定的产品市场竞争环境始终具有根本的意义，而 Brown 和 Kapadia（2007）等所谓的“采样问题”（Sampling Problems），只不过是改变、缩短

---

① Lowry 等（2010）的研究可以很好地将这两者关联起来，并“潜在甚或显著地”预示着行业竞争结构的基础性影响的存在。见后文的专节分析。

甚或省略了各层面影响因素间相互作用的逻辑环节而已。

再照应上节的“基本现金流效应”分析，Irvine 和 Pontiff（2009）基于 Bennett 和 Sias（2006）、Brown 和 Kapadia（2007）等的研究结论还得出有趣推论（Conjecture）：金融创新使得众多弱小的、风险更高的公司更易融资，从而导致了经济领域中（Economy－wide）——全行业以及国际金融市场间——更激烈的竞争，而这种竞争又加剧了异质性波动，这显然意味着规模更大或势力更强的公司其证券收益更为稳定或异质性风险更低，而与其关联的则正是更为（适度）集中的行业结构。这与 Rajan 和 Zingales（2003）的结论也刚好“正反相成”——行业中的既得利益者担心新进入者会导致更大的竞争，而集中的行业结构或存在显著市场势力的公司往往具有更为稳定的回报和更低的风险。

4.2.4 信息不对称、异质性风险与股票回报

市场上的信息不对称其实仍然是公司特征的反映，因为基本上是公司自身的特征——诸如规模、成长性、产品特性（技术/劳动、实体/金融）、行业构成、产权性质和公司沿革历史等——塑造着其市场形象，而基于这些特征信息的判断直接影响企业尤其是 IPO 公司的回报及其波动水平。故本节仍然将放在公司特征因素影响效应的分析部分，且仍然属于本书所关注的行业竞争结构之影响的内生分析的视角。本节旨在讨论“信息—风险—回报”效应的关联路径及其作用机理，并首次基于市场分类的视角——理论分析及样本选择，将“非主板”市场（中小板块及创业板块）的波动及其上市公司的类型与行业结构等因素，作为独立和对比的参照物，以考察其与全部上市公司绩效变化或市场整体波动的关联程度。这其实也是上一小节（4.2.3）的（一国）金融市场的发展及其影响分析的一个延伸，同时也是 Campbell 等（2001）、Fama 和 French（2004）、Bennett 和 Sias（2006）、Brown 和 Kapadia（2007）等研究关于公司特征因素影

响的“小公司效应”和“新上市效应”分析，以及 Irvine 和 Pontiff（2009）等的“竞争归咎”与 Lowry 等（2010）关于 IPOs 异质性波动的“信息—风险”效应分析（研究采样及理论推演）的一个潜在逻辑。

（1）信息不对称特征：可能的贯通路径。

风险的变化总是与某些不确定性因素或其判断和预期相关联，而市场上各种利益主体面对的信息不对称则是造成这些不确定性的根源所在。之所以专节讨论信息不对称的影响以及将下面的“信息—风险”效应独立成节，目的之一在于与上述公司特征因素影响之“三大效应”形成区别或对照，与上述效应的考察不同，这里的分析以“信息”为起点；之二在于将本书上编之文献述评部分归纳出的、链接公司两大分离之要素市场即产品竞争市场与证券市场的效率互动的两大作用渠道（即信息渠道与风险渠道）就此关联起来——信息不对称与公司风险密切相关甚至可以说是“一体两翼”，也为贯通前文公司特征因素影响效应分析对于异质性波动的“两大归咎”即“竞争归咎”与“风险归咎”提供可能的路径，从而在整体上为本书的理论分析和实证检验形成一个有机联系的逻辑框架或“系统结构”。

信息不对称可以作为公司的特征，也可以是市场特征的反映，即其广泛存在于公司及市场的层面①。几乎是在任何国家的资本市场上，受其制度背景、政策环境乃至时代特征等影响的推动，上市公司的类型乃至其所在行业的特征均早已发生巨大变化。在此，我们关注其公司回报及其波动可能因此而发生的变化及其特征。从理论或经验上讲，相对于那些特别年轻甚至刚刚建

① 信息不对称当然也包括投资者等利益相关主体的基于有限理性的预期或判断，而且，在行为金融学看来，这种信息不对称似乎才是真正决定市场回报或需求波动的根源所在。但本书是基于公司或行业的特征而非“行为主义”的视角，并实际上是将投资者的预期或判断包括在“最终的”公司或行业特征表现之中，故在此不作特指说明。

立的新公司、小公司——可能来自滞后行业甚至新兴行业——而言，那些来自更完善（Well - established）行业的老企业（甚至超过100年），因其更易受媒介的青睐或追捧，故其比较优势已然“明彰较著”。上市即IPO之前如是，上市之后亦复如此，甚至其比较优势可能还会因上市而更显著进而成就其“垄断优势”。且不论其上市是否已日益成为一种“特权性”资源，即不考虑发达国家与新兴或转轨市场的制度环境差异，在此先关注拟上市公司的不确定性即其信息不对称特征如何影响承销商及潜在投资者等主要利益相关者的预期或判断（或者反之），并进而影响公司及市场的回报（估值或定价）。

那么，上述差别可能意味着，那些总需求不确定性更高即信息不对称更严重的、新兴的、弱小的技术性企业往往更难估值（Rock，1986），而估值的分散（过高或过低）自然会导致市场的波动；相形之下，那些来自更完善行业的更老或更大的公司，则因其信息的充分和易得，而使得其证券的估值更为准确而集中，公司与其行业的回报及其波动也就更为稳固，且具有良性循环的内生效应。Ritter（1984a）扩展了Rock（1986）及Beatty和Rock（1986）的模型，最早将信息不对称引入IPO初始回报分布的研究，并预期信息不对称更严重的IPO公司其初始回报即IPOs的均值及其波动往往也更高。沿着这个逻辑，Lowry等（2010）又将其扩展到时间序列背景，即是否是某些类型的拟上市公司的聚集（Clustering），导致IPOs及其波动的时间变化特征？Lowry等（2010）的基本逻辑可以概括为：在时间序列基础上考察“信息不对称等公司类型特征——市场回报及其波动差异”。这与Campbell等（2001）、Fama和French（2004）、Bennett和Sias

（2006）、Brown 和 Kapadia（2007）以及 Ang 等（2009）[①] 等研究的潜在逻辑一致。

在这里，与上述研究相呼应，结合本书的逻辑关切，本书得以自然地将其逻辑扩展或推演至行业竞争结构的基础性影响乃至金融市场的发展等更为宏观的制度环境影响的更深更广层面，即在时间序列基础上和市场环境（Market Conditions）的变迁背景下系统关注“信息不对称等公司类型特征——行业构成与竞争程度分析——金融市场的发展等宏观制度背景层面（可能也是导致行业竞争结构变化的因素）——市场回报及其波动差异”；亦从而能提出支持本书逻辑关切并与上述“三类效应”并列的、可以贯通“信息/风险渠道”或“竞争/风险归咎”的，但仍属于行业竞争结构 PMC 内生影响考察的“信息—风险”效应。

（2）公司特征因素影响：“信息—风险”效应。

Lowry 等（2010）关于 IPO 初始回报（即 IPOs）月度波动的创新视角的研究发现，IPO 初始回报的波动巨大且具有显著的时间差异特征[②]，尤其是在较热的 IPO 市场上——在 1965—2005 年期间，IPOs 的月度分散度与其每月的平均初始回报（在折价，Underpricing）显著正相关，而该正向关系在美国市场的 IPO 泡沫期间（1998 年 9 月至 2000 年 8 月）甚至更为显著，且在所有的子期间样本分析中均存在持续的正向关联，这与二级市场的回报均值与月度 IPOs 的波动甚至负相关的结论形成鲜明对照。Lowry 等（2010）认为——与 IPO 理论预期一致，那些因为信息不对称更严重而更难估值的公司，往往具有更高的 IPOs 波动。Lowry 等

① Ang 等（2009）关于发达国家普遍存在的“相对于异质性波动更低的公司，那些过去具有更高的异质性波动的公司，往往伴随着更低的未来预期回报”的结论，其实也是时间特征的反映。

② Lowry 等（2010）的研究显示，IPOs 在 1965—2005 年期间平均折价 22%，但只有一小部分公司接近这个平均水平，即只有 5% 的 IPOs 波动在 20% ~25% 之间，同时有近 1/3 是负值，且其三十年间的标准差高达 55%。

（2010）的研究强调了承销商（Underwriters）对于那些不确定性更高因而信息不对称更严重的公司的估值难度的重要影响，并以其显著证据重申和支持了相关研究（Derrien and Womack，2003；Degeorge，Derrien，and Womack，2007；Degeorge，Derrien，and Womack，2010）对于传统的 IPO 价格形成机制的质疑。

正如本节开头的分析，Lowry 等（2010）的研究与前文的“小公司效应”和“新上市效应”的分析“一脉相承”，即仍然关注新上市公司即 IPO 公司的特征因素及其影响效应；而且，与 Irvine 和 Pontiff（2009）的“基本现金流波动”或“竞争归咎”类似，Lowry 等（2010）的研究其实也是对 Brown 和 Kapadia（2007）等关于上市年份（Listing Vintage）差异等公司特征因素影响的一个“重新检验”。但不同的是，Lowry 等（2010）将信息不对称特征也作为公司类型或其特征因素，并以此为“起点或媒介”而关注哪些因素（公司特征及市场环境）及其如何影响 IPO 公司的回报及其波动水平，并进一步考察在对 IPOs 及其波动的影响力度方面，公司类型（Types）等特征因素和市场环境因素（Market Conditions）是否存在差异，即哪个影响更为显著。其研究表明，已有文献涉及的和很自然地可以想到的一些公司特征因素确实与 IPO 后股票市价的更大不确定性即更高的 IPOs 及其波动水平更相关联，而相对于其他企业，当那些更难估值的公司即更年轻的、规模更小的技术型公司得以更多地上市融资时，IPO 初始回报的波动也显著增加。

（3）“信息—风险”效应：相关假设与预期。

以信息分布为起点或媒介的考察路径符合理论与现实的逻辑。正如 Lowry 等（2010）等的信息不对称（信息披露程度）影响股票定价的基本逻辑，投资者等市场参与主体基于公司特征的信息或其判断和预期差异，将直接影响异质性风险与市场波动。现在不妨假设：如果异质性风险更多地来自中小企业或新公司的不断上市，或者是非主板市场的公司及其行业构成特征及其波动更显著地影响着整个市场的风险水平——即上述的“小公司效应”以及“新上市效应”分析果真成立，而且，如果将 IPO 初始回报的波动作为其估价难度（也是信息不对称）的度量——关注 IPOs 其实就是为了（关注）IPO 股票定价，那么就可以预期，可能正是那些更小规模的，收益更不稳定的，更依赖技术创新的[①]，因此信息不对称问题也更显著、估值难度也更大的公司，导致了日益增加的异质性风险和市场回报波动，而且，这种估价问题的复杂性变化也必然与公司和市场回报波动的时间特征相互交织着。沿着这个逻辑，Lowry 等（2010）的研究证实了 IPOs 波动的显著时间差异，并指出，特别是在更热的 IPO 市场上，不但存在着超高的初始回报（Ibbotson，Sindelar and Ritter，1988，1994），而且伴随着超高的回报波动。与 Tookes（2008）、Kale（2009）以及 Peress（2010）等认为公司管理层、机构投资者或投资银行等的知情交易显著影响证券市场效率的相关研究不同，Lowry 等（2010）认为，对公司股票总需求的不确定性（Aggregate Demand Uncertainty）才是决定信息不对称以及拟上市公司（Going Public）、承销商和投资者等不同利益主体之间信息分布差异的主要因素。在理想的市场上，上市交易可以解决这类信息不对称即公司对于市场总需求的不确定性——上市机制设计的目的所在，但实际上，公司的信息不对称特征或利益相关者对于信息的判断或预期差异始终存在且影响显著，故新公司即 IPO 股票的总需求必然呈现出“因时间”（时间序列差异）、“因公司类型”（截面差异）而异的动态特征。因此，对于 IPOs 及其波动，就必须从拟上市公司的类型差异以及市场环境（Market - wide Conditions）的变化这两个维度或层面来予以考察。可以预见，当拟上市的公司

① 技术创新与风险密切相关。研究中一般看公司研发支出 R&D 的比重（全球 1 000家公司的研发支出 R&D 的行业分布），技术差异或研发支出 R&D 比重差异是重要的公司或行业特征。

样本包含了更多弱小的、高风险或不确定性更高的公司时，信息不对称导致的 IPO 估值难度及其偏误也必会增加；而且，还可以预见，当市场或上市公司整体中进入了更多的这类公司时，其（公司及市场的）回报波动亦必更高。诸多理论支持这个逻辑。早期研究如 Beatty 和 Ritter（1986）在扩展了 Rock（1986）的模型后指出，面临更大的信息不对称的公司往往具有更高的平均折价（Michaely 和 Shaw，1994）；而 Ritter（1984a）及 Sherman 和 Titman（2002）等的研究还表明，信息不对称也会影响证券定价过程的精确性，而对那些信息不对称更严重公司的价值的精确估计就更难。Lowry 等（2010）的研究结果显然与上述模型预期一致。

此外，若考虑到特定制度背景的影响差异①，似乎还可以预见——与上面的逻辑一致，那些不能在正常市场——因为不能获得官方的认可和支持，（进而）也不能得到更多投资者的青睐——获得融资支持的公司，也往往会被因此认定为信息不对称更严重的或风险更高的公司，而这类公司也或与下述类型的公司一起（即或成为一个新的“歧视类型”），或者那些相对更为弱小、收益更不稳定、更多依赖技术创新或成长性更高、周期性更显著的公司，往往更容易遭逢这种“待遇”。这与 Lowry 等（2010）关于风险资本支持与否以及发行量（Share Offered）的统计结果与其预期不一致的结果及其解释不同。而这正好构成本书考量（更高的）行业集中度以及其公司产品市场势力或垄断势力（MP）的来源即其制度渊源的一个依据；也为本书基于市场分类（理论分析及样本选择）考察行业竞争结构变迁之于公司回报波动等影响的研究，以及考察我国资本市场的分类机制设计、成本

① Lowry 等（2010）的研究关于更热的 IPO 市场上公司回报水平及其波动均更高的结论，以及其对于传统的 IPO 价格形成机制的质疑等，其实也预示着制度背景差异的显著影响。

门槛差异以及其改革趋势等特定制度背景重要影响的分析提供一个良好契机；若再回顾前文，则上述考量或可刚好为 Lowry 等（2010）等指出的，以及 Campbell 等（2001）、Fama 和 French（2004）、Bennett 和 Sias（2006）、Brown 和 Kapadia（2007）等的研究结果预示的、仅用二级市场或非主板市场的波动或其（拟）上市公司的类型度量市场整体的波动何以那么“不尽如人意”（Poor）[①]，提供一个切合制度背景的更好解释。

（4）证券市场类型（板块差异）与公司特征因素：影响差异及其解释力。

由上面的分析及相关研究的潜在逻辑可以看出，证券市场的类型或市场环境的差异与其所在（拟）上市公司的类型或其特征因素，似乎存在某种“勾结”或互动——可以相互解释，并对公司回报及其波动可能具有显著而有差异的影响力或解释力。而且，制度背景的影响亦似清晰可见。故可以预见：因为某些类型的公司的（拟）上市，势必将基础性地改变其所在行业乃至整个市场或上市公司整体的行业构成及其竞争程度，并进而通过其塑造公司及市场的回报差异及其波动特征；或者“反之”，可能是某种类型的证券市场（如非主板市场）更多地诱致了此类公司的（拟）上市及其系统波动效应。那么，这势必引发一系列疑问，如哪些类型的公司更容易上市？究竟是哪类市场更吸引高风险公司（如信息不对称严重、弱小的、收益不稳定、成长性及周期性显著、技术性的公司等）的上市？是主板市场还是非主板市场？是境内的市场还是跨国的市场？相对于公司特征因素，非主板市场的（拟）上市公司或市场环境差异[②]，对于市场整体或整个上

---

① 以 Lowry 等（2010）、Ang 等（2009）等的研究结果及其启示来看，似乎中外（美国）皆如此。

② 这里的市场环境差异，除涉及主板市场与非主板市场的上市差异之外，还应该包括是否跨境上市，以及 Lowry 等（2010）等所谓的二级（Secondary）交易市场的波动等影响差异。

市公司波动的影响是否更为显著？对于上述差异，一国的资本市场的分层机制设计，或其证券市场本身的构成问题（如非主板的比重等），或其政府干预的影响有多大？

本书重点关注前一种预期，而将后者合并考虑——其实可做一事观：原因之一，本书认为，无论证券市场的分层机制设计如何吸引、迎合甚或诱致新公司上市，在根本上，应该仍然是拟上市公司的类型或特征决定着非主板市场乃至市场整体的构成特征，进而又引致其回报与波动的可能变化，而非反之；原因之二，无论是作为公司的特征因素还是作为独立影响考量（Pastor and Veronesi，2005，2009[①]），资本市场类型或其分层机制设计以及不同层次资本市场间的相互关联等环境特征，都势必影响公司乃至证券市场整体或整个上市公司的行业构成、盈利水平及其回报波动等特征，Lowry 等（2010）、Brown 和 Kapadia（2007）以及 Fama 和 French（2004）、Bennett 和 Sias（2006）等研究的假设推演、样本选择及其结果分析均明显预示着这一潜在影响；原因之三，为通过行业竞争结构的因此改变而重点关注其系统波动效应，即关注受制度背景、政策环境甚或时代趋势推动的、更多的新兴（技术）、中小、不确定性更高等类型的新公司的日益公众化或不断上市导致的行业竞争结构的剧烈变迁[②]，是否会基础性地影响和决定着公司的异质性回报及其波动特征。从而，以信息不对称等公司特征的考量为起点的“信息—风险”效应，便可

① Pastor 和 Veronesi（2005）关于（二级）市场的环境与上市决策的研究预期当市场（Market - wide）对于年轻企业未来盈利的事前不确定性更高时，将会有更多的企业选择上市——因为更高的不确定性会增加上市的期权价值。但 Lowry 等（2010）关于拟上市公司类型的变化对 IPOs 波动具有更显著影响——相对于二级市场的波动——的结果却意味着，Pastor 和 Veronesi（2005）的预期只能部分解释 IPOs 的波动，市场环境不止影响上市决策，也会影响拟上市公司的类型。

② 那些不确定性更高的新兴（技术型）、弱小公司往往只能更多地集中在非主板市场上市——至少在我国是如此，故其结构性影响亦必是经由非主板市场而及市场整体的。

与以上诸节之公司特征因素影响（“三类效应”）、金融市场发展的影响，以及后文将要论及的产品市场竞争的“外生影响”有效链接起来，并一起为印证本书预期的行业竞争结构变化的根本性影响助力或“张目”。

4.2.5 信息不对称、产品市场竞争与公司基本经营环境

作为重要的环境性要素，信息不对称或其披露程度对于一个公司、一个行业乃至一国的基本经营环境、公司治理机制、市场竞争态势乃至整个经济的增长等，均具有显著影响。信息经济学各个领域及其微观视角的诸多研究结论均可为此提供证据，在此不予详评。回顾前文，Irvine 和 Pontiff（2009）的研究就指出，信息不透明将影响一国的基本经营环境，而 Carlin（2009）的理论研究认为，公司可以利用信息不透明而形成一个竞争更低的产品市场，从而得以“规避”竞争并能维持维护其垄断利润，而信息环境及法制环境更好的国家，因其信息透明度更高，故使得公司更难以维护其垄断利润。但正如本节开头所言，信息不对称广泛存在于公司及市场的层面，既可作为公司的特征，也可以是市场特征的反映。故考虑到市场上的信息分布差异其实也是公司特征因素［诸如公司的规模、成长性、产品特性（技术/劳动、实体/金融）、行业构成、产权性质］影响或塑造的结果（包括投资者对这些特征信息的判断和预期），这里仍然将其归入公司特征因素影响效应，且仍属于本书所关注的行业竞争结构之影响的内生分析的视角。本节拟从以下三个方面来进行分析：

首先，金融商品的交易市场（即证券资本市场）包括零售金融市场（Retail Financial Market）上的信息分布差异的分析，其实仍然属于公司特征因素影响的范畴，因为作为证券等虚拟形式的金融商品（Financial Products），其实也是企业的产品。故公司的产品特性实际上既包括其要素依赖模式（如技术/劳动），也包

括其外在表现形式（如实体/虚拟或金融）；故 Carlin（2009）的分析就可以与 Irvine 和 Pontiff（2009）等的分析一起作为公司的信息不对称特征与其异质性回报风险相关联的一个证据，这有助于衬托出本书所关注的行业竞争结构的显著影响。其实，一国资本市场的特征仍然是其公司特征的“累加”而造成的。

概括其路径与作用机理，Carlin（2009）的研究其实是从消费者需求角度反观公司金融商品定价的影响效应及其经济后果。即，在竞争日益加剧时，出于财富最大化追求，公司很可能会通过其信息披露策略——公司能够改变其产品市场中的信息传播质量，并进而影响消费者对其商品购买的获知能力——而战略性地“操纵”其产品或金融商品的价格，从而得以“规避”竞争加剧的“负向效应”，有效地维护和提升其预期绩效和既有的市场势力（Market Power）。可见，公司似乎确实可以利用其信息不透明而形成一个竞争程度更低的产品市场，并能主动确保甚至提升其绩效。可以预见，某些行业尤其是更集中的行业中已有的大公司或强势公司，可以利用类似这种增加价格复杂性的竞争策略，如通过技术创新等而增加产品（也包括其价格）的复杂性（异质性）等，有效地维护和提升其产品市场势力（Product Market Power）和竞争优势。而深究其“好处”还在于，这类的强大的公司，往往又因为具备更加稳固的异质性回报、媒介（包括分析师等）关注以及投资者追捧等优势，而能获得更多的资源支持，包括政策倾斜、投融资市场的便利等，从而得以进一步巩固其已有优势；而且，这种优势巩固或“竞争”的策略“在很大程度上”还可能因此而有效地增加社会的总财富[①]。这就与 Gaspar 和 Massa（2006）、Hou 和 Robinson（2006）、Tookes（2008）、Hoberg 和 Phillips（2010），特别是 Kale（2010）、Novy - Marx

① 垄断或垄断型竞争可能增加社会总财富的经济学研究的证据：Demsetz（1973）、Gale（1972）、Bain（1968）、Schumpeter（1942）。

(2009)、Peress（2010）以及 Irvine 和 Pontiff（2009）等的产品市场竞争与异质性回报波动研究领域的基本结论以及本书的逻辑关切及其预期一致。

其次，如果说 Carlin（2009）的研究主要是"拘泥于"公司（价格）信息披露策略的"竞争后果"差异的话，那么，Irvine 和 Pontiff（2009）将其与一国的基本经营环境相关联的研究，无疑是将其扩展到了更为普遍、系统而深入的影响视域。除了前述研究结论外，Irvine 和 Pontiff（2009）的另一个[①]基本结论是，信息不透明即信息不对称的加剧会影响一国的基本经营环境，而这些环境除了该研究涉及的行业管制、跨国竞争影响之外，还应该包括技术创新的变革、投融资市场的便利、资本配置效率与投资质量（Abiad et al.，2008），以及公司治理机制（Jin and Myers，2006[②]；Price et al.，2011）、政府的角色等其他相互关联的治理环境或制度背景的影响层面。

最后，Irvine 和 Pontiff（2009）关于公司股票异质性波动增加的"竞争归咎"（Competitiveness Explanation）的研究，弥补了 Morck、Yeung 和 Yu（2000）等的"交易—信息"假说（Trading - information Hypothesis），并为其提供了一种新的解释，且对于跨国竞争差异（R^2s）的解释亦更具有一般意义——因其与基本现金流异质性风险的差异亦相一致。Irvine 和 Pontiff（2009）的研究突破了"行为主义"解释的束缚，通过股票交易行为来考察异质性波动，并就此断定，正是信息不透明影响之下的公司基本经营环境的"波动"，即全行业竞争（公司基本现金流、行业管制

① 实际上是密切关联，即共同构成 Irvine 和 Pontiff（2009）关于异质性风险增加的"基于竞争"的解释。

② Jin 和 Myers（2006）在国家竞争（R^2s）的差异与公司治理的关系中引入信息不透明影响，进而扩展了 Morck 等（2000）的分析，并认为更不透明的环境若与弱化的公司治理相结合，将使内部人更易猎取更多的公司经营现金流（OCF），而这会加剧公司的国际间竞争。

的放松以及跨国竞争）的加剧，导致其股票回报风险的显著增加，而其影响路径的核心正是公司所在的行业竞争环境（结构及其程度）。所以，正如 4.2.1 节所指出的，Irvine 和 Pontiff（2009）基于竞争环境的解释即其“竞争归咎”应更具有一般性意义，其实包含了 Campbell 等（2001）、Fama 和 French（2004）以及 Bennett 和 Sias（2006）、Brown 和 Kapadia（2007）等所谓的“小公司效应”和“新上市效应”背后的“风险归咎”。也正是从这个意义上说，Irvine 和 Pontiff（2009）以及 Lowry 等（2010）的基于信息不对称视角的研究，才是对上述两种效应的重新检验和解释，而非严格意义上的排除，而其区别只不过是对各层面影响因素间相互作用的逻辑路径的改变、缩短甚至省略，公司所在的行业竞争结构及其变迁仍然是具有根本意义或基础性影响的因素。

4.3 公司的行业竞争结构与其证券市场的效率（SME）

与4.2 节重点解析的行业竞争结构影响之“内生观”略有不同，本节所涉文献绝大多数已在本书上编之第 2、3 章予以重点评述，故在此理应简略，即只针对关键之研究进行深入解析，以有助于构筑本书之理论分析框架（即“SICP”范式）及其系统模型，并与上节之“内生效应”的考察“一以贯之”。换言之，本书上编之文献回顾主要是基于直接的、抽象分类的视角，即重点是围绕相关研究可能“昭示”的、行业竞争结构的外生、独立之基础性影响的效应分析而展开，以期为后文纵深关注其系统影响（内生及外生效应）的理论分析奠定基础。为凸显本书的主题及其逻辑框架，即行业竞争结构的基础性影响及其价值效应（体现为公司风险与回报的波动）的作用机理和关联路径，并避免所涉文献过多而致主题游离，本书特分不同章节处理之。

本节首先基于上文产品市场竞争的“内生互动效应”与其“外生独立效应”的逻辑关联及其路径，对行业竞争结构变迁之系统影响进行分析；进而基于对产业组织、市场结构、企业战略管理理论（包括竞争优势理论）以及Schumpeter（1912）的“创造性破坏”理论等相关视角之于公司（行业）获利模式的“结构化分析”逻辑的整合，而系统提出“SICP”范式，为本书考察产品市场竞争之外生、独立之基础性影响奠定一个逻辑框架。其次，结合上述分析，具体从行业影响之两大维度即行业聚散结构（主要看其集中程度）和市场竞争程度（主要看公司间产品市场势力的对比）的相互关联而展开理论分析，并在此基础上考察更为集聚的行业结构或公司显著的产品市场势力的不同来源或制度渊源，及其对于信息分布（配置）、（异质性）风险以及公司价值等的影响效应（将其制度渊源部分作为行业竞争结构影响的背景延伸纳入本节之行业“结构”影响的范畴）。最后，结合上节所述之“四类效应”以及本节之“结构化分析”逻辑而构建一个行业竞争结构何以变迁及其基础性影响效应的、综合而系统的分析模型，以作为本书理论分析的“总结”以及其后的基本命题与可检验的具体假设的逻辑基础。

4.3.1 行业竞争结构之系统影响：两种路径的逻辑关联及其路径

（1）行业竞争结构之“内生互动效应”与“外生独立效应”的逻辑关联。

由上理论分析可见，无论是“新上市效应”、“小公司效应”还是“基本现金流波动效应”和“信息—风险效应”，公司异质性波动的显著增加及其时间趋势，均可以归咎于竞争实力更为弱势的（Weaker），或规模更小的（Smaller），或更具风险的（Riskier），或所在行业更不完善（Less Established），或信息更为分离或估值更难（More Dispersed），或过早上市的（Earlier），以及上市时间更短或更年轻的（Younger）公司的诸多特征性因素的单独或其组合型影响，而且，无论将行业竞争结构的考量作为内生影响因素（即作为公司特征因素的一个“结果”）还是作为外生的基础性驱动力量（即其具有显著独立影响），某些（类）上市公司（包括拟上市企业）本身的“小”——弱、小、年轻、分散等特征的集聚，以及此类公司在产品市场（PM）及资本市场（SM）上的日益集聚（Increasing）或扩散（Decreasing）即其结构比重的增减变化，想必（始终）都具有关键性的作用，甚至正是带有根本性意义的“内因”。而这些证据结合在一起，便能不自觉地为系统考察公司的“规模效应”（市场势力对比）乃至其所在行业的聚散结构与市场竞争特征，即其产品市场竞争的外生、独立影响效应，指明一个有利于反思和纵深化研究的方向或路径，而这正是本书借助“风险渠道”和“信息渠道”的相关文献归集，并经由“四类效应”之下（内生与外生考察）的行业竞争结构的基础性影响，而纵深关注公司产品市场竞争与其证券市场的效率互动即“PMC－SME”的基本缘起。

（2）“SICP”范式：一个潜在的分析范式及其理论基础。

4.2节从“三大方面”和“四类效应”，基于“内生互动效应”的视角对行业竞争结构的变迁及其可能影响予以了深入解析，但这种“间接”的研究仍不足以凸显行业竞争结构之基础性影响。在这里，受产业组织理论、市场结构理论、战略管理（竞争优势）理论以及“协同效应”等相关理论的启发，本节将始终基于公司市场势力（MP）及其所在行业之结构的相对或比较优势的动态演化或变迁视角，以及企业（行业）评价的绩效最大化旨归，并从行业结构和市场竞争程度这两个考察行业影响的、相互关联又互为因果的维度或层面，把行业竞争结构作为独立、外生之因素，纵深考察其对于公司证券市场业绩及其价值效应的基础性影响。至此，在其“内生效应”考察的基础之上并与之相协调呼应，本书的主题及其逻辑框架（即“SICP”范式）——产品市场竞争与其证券市场的效率互动及其价值效应，便能因此得以明确、系统而直接地建立起来。

A. 企业战略管理理论：谋取竞争优势与绩效保障。经济学中的比较优势原理表明，国家发展需靠其资源禀赋，公司壮大则赖其竞争优势。传统的产业经济学对市场结构之于企业行为及其绩效影响的深入分析，得出一个众所周知的基本原理，即“独占或垄断地位能带来超额利润”。显然，该“准则”并不会因时代差异、制度背景、行业环境变迁或企业性质等变量影响而异，而其差别似乎仅仅在于企业是否能够获得那样的显著性优势，故企业的行为选择及其绩效决定，始终带有战略性质。基于战略管理理论的相关研究就将公司经营的成败归结于其所依赖的内部环境（如产权结构和激励机制）与其所在外部环境的匹配程度，认为一个成功的企业必须使其内部的能力和价值与其所在的外部环境相匹配（Porter，1981；Collins and Motgomery，1995），而公司的决策路径必须同时考虑其内部环境和外部环境这两个重要的影响变量（Saloner，1991）。作为战略管理理论的延伸[①]，Porter（1980，1985）的竞争优势战略理论发展出一套分析产业（行业）环境的结构化方法，即“两大方面考量、五种竞争力量、三类策略选择”的分析架构。Porter（1980，1985）认为，企业战略的核心是获取竞争优势，有两大因素影响其竞争优势：一是企业所处产业的盈利能力即产业的吸引力；二是企业在产业中的相对竞争地位。因此，竞争战略的选择就应基于两方面的考量：一是应

① Porter（1980，1985）所提出的基于行业竞争结构分析的竞争优势理论其实是对战略管理理论的发展，并自20世纪80年代初期开始成为进行企业外部环境分析和激发战略选择最为重要和广泛使用的模型。其基本逻辑可以概括为：a. 产业结构是决定企业盈利能力的关键因素；b. 企业可通过选择和执行一种基本战略影响产业的结构即五种竞争力量，以改善和强化其相对的市场竞争优势地位；c. 价值链活动是竞争优势的来源，企业可通过价值链活动和价值链关系（价值链之内的活动之间或多条价值链之间）的调整来实施其基本战略。

选择有吸引力和潜在利润高的产业——决定其是否具有不同的持续盈利机会；二是进而在该产业中确定自己的优势竞争地位——决定该机会是否具有持续、更大的盈利可能。而要正确选择更好的产业并确定自己的竞争优势定位，就须对备择（一个或多个）产业的结构状况及其竞争环境予以深入分析，即应主要关注影响产业竞争态势及其公司获利潜力的五种因素即“五种竞争力量”：“新加入者的威胁”、“购买者（客户）的议价力量”、“替代品（服务）的威胁”、“供货商的议价力量”及“现有竞争者的对抗态势”。Porter（1980，1985）进而指出，企业竞争的基本原则仍然是通过“低成本”（更高的相对市场份额及其相关优势）、“差异化”（赢得高水平收益）或“专精化”（更高的服务效率和盈利潜能）这三类通用策略以尽力维持其独占地位，竞争策略就是要创造别人无可取代的优势地位。

与传统的产业组织理论（Stigler，1968）特别是其“SCP”范式（Bain，1954）的相关研究一致，即同样体现着“结构决定竞争主体的行为选择及其经济后果”的基本逻辑（Demsetz，1973；Gale，1972），Porter（1980，1985）的理论还很好地整合了产业经济学以及之前企业战略管理研究的相关成果，并为其未来发展拓展了很多方向，也成为本书基于行业竞争结构分析的“SICP”范式的一个重要基础。公司绩效取决于其所在行业的竞争结构及其相应的行为选择，这意味着，企业竞争优势及其绩效的获取就是对其各层面差异性或优势型因素（行业现有地位、成本水平、产品差异、要素供给等）的“战略性优选或提炼”，故行业结构及其决定的市场竞争态势作为公司经营所依赖的外部环境及其价值实现的路径选择，必然对公司决策及其绩效具有重要影响。

B. 产业组织与市场结构理论：相对市场势力与其“内生”效率差别。作为产业组织理论的发展，市场结构理论则将决定绩效的因素归结为三类："结构—绩效"即"SCP"范式①、"相对市场力量"（Relative Market Power 或 RMP）以及"效率—结构"（Efficiency - Strcuturre 或 ES）。前两类可统称为"市场势力"（Market Power）假说，其核心是更集中行业结构之下的市场势力决定着绩效的高低，即相对市场份额更高、产品差异更大的企业可以凭借其显著的垄断势力获取更高的利润（Shepherd，1982；Rhoades，1985；Kurts and Rhoades，1991）。与上述逻辑不同，"效率—结构"（ES）范式则指出，通常认为的市场结构与绩效的关系是一种伪关系，其背后的驱动因素应该是企业间的效率差异，是效率的不同导致了企业获利能力和市场结构的差异（Smirlock et al.，1984，1986；Smirlock，1985；Evanoff and Fortier，1988）。该范式又可分为两种视角："X-效率理论"认为，技术与管理水平更高进而生产成本更低、利润更高的公司，往往因此占据更大的市场份额，并导致更趋集中的行业结构；而"规模效益理论"则认为是不同的规模优势促生了效率差异，具有规模优势的企业因其盈利能力更强，故相应地拥有更大的市场份额并导致更高的行业集中度。

可见，"市场势力"假说与"效率—结构"范式所预示的政策含义似乎完全相反——至少从表面上看来，因为前者支持反垄断的政策，而后者则主张不应该简单地反对高集中的市场结构，垄断或行业集中度的增加不一定意味着社会福利损失，而是竞争的自然结果。但若仔细分析，这两种理论看似相反，而其逻辑实

① 作为产业组织理论的早期成果，Bain（1954）最早提出传统的"结构—绩效"假说即"SCP"范式认为，在一个集中度较高的市场中，拥有显著垄断势力的企业可以制定较高的价格（定价权）以获得更高的利润。但令人意外的是，传统的 SCP 理论的定位却在于反垄断，即市场的集中引致的公司垄断势力（垄断利润）会进而损害市场竞争。这不同于以施蒂格勒等为代表的芝加哥学派，Stigler（1968）则十分重视判断集中及定价的结果是否提高了效率，而不是像结构主义那样只看是否损害了竞争（《产业组织》）。本书认为，传统的 SCP 理论也有其"效率内涵"，只不过突出强调了"过犹不及"的负面影响。

质则近乎相同：因为所谓的技术、成本以及管理水平等的差别最终都将化为“规模优势”（市场份额等）差异，并最终成为企业市场势力（Market Power）的主要来源，且此关联往往“互为因果”，即更集中的行业结构往往导致某些公司因此更易拥有（或）并巩固其显著的市场势力，而公司市场势力的提升和巩固又会引致更为集中的行业结构，所谓的“效率因素”在其中正好扮演着“中介”的作用。故若非要概括其差异[①]，则“效率—结构”假说似乎更为“根本”，因为终归是企业“内生”的效率差别决定着其“外生”的绩效（市场竞争优势）或影响（行业集中度）差异。这显然与本书上节关于行业竞争结构影响的“内生观”与“外生观”的区分逻辑以及本书的主题关切和基本预期潜在一致。

C. 垄断 VS 竞争（集中 VS 分散）：公司“获利结构或模式”的变迁。市场结构理论、产业组织理论，包括 Porter（1980，1985）的竞争优势战略理论，其实都在无一例外地强调企业的优势地位及其优势绩效的获取，而“并无所谓”其产生形式。集聚垄断还是分散竞争，在本质上，其实绝大多数都表现为企业之“获利模式（或结构）”的差异而已。市场势力（Market Power）的显著差异并不一定导致有损社会福利的垄断，而“效率—结构”范式则往往意味着“不在乎”竞争还是垄断的“超然境界”，只要是不存在带有倾向性的政府干预的竞争的自然结果，只要“不有损”社会福利，则无所谓分散竞争还是集中垄断——因为这始终符合企业（行业）价值评判的绩效最大化旨归。这就与公司战略管理理论又强调竞争合作以及通过创新和创造以超越竞争的最新进展内在一致。故本书倡导的“弱化竞争、适度垄断”之观点，绝非针对竞争的本身，而是仍旧立足于企业（行业）评价的绩效最大化依归，着意倡导形成更多地通过创新和创

① 这两种理论很难说“孰是孰非”，而业界指出的两者关于“效率”变量的度量差异想必是导致其预期差异的一个关键因素。

造来“超越竞争”的结构、机制或模式，或基于创新和创造的理性竞争氛围。此时的竞争或垄断，就自然地演变成“垄断其垄断”或“垄断其差异”、“垄断其竞争优势”进而独占其差别化利润。因为这样的竞争或垄断是市场自然演进的结果，或是由企业产品（或服务）的品质等差异导致的自然竞争的结果，任何企业都可为之，即不存在任何带有倾向性的政府干预或非市场性的门槛禁令，可以促成或阻止这样的结构变迁。所以，本书也可以说是在探寻那些阻碍这种“理性选择”（集聚或垄断）或“良性破坏”（打破有损福利的恶性垄断）的力量、因素或环境以及其作用机理。

如果说20世纪90年代以前的企业战略管理理论及公司价值相关原理大多是建立在对抗竞争或“巩固独占”的基础之上，即更侧重关注竞争及其优势的获取，那么，其90年代至今的发展即战略联盟理论则开始强调竞争合作或合作竞争，认为竞争优势需构建在企业间竞争优势相互结合的基础之上。而这种获利结构或模式以及其他更可能优越的合理安排，在90年代中期以后更是随着产业竞争环境的日益动态化和全球化、技术创新的加快与顾客需求的日益多样化等变迁，而得以逐步巩固或转型。公司必须或已经逐渐认识到，其包括要素（产品和资本）市场在内的公司整体（管理能力和市场业绩等）的发展，都必须以顾客的动态需求为依归，都得与其他公司“一道”共同创造消费者感兴趣或中意的新价值；公司必须培养以共同但有差别（即竞争合作之下仍存在优势差异）的发展为导向的，在融资支持、投资方向、技术创新、管理理念等方面都能合作共享的“协作性经济群体”。在此背景之下，通过创新和创造来超越竞争——其实是对 Schumpeter（1912）所谓的“创造性破坏”理论的发展[①]——便日益或必将成为企业战略管理研究的一个新焦点和新趋势，而 Moore（1996）进一步提出的“商业生态系统”理念可谓其最大限度的突破和预想[②]。

也同样在此背景下，以产业集聚（指地理范围）和规模经济优势为基调的相关研究亦得出相似结论：产业集聚往往与公司的规模正相关，相对于增加公司数量，公司的规模能够为企业带来更大的集聚效应；故在发展产业集聚规模的同时，引进初具规模的大企业或重点扶持部分优势企业使其先壮大起来，可以更有效地带动集聚内其他企业的发展（Marshall，1989；Arrow，1962；Romer，1986；Rosenthal and Strange，2004，2006；Holmes and Stevens，2004b；Wheeler，2008）[③]。扩展其针对产业的地理分布或区域产业规划的研究背景，上述结论也同样适用于行业的聚散结构及其绩效影响的分析，即适时扶持“规模和优势”（行业集聚）可能比引入数量竞争（分散加剧竞争）更有好处。而这实际上与公司的创新与创造动机或 Schumpeter（1912）所谓的“创造性破坏”密切关联。

再次回顾公司“获利结构或模式”变迁的讨论，如果说 20

① Schumpeter（1912）所谓的“创造性破坏往往发生在处于行业边缘的小公司那里”的结论，似乎意味着创新与创造显然还存在着公司的规模差异，大公司的“创新惰性”似乎更为明显。而在合作竞争的新型结构或模式之下，创新和创造可能不再“介意大小”。

② 美国学者 James F. Moore（1996）的《竞争的衰亡》一书标志着战略理论指导思想的重大突破。他提出“商业生态系统”的全新理念，以生物学中的生态系统这一独特视角来描述当今市场中的企业活动，但又突破了达尔文所谓的“适者生存”的绝对自然法则的狭隘范畴，认为竞争的过程并非就是驱逐弱者，而应突破行业局限，力求“共同进化”。在这种全新模式下，公司的战略应着眼于创造新的微观经济和财富，即以发展新的循环而代替狭隘的以行业为基础的战略设计。Moore（1996）的企业生态系统均衡演化模型可以从“四个阶段”、“七大方面”来认识。

③ 陆毅等．产业集聚与企业规模——来自中国的证据．管理世界，2010（8）：84～89.

世纪 90 年代以前的企业战略管理理论及公司价值相关原理，大多是建立在对抗竞争或“巩固独占”优势的基础之上，那么，弱化竞争似乎是其“必然结果”（政策选择），而促成更激烈的竞争可能并非合乎逻辑的理性选择。这与前文市场结构理论以及产业集聚效应研究等理论的逻辑一致，但似乎与 Schumpeter（1912）的“创造性破坏”思想相抵触。

Schumpeter（1912）认为，“创造性破坏往往发生在那些处于行业边缘的小公司那里”，而更大的企业则往往具有或会产生更多的“创新惰性”。那么，这是否意味着，更集中的行业或做大做强某些公司可能（只）会阻碍这种“良性的破坏”？或存在某些潜在的因素使得创新只能更多地发生在那些勇于追求竞争地位或优势的小公司那里？而当其做大做强后又同样会阻碍创新？Schumpeter（1912）对这种创新与创造动机的公司“规模差异”的解释是将其归咎于大公司的“懒惰”。其实不然，本书认为，Schumpeter（1912）所谓的充满“创新惰性”的大公司，应是指或更适用于那些已经或即将成为行业内寡头的特大型企业，或者更准确地说就是那些依靠非市场化力量而“非正常”获得或巩固其显著市场势力的大型在位企业，而与上文提及的理性竞争氛围之下的“垄断的本质”完全不同，这类公司只会“垄断其独占地位”而很少会“主导”其行业创新和创造的动力，即倾向于维持其已有优势并设法限制其优势的转移或扩散（非合作竞争）。换言之，那些充满“创新惰性”的公司，绝非指那些着力于凭借其研发创新而谋取差异化乃至合作型竞争优势的“领军型企业”或“品质型公司”。

所以，通过倡导和推动基于创新和创造的理性竞争氛围甚或“超越竞争”的公司“获利结构”而形成的行业集中或某些公司的做大做强，其实与Schumpeter（1912）所谓的“创造性破坏”理论并不矛盾，反而可以成为其最具说服力的证据。因为，如果说只有小公司主导着“创造性破坏”，而其做大做强目标还很可能失败——面对在位优势公司的威胁，那么，这些小公司的创新创造动机及其绩效目标又何在？而且，这似乎也意味着 Schumpeter（1912）倡导的“创造性破坏”只能成为一个“始终回归恶性的循环”。这显然不是 Schumpeter 的本意——虽然始终有小公司存在并欲进入其行业。所以，也正是在这个意义上，本书认为（见前文），市场结构理论以及最新的战略管理理论所主张的、通过创新和创造而超越竞争的企业“获利模式”，其实是对 Schumpeter（1912）的“创造性破坏”理论的发展，从而也将其与产业组织理论、市场结构理论以及战略管理（包括竞争优势）理论诸视角的公司“获利结构或模式”的相关研究就此贯通起来。此时，再回顾 Moore（1996）所发展的那个基于创新创造、强调竞争合作、着眼于创造新的微观经济和财富的“新的循环”，则其潜在逻辑亦无疑与 Schumpeter（1912）所望的“良性破坏”的循环一致，并共同为本书倡导的应淡化甚至革除所谓“竞争 VS 垄断”的单边主义论调，强调始终符合绩效最大化旨归的、科学合理的绩效追求或公司“获利结构”的逻辑框架奠定基础，而这也正是本书即将提出的“SICP”范式的理论渊源。

D. “结构—制度—行为—绩效”：“SICP”范式。基于产业组织理论、市场结构理论、竞争优势战略以及战略管理理论诸视角的相关研究，均立足于“结构化分析”方法，即关注所谓“获利结构或模式”，并将公司绩效的差异归结于其所在产业或行业的结构变迁及其竞争效率（技术、成本、管理等效率因素）的差异。结合本书的逻辑关切点，本书认为——这其实也是上述理论与公司财务相关研究始终遵循的一个潜在逻辑，对于产品市场竞争（PMC）的“完整”考量，就应该从行业（产业）结构及其决定的市场竞争程度这两个维度或层面予以展开，即既要在行业（产业）整体的层面考察其聚散结构即其集中程度，又须反映行业内以及行业外（即行业间）企业之间的竞争互动的程度。这里的行业结构是指行业的集中或分散程度，或是否存在显著的产品市场势力甚至垄断势力——当然也包括行业管制等制度背景经由行业（产业）而引起的结构及其公司势力的变迁，而竞争程度则是指特定行业结构之下的公司间竞争的激烈程度或战略性互动的频繁程度。

回顾A小节Porter（1980，1985）所谓的企业获取竞争优势的"两大考量"即确定企业是否能选出更好的产业并定位其竞争优势，以及B小节关于"市场势力"的假说，包括"结构—绩效"（即"SCP"范式）与"效率—结构"范式这两种市场结构视角的逻辑关联的讨论，还有C小节对于Schumpeter（1912）的"创造性破坏"理论及其与市场结构理论、战略管理理论诸视角的逻辑关联的深入解析，便不难得出，所谓的技术、成本以及管理水平等的差别最终化归而成的"规模优势"差异（市场份额等），仅仅只是公司市场势力优势的一种主要来源。而相对于这种源自技术、成本以及管理水平等"客观差异"造成的"市场基础"（Market－based）的市场势力之外，公司的市场势力显然还有其"非市场基础"（Non－market－based）的来源，如带有倾向性的政府干预或扶持，以及由其引起或主导的公司间股权构成、融资便利、政策倾斜（如技术转让、税收等）以及行业管制等诸多方面的"超国民待遇"[1]，均可以成为某些（类）公司的显著市场势力的直接或间接来源[2]。值得强调的是，这种势力来源的"重要意义"还在于其会显著地影响前述的"市场基础"型市场势力的形成及其进一步的发育（如技术）；而且，这类市场势力的来源及其变迁无疑还具有显著的制度环境差异，即在新

① 因为一般不存在应该给予特殊扶持的、明确的法律依据，甚至或者说这样的倾向性的干预实际上是超越了现有法律的，而此时法律便可能沦为形式。

② Porter（1980，1985）的国际竞争优势模型就包含"四种国别因素"（Country Specific）和"两种外部力量"。"四种国别因素"包括要素条件，需求条件，相关及支持产业，公司的战略、组织及竞争，而"随机事件"和"政府"则作为两种重要的外部影响力量。

兴/转轨的市场经济国家如我国，其影响可能更为显著。故这两类势力来源尤其是后者即“非市场基础”的制度渊源，便共同构成了本书关于行业的聚散结构以及所谓的公司产品市场势力（决定市场竞争的程度）的“制度渊源”的深入考量，从而也成为本书“SICP”范式以及下章之制度背景分析的一个重要基础①。

此外，还需要考虑的是，由于这两类不同来源的公司市场势力会造成上文所谓的“垄断的本质”的差异，故可能因此引发这样的质疑：这是否意味着“非市场基础”的市场势力便一定不可取即务须取缔？甚或一定就是阻碍“创造性破坏”与竞争合作的负面力量？其实，这依旧属于“单边主义”的思维论调，故还是应该回归到公司（行业）“绩效最大化旨归”的本质对比的轨道上来，即只要这类公司不是只专注于“垄断其独占地位”而亦能“主导”其行业创新和创造的动力，并可引领公司间优势的“合作竞争”，则其垄断又何妨！这样的公司不是没有，也不应该没有，故实在应该在公司“获利结构或模式”的系统性逻辑框架之内，对所谓垄断企业（如国企）的绩效本质进行更深入的解析。

本书的“SICP”范式即“结构—制度—行为—绩效”的分析路径，就是要将上述理论提出和遵循的“结构化分析”思想贯彻到公司的绩效影响范畴之中，即其“获利结构或模式”的形成和推演；并将行业聚散结构（行业层面）及其市场竞争程度（公司层面）的分析，融入特定制度环境差异的更为宏观的变迁背景之中，进而考察其对市场竞争主体之行为选择及其经济后果的系统影响。本书的“SICP”范式可以说是对产业组织理论之“SCP”范式（Bain，1954）的细分，即将其“结构 S”细分为行业（产

① 与许多“制度起源”的“SCP”范式［如于良春等（2010）的“ISCP 范式”等］不同，本书的“SICP”范式以“结构”的分析为起点，将行业管制等制度背景经由行业（产业）而引起的结构及其公司市场势力的变迁，都纳入“结构”影响的范畴。这亦符合本书基于产业组织、市场结构以及战略管理等“结构化分析”视角的理论渊源的一贯逻辑。

业）结构和制度环境影响两大层面，在制度背景层面讨论行业结构的形成及其影响，或同时强调前者对于后者的显著影响。这既符合上述理论的“结构化分析”逻辑，也符合现代公司财务研究的“制度经济学倾向”①。而本书拟关注上市公司之价值效应（考察企业 IPO 动机之影响也是基于其对已上市公司整体的影响而言的，见 E 小节的分析），故结构（S）与制度（I）对于竞争主体行为选择（C）及其绩效（P）的影响，便是通过信息及风险的策略性选择即 4.2 节所阐述的“信息—风险—价值（回报）”的逻辑路径，最终主要落实在上市公司的回报效率差异之上，而这正是其证券市场效率（SME）的综合体现。关于制度（I）的影响，本书拟在下章之制度背景分析作专节讨论和（统计）描述，在此只从特定行业的集中结构或公司市场势力的制度渊源视角对其作一“抽象”分析，并将其作为行业竞争结构影响的背景延伸，融入这里的“结构”影响范畴。

E. 产品市场竞争之“内生观”与“外生观”的联系和区别。本书的基本逻辑可以概括为，在中国的特定制度背景之下，结合已有研究关于公司面临的信息不对称、异质性风险与其价值的关联即“信息—风险—价值”效应的相关成果，立足于公司回报波动的“竞争”与“风险”的“两大归咎”，并着重对其作用机理和关联路径进行深入解析，即从公司特征因素影响与行业竞争结构之独立影响两大层面，及其对应的产品市场竞争的内生与外生影响，通过“正反两种路径”、“三大视角”以及“四类效应”的理论透视而纵深考察产品市场竞争——行业的聚散结构与其市场竞争程度（公司市场势力的对比）——是否基础性地影响上述的关联、影响程度及其适当（应有、合理）水平，即拟在已有研

① 因为现代公司财务研究广泛引证新制度经济学尤其是产权经济学、交易费用经济学、契约理论以及信息经济学、法与金融等宏观成果，故也有学者将其称为新制度财务学。在此引用，只为凸显研究方法或视角的差异而已；制度、市场（结构）都是约束竞争（降低交易费用）的安排（张五常）。

究显示的“信息—风险—价值”效应的基础之上形成和推演出与本书逻辑关切相吻合的“结构—信息—风险—价值（回报）”分析路径，而这个路径已经经由4.3.1小节（A~D）得出的“结构化分析”逻辑与4.2节之“四类效应”特别是其“信息—风险”效应的有机结合而得以基本形成（见4.3.2小节）。换言之，即是要通过该效应的分析而形成或推演出一个“结构化”的公司绩效（证券市场回报）的“因素决定模型”、逻辑关联框架或基本分析范式，即本书提出的“SICP”范式。有别于传统研究的“分离视角”，该范式下的公司“获利结构或模式”，将公司的产品市场（PM）与证券市场（SM）这两大分离之要素市场，通过竞争与效率的互动而有效链接起来，从而在一个系统、纵深而切实的视角与基础之上，为（新时期或后危机时代的）公司价值的实现及其路径选择提供了一个新的、可能的框架。

而4.2节集中于讨论小公司或新上市公司的特征影响，只不过是想从“公司的进退”及其时间、类型等特征性差异导致的行业结构的变迁及其影响效应的动态或相对视角入手，重点关注以下两个基本方面：其一，考察公司所在行业结构以及竞争程度的变化，是否导致更高的公司异质性风险和证券市场的回报波动，而这种“负面影响”是否应该归咎于这类公司的特征影响或非主板市场[①]的波动等环境因素的影响。其二，关注更为集聚的行业（产业）以及其中的那些拥有显著市场势力的公司的“获利结构或模式”及其合理性，即其在稳定投资者预期、弱化市场风险或异质性波动、更大提升公司及行业整体的绩效、促进金融体制的深化改革乃至稳定经济进而增进社会财富等方面，是否具有更为

① 即还要考虑到（一国）资本市场的分类的影响。因为门槛要求，小公司以及高新技术等风险型公司多在非主板市场上市融资，故在主板市场或非主板市场拟上市的公司都会影响上市公司整体的行业构成及其风险回报水平的差异。Brown 和 Kapadia（2007）、Bennett 和 Sias（2006）、Fama 和 French（2004）及 Lowry 等（2010）等研究的样本及其分析显然涉及这类考量。

显著、切实而重要的作用。

故本章4.2节与4.3节即产品市场竞争之“内生观”与“外生观”，实际是相辅相成、表里相依、层层推进、一以贯之的关系。以下分别理论分析和模型构建而对产品市场竞争——行业聚散结构及其影响下的市场竞争程度——之外生、独立影响进行深入扩展解析。

4.3.2 结构—信息—风险—绩效

承上分析，因为本书拟主要考察上市公司之价值效应——正如4.3.1小节（D~E）所言，故“信息—风险—价值”的效应便可完全反映或落实到本书所谓的公司证券市场的效率之上。而且，通过信息、风险的路径或视角而考察公司的证券市场的回报影响，其实也是4.2节归纳出的“四类效应”的相关研究所关注的重点。本节拟在“结构”（行业聚散结构变迁以及其制度渊源）之下考察公司产品市场势力对信息、风险的影响及其价值效应，即将4.3.1小节得出的“结构化分析”逻辑与4.2节之“四类效应”特别是其“信息—风险”效应有机结合，而形成本节所谓之“结构—信息—风险—绩效”的分析路径。换言之，对于产品市场竞争的外生、独立之基础性影响，既要在整个行业（包括行业内和行业之间）变迁并扩及其制度渊源（制度背景）的层面进行考察，又须落实在具体的公司特征差异（如市场势力、规模、技术、产权、成长性等）及其引起的公司间竞争互动的微观层面予以考量。此外，尽管对于行业之影响的完整考量，须从行业聚散结构与市场竞争程度两个维度或层面而展开，但正如上文对于市场结构等理论诸视角的深入解析所言，这两大维度往往互相关联且“互为因果”，而“效率—结构”范式等理论所谓的“效率因素”正好在其中起到“中介”作用，即行业结构的集聚往往导致某些公司因此更易拥有并巩固其显著的市场势力，而“效率差异”下的公司市场势力的提升和巩固又往往引起更为集中的行业结构。而且，按照产业组织以及市场结构理论等的逻辑——结构决定竞争主体的行为选择及其绩效，作为市场参与主体的行为选择及其结果，公司间竞争或其策略性互动往往取决于其所在行业的结构，故行业结构与其市场竞争（公司产品市场势力的对比）其实可谓“相辅相成、互为因果、一体两翼”，虽宜多维却不应割裂，故本节将其“合并”为“二维互动”之考察[①]。

本节拟重点关注以下研究：Demsetz（1973）、Gale（1972）、Hoberg 和 Phillips（2010）、Peress（2010）、Kale（2010）、Aguerrevere（2009）以及 Hou 和 Robinson（2006）、Gaspar 和 Massa（2006）等[②]，并着重于公司产品市场势力之“内部化”能力优势[③]及其与特定的行业聚散结构的互动关联效应的深入透析，以期以“结构”的分析为起点，而将产品市场竞争（PMC）之“内生影响”与其“外生独立效应”（即“内生观”与“外生观”）有机融合，进而为本书基于行业竞争结构（包括其制度背景）的变迁，而关注公司的产品市场竞争与其证券市场的效率互动及其价值效应，提供“具体而微”的路径或机理解析，也为后文构建理论模型并适时提出基本命题与可检验的具体假设等内容作充分铺垫。

（1）行业竞争结构及其变迁影响：直接归咎。

随着经济全球化的加深尤其是近些年连续爆发的世界性金融危机以来，越来越多的研究将公司异质性风险的增加及其收益的恶化归咎于其产品市场上的激烈竞争。产品市场竞争的加剧与公

---

① 这里的“合并”及“二维”应具有两层含义：一是指将行业结构与市场竞争程度（公司势力的对比）“二维合并”为小节标题中的“结构”进行系统分析（原因见上文）；二是指这里的“结构”除了行业聚散结构及其公司市场势力对比结构的分析之外，亦包含“结构”的来源或其制度渊源的分析（具体的描述见第 5 章的制度背景分析）。

② 在此过程之中还会并适时回顾 Lowry 等（2010）、Carlin（2006）、Irvine 和 Pontiff（2009）等相关研究（信息不透明与一国之基本竞争环境的关系），以求系统完整。

③ 本书对“内部化能力”的界定见 4.3.2 小节。

司风险及其回报密切关联，过度的竞争犹如垄断一样会有损效率（Demsetz，1973；Gale，1972）。Demsetz（1973）关于行业结构、市场竞争与公共政策的早期研究，就对诸如分散化或反并购政策的实际效果提出质疑：相对于其对低效率的消除或解决，是否又会因此导致更低的效率？Demsetz（1973）认为，考察行业分散程度（即竞争程度）与（行业/公司）政策（低）效率的关系，仅仅关注"行业集中度—行业收益"的关联还不够，因为对于行业集中度与其收益的关系，尚不确定是垄断势力还是市场势力在起主导作用，或者是效率（Efficiency）在起主导作用。Demsetz（1973）进而研究指出，效率的高低或是否取得竞争优势才是衡量行业结构优劣的关键，过于分散的竞争将有损效率；集中与分散的行业市场结构引致的政策高效率都是"有条件的"，可能还要考虑规模等影响。Demsetz（1973）的实证结果显示：并无证据表明集中度与串谋紧密关联，高集中度行业中的大公司（如IBM、GM）的收益率较高，多是凭借其更具优势的业绩与管理能力，而并非一定是因为串谋；而小公司也一样可以获得这样的高效率——只要其在成本、不确定性处理以及管理的洞察力等方面也具有更大的优势。可见，垄断势力与效率（优势），有时一致，有时则分离[①]，但Demsetz（1973）的研究显然表明，正是如技术、成本以及管理能力等"效率因素"帮助甚或直接促成了公司的市场势力优势、效率与势力。这与市场结构理论、竞争优势战略理论等的"效率或优势"决定逻辑，以及Schumpeter（1912）

① 这里的"一致"是指拥有显著市场势力——有其不同的（制度）渊源——的公司更易通过其现有的资本及其地位优势而进行技术及成本管理等方面的改进革新，从而获得效率优势；而"分离"则是指起点于公司在技术等方面的"先天"优势，进而逐步获得显著的市场势力——此时的市场势力多源于自然竞争，但也可能借助于政府的扶持，例如国家对高新技术企业的政策倾斜等。

的“创造性破坏”的“理性循环”[①] 完全一致。早期得出类似结论的研究还有 Gale（1972）、Caves（1970）、Collins（1969）、Smith（1970）、Stigler（1963，1968，1971）、McGee（1971）以及 Ghemawat 和 Nalebuff（1985）等。

时隔三十年之后，后续诸多研究如 Morck 等（2000）、Campbell 等（2001）、Comin 和 Philippon（2006）等关于美国因全球化和放松管制而导致的激烈竞争背景下的公司回报异质性波动大增的检验结果，以及 Chemmanur 等（2006）、Gaspar 和 Massa（2006）、Tookes（2008）、Irvine 和 Pontiff（2009）、Hoberg 和 Phillips（2010）、Peress（2010）、Kale（2010）等类似的最新研究，更是以其基于发达国家近半个世纪的样本实证结果，从不同视角充分印证了 Demsetz（1973）等的质疑、其结论以及上述波动的显著时间特征。这些研究一致表明：正是竞争的加剧弱化了股价的信息含量——信息配置效率更低、信息不对称加重，并因此导致公司异质性波动的激增和更差的事后收益；而存在显著的市场势力或相对集聚的行业结构——不完全竞争的产品市场——则有助于缓解公司证券市场的低效率，并最终提升公司（行业）的绩效。上述理论或经验证据与本书 4.2 节和 4.3.1 小节的理论分析完全一致，并可为本书关注公司产品市场和证券市场的竞争与效率的互动及其价值效应提供直接的理论与实证依据。

那么，行业的“结构”何以决定其公司所在市场的竞争程度并进而影响其绩效（SICP）呢？又何以与公司的产品市场势力互为关联？而其互动关联又何以影响相关资源的有效配置（如弱化信息不对称）或导致“信息—风险”效应，并最终得以谋取并保障其利润优势或超额收益？以下对其原因和路径予以具体解

① 效率与势力（实力）的统一，正是本书所谓的“理性竞争氛围”或其“理性循环”的最高或最好的目标所在。而“创造性破坏”也正是 Hou 和 Robinson（2006）、Chun 等（2008）关于行业集中度之影响等相关研究的理论基础。

析——这正是本书第2章文献回顾中对于产品市场竞争之“外生独立影响”之“三类效应”的概括，即相对集中的行业结构与显著的公司产品市场势力的“自然保值或风险转嫁效应”、“信息传播或集聚效应”以及“创新激励效应”，Hoberg 和 Phillips (2009)、Novy - Marx (2009) 及 Tookes (2008) 等学者将这些正向效应概括为公司显著市场势力（MP）——与行业的聚散结构互动——的更为充分的“内部化能力”(Internalizing)，界定有别但异曲同工。

(2) 公司市场势力之影响：“内部化能力”优势。

公司的产品市场势力（Product Market Power，以下用 PMP）或相对市场势力（RMP）可以产生于不同的行业结构之中，或在其中发挥独立而有差异的影响效应。这亦是行业聚散结构与其市场竞争程度（公司势力的对比）“互为因果”的体现。但无论在哪种结构之下，相对于行业内的其他企业，拥有显著产品市场势力的公司均应具有显著的“内部化能力”优势。本书上编之文献回顾章节已经对此予以评述：显著的产品市场势力或垄断地位因能有效避免激烈的竞争、平滑掉公司特质性成本冲击引发的现金流波动，从而可以有效降低投资者面临的信息不确定性、股票回报波动以及公司未来业绩的不确定性，而成为自然的保值工具(Natural Hedge)(Peress，2010；Kale，2010)；显著的产品市场势力还能通过影响信息配置的效率（如股价信息含量）或特定的行业结构和市场竞争动态下的投资者的“信息依赖”差异[①]（更依赖私人信息还是公开的行业信息），进而影响公司证券市场的效率及其价值效应，换言之，即显著的产品市场势力可以有效弥补或缓解公司信息披露的不足或其分布失衡（严重不对称）时产

① 这里的“信息依赖”实际上就是信息在投资主体之间的分布状况，也即信息不对称程度，亦与本章前文所谓的“信息—风险”效应的分析一致。而投资者对于公、私信息的选择差异则属其另外一层含义，亦须做另外的信息披露影响或行为金融等的专门考察。

生的负面影响（Peress，2010；Kale，2010；Tookes，2008）。Hoberg 和 Phillips（2009）、Novy－Marx（2009）以及 Tookes（2008）等研究将之归结为显著的产品市场竞争地位或市场/垄断势力对于竞争加剧和产出扩张导致的“负外部性”（Negative Externality）① 的更为充分的“内部化”（Internalizing）；而 Gaspar 和 Massa（2006）等则将其概括为产品市场势力的“自然保值效应”（Natural Hedge Effect）和“不确定性效应”（Uncertainty Effect）。

那么，这种显著的产品市场势力又能否承担起引领创新与创造、引导公司间理性竞争甚或引发所谓“新的循环”的责任呢？结合 Schumpeter（1912）的“创造性破坏”及本书对其的深入解析，以及公司战略管理理论的突破性构想，考虑到小公司做大之后同样的“创新惰性”，即其“投机性”扩张等负向影响——也是“创造性破坏”的最初预期，则可以预见，引导和支持现有行业中的强大公司以推动更具规模的研发创新，或能更快地达到上文所谓的“效率与势力统一”，并能在整体上达到更高的效率、更好的效益甚或发展出“更优良的循环”。而这与产业集聚效应的相关研究结论亦完全一致（陆毅等，2010；Marshall，1989；Arrow，1962；Romer，1986；Rosenthal and Strange，2004，2006；Holmes and Stevens，2004b；Wheeler，2008），参见 4.3.1 节 C。此时，本书所谓的“垄断的本质”，便可显著地朝着以技术研发、成本以及管理水平的提升为核心的品质竞争、理性竞争或合作性竞争过渡，其绩效最大化旨归仍然不变，但其“获利模式”则显得更加“可亲、可爱而可信、可行”，而不复有显著的“恶性竞

---

① Novy－Marx（2009）认为，新增产能在带来收益（如遏制对手的扩张和进入）的同时，也会抵减现行资产的收益，即其投资的扩张也将产生逆向效应，从而造成所谓的负外部性。Hoberg 和 Phillips（2010）则将其解释为行业竞争的加剧（如更高的投融资水平）对公司现金流和证券收益的负面影响。两种解释视角不一，但其机理实际相同。

争”特征，如政府过度干预的背景等[①]。

可见，这里的“内部化能力”实际可以有多种或多维的解释，即是有效吸收或弱化行业竞争加剧引起的公司异质性回报或现金流的波动进而更好地稳定公司收益及其预期的能力；是有效缓解公司产出扩张而导致的产品价格降低、平均收益减少的投资“逆向效应”或“负外部性”影响的能力；是有效规避信息、风险等不确定性因素影响——因不同特征或类型的新公司的上市而对（已）上市公司整体绩效的影响——的能力；或者是更适合成为引发和主导、鼓励和支持创新与创造以及行业公司间理性竞争的能力[②]；或者是显著影响有关公司绩效的私人信息的配置效率，进而有效降低投资者或公司间的信息不对称及其负面冲击的能力等等。而此内部化能力的多维综合，其实便是公司“竞争实力”即其显著的市场势力优势的体现。这里所谓的“内部化”，当是指不必单纯借助于公司间日趋白热化的竞争或只诉诸外生的竞争策略或掠夺性行为，即不过分依赖或夸大所谓的外部环境的影响，而更注重从公司自身或其内部寻找原因，更注重锻炼其“内力或内功”，也可等同于俗语所谓的内部解决，这符合“内因决定外因”的哲学逻辑。

（3）行业集中度、相对市场势力与“信息—风险—价值”效应。

正如4.3.2小节的分析，因为本书拟主要关注上市公司之价值效应，故前文的（4.3.1小节D～E）“信息—风险—价值”的

① 其实，自然或非自然的垄断都会产生“福利损失”，而垄断的“行政色彩”（即非自然的垄断）只能逐步淡化而不可能根除（无论依赖市场的力量还是行政的力量），这是由公司、政府等市场主体天然的逐利个性决定的。

② 考虑到小公司做大后的“创新惰性”，即其“投机性”扩张等负向影响，也是Schumpeter（1912）“创造性破坏”的最初预期，故引导和支持现有行业中的强大公司以推动研发创新，或能达到更高的效率、更好的整体效益或“更优良的循环”。这与产业集聚效应的相关研究亦相一致（陆毅等，2010）。

效应可以“完全反映”或落实到本书所谓的公司证券市场的效率上。所以，本节基于公司产品市场势力之优势分析及其与行业聚散结构的互动影响视角，考察其公司价值效应的产生机理，并借以回答本节提出的问题，即不完全竞争的产品市场——公司拥有显著的市场势力以及更为集中的行业结构——何以影响了公司证券市场的效率及其价值效应。

由上文献回顾和理论分析可见，关于行业集中度与公司证券回报波动及其未来收益的可预期性关系的已有研究，其结论分歧仍然较大。例如，Gaspar 和 Massa（2006）、Irvine 和 Pontiff（2009）以及 Peress（2010）、Kale（2010）等研究认为，更集中行业中的公司更易赚取持续更高的利润[①]，其未来盈余和股票回报的波动更小，这使得投资者能够以更低的信息成本更准确地预期公司的未来盈余水平。然而，Harris（1998）、Botosan 和 Harris（2000）、Bamber 和 Cheon（1998）、Clarkson 等（1994）、Rogers 和 Stocken（2005）、Ali 等（2005）等的研究又发现，更集中行业中的公司其自愿披露动机更低、盈余偏误及其预期分散度更高，而这又降低了公司未来盈余的可预期性。与此类似的研究还有 Verrecchia 和 Weber（2006）、Guo 等（2004）等，其结果显示：当其处于集中度更低的行业之中或面临更为激烈的竞争时，企业将“扣押”（Withhold）更多的专有性（Proprietary）信息[②]。这些分歧使得行业集中度与公司的证券回报波动及其可预期性，或与其信息披露动机等因素的关系，至今尚无清晰一致的定论，但并不影响本书逻辑关切的价值。本书并不关注公司的信息披露策略及其动机，而是关注其所在行业的聚散结构以及相应的产品

① 与之相反的是，Hou 和 Robinson（2006）发现更集中行业中 B/M 较低的公司仍然只能获取较低的平均回报；而 Carlson 等（2007）基于非对称公司的产出市场双头垄断的理论分析也发现，竞争的加剧会导致风险降低。

② 该结论基于其早期研究发展出的一个关于专有成本（Proprietary Costs）阻碍企业自愿信息披露的模型（Verrecchia，1983）。

市场势力如何作用于其信息不对称即信息配置的“结果”，并进而考察其引致的风险收益（或价值）效应。而且，在这里，公司的产品市场势力可能与其行业的集聚结构一起或分别而独立地成为决定公司证券回报波动及其预期风险的重要渠道；再结合4.2.4小节所谓“公司股票总需求的不确定性才是决定信息不对称以及拟上市公司、承销商和投资者等不同利益主体间信息分布差异的主要因素”（Lowry et al.，2010），故考其原因或作用路径应是“结构优势下的超额回报驱动”（投资者预期和“风险转嫁”、信息的传播与配置）与公司的战略协作或“串谋”，而其落实皆实归功于公司显著的产品市场势力的“内部化能力”优势；而且，其“结构优势”下的“超额回报”驱动以及信息分布差异（传播与配置）引致的公司间战略协作或“串谋”，亦与前文所述战略管理、市场结构以及产业组织（“创造性破坏”）等理论所倡导的“合作竞争”或基于创新创造的理性竞争理念实相吻合。本节又以三大设问概括其机理：

其一，更集中行业中的公司何以利用其更为显著的产品市场势力而获取了持续且更高的回报？更为集中的行业结构往往因其存在或更易引致某些公司显著的产品市场势力，而这样的市场势力又往往具有显著的“内部化能力”优势，故在“结构优势”之下，必有“超额回报”（反之亦然，即“超额回报”亦必多依赖“结构优势”），并进而更易吸引和稳定（“内部化”）投资者的预期，而公司的收益流及其竞争优势地位亦得以更稳固。可见，“结构优势”之下的超额回报驱动有助于促成公司“回报—预期”的“良性循环”。而透视其具体原因又有二：①风险转嫁。在面临逆向的外部冲击时，更集中行业中的优势公司可以凭借其显著的市场势力而将负面冲击影响转嫁到其客户那里进而规避其风险（Gaspar and Massa，2006；Peress，2010），相对于那些更为分散（Less Concentrated）行业里的企业，这类公司具有更低的现金流与回报波动（Irvine and Pontiff，2009；Kale，2010）以及风险水平（Hou and Robinson，2006；Novy－Marx，2009），而投资者的盈余预期也因此更为集中而稳定（Cheng，2005a）。②投资时机及资产的选择。当面临逆向的外部冲击（产出成本、行业兴衰等）时，行业结构、公司资产的“风险—回报”属性差异[①]及其投资时机选择的不同“匹配”对于公司价值的影响效应不同，即不同的产品市场特征（行业结构、竞争程度及需求水平）会影响不同资产的公司价值贡献：在产品市场需求较高（行业繁荣）时，更集中行业中的公司将赚取更高的回报，并更易利用其成长机会（因当前资产的风险回报更低）实现盈利性扩张，从而又进一步巩固其已有的市场优势（Aguerrevere，2009[②]）；而在行业衰退（需求较低）时，更集中行业中拥有显著市场势力的公司，因其在规模经济、产权背景，甚至产品技术等方面的优势，故其回报及其预期也可能仍然相对更高且更为稳固（Novy－Marx，2009[③]）。与 Demsetz（1973）的分析一致，这将导致行业竞争结构优劣的“因时而异”，而公司的“绩效依赖”（价值实现的路径）也因此具有“因结构（竞争结构）、因时机（行业兴衰、需求高低）、因资产（风险属性）”而异的动态综合特征。但可以预见，公司产品市场势力的“内部化能力”优势，并不会因此而具有“因结构、因时机甚或因资产”而异的动态特征，拥有显著市

① Aguerrevere（2009）认为，因公司当前资产（Asset in Place）和成长机会（Growth Options）对其面临的市场不确定性的敏感度不同，故公司的战略选择将影响两者对于公司价值的相对重要性以及相对解释力。

② 但 Aguerrevere（2009）同时发现，在行业衰退（需求较低）时，竞争行业中的公司则赚取更高的回报（因当前资产的风险回报更高）。但其研究并未区分此时行业中公司的产品市场势力的差异，其实，公司势力对比的结果仍然支持本书的“内部化能力”优势逻辑。

③ Novy－Marx（2009）分析指出，效率生产商因能提供更大的利润边际进而可缓冲投资者面临的负向外生冲击，故投资者愿意为此“保险”支付溢价。这亦与 Hou 和 Robinson（2006）的分析潜在一致，即集中行业中的高盈利、低风险的“成长型”公司显著地不同于竞争行业中的那些类似的高 B/M 的公司。

场势力的公司其“回报—预期”的“良性循环”或持续之特征依然更为显著，而在更为集中的行业里或行业变迁频繁之际，这种优势就更是如此。

其二，行业集中度何以影响其在位公司的战略行为选择——为维护其产品市场竞争势力及其持续的超额回报优势？正如上文所述，“结构优势”之下必有“超额回报”，而“超额回报”亦必多依赖“结构优势”，回报诱惑与显著优势的叠加便更复巩固所谓的“获利的结构”，故公司适应性的策略甚至战略调整当属必然。诸多研究表明，行业集中度可以使同业竞争企业更易“串谋”（Colluding）[①] 而取得“经济租”（Economic Rents）或超额收益（Strickland and Weiss，1976；Brock and Scheinkman，1985；Rotemberg and Saloner，1989；Mueller，1977；Eaton and Lipsey，1981）。Bunch 和 Smiley（1992）的研究进一步发现，在产品市场更为集中时，公司将更频繁地利用进入壁垒战略如将资本性投资作为沉没成本威慑等（Dixit，1980；Masson and Shaanan，1986），以遏制竞争对手的进入（Salop，1979；Schmalensee，2004；Carlton，2004）。而且，凭借更高的进入壁垒和竞争“串谋”而构筑的公司产品市场势力，还可以延滞（Increases the Persistence）其更高的获利能力向低于行业均值下降的速度（Mueller，1977；Cheng，2005b），从而增加了市场势力优势企业的盈余的持续时间（Lev，1983；Baginski et al. 1999），亦同时吸引和稳定了更高的投资者预期。

因此，Bunch 和 Smiley（1992）的早期研究提供的三个解释依然可以很好地回答并总结上面的设问，并可进而引出本节第三个设问以及（4）小节关于“竞争程度—战略合作”关系的深入

① 显然，这里的“串谋”并非一定就是传统的产业组织理论所谓的“恶性的垄断”，其实也包含着市场结构、战略管理以及“创造性破坏”等理论所倡导的“竞争协作”。这与前文 Demsetz（1973）的“行业的集中并非一定是串谋，而是更优业绩和管理能力的体现”的结论，以及 Bunch 和 Smiley（1992）的解释一致。

分析：①当企业构筑诸如过度投资（Excess Investment）等战略性壁垒时，更高的行业集中度能够缓解“搭便车”问题（Free Rider）。②更高的行业集中度有利于公司间协作性战略（如限价等）的实施。③在集中度非常低的产品市场中，企业很少有动力去阻止竞争对手的进入以维护其市场势力。

其三，更高的行业集中度何以促进公开信息或行业共同信息的有效配置即其对投资者回报预期的有用性？通过影响信息的“有效配置”（利己的）以引导投资者的预期及需求，也是公司在已有优势或为巩固其“获利结构”而采取的重要的策略行为或战略选择，公司的信息策略甚至可以说是其相关策略选择及其战略性收益的渊源和作用基础，而产品市场上的竞争动态就使得公司的信息策略更具有战略选择的意义（Merton，1987；Perotti and Von Thadden，2003；Kale，2010）。Kim 等（2008）等研究将市场上（行业内）的信息分布归为两类，即行业公开（共享）信息（industry common）以及竞争性的信息传播（competitive information transfers）。公司信息披露的影响不仅仅限于其自身，投资者往往还能由此摄取和推测其竞争对手的相关信息及其价值影响（Foster，1981；Freeman and Tse，1992；Ramnath，2002；Ayers and Freeman，1997，2003；Piotroski and Roulstone，2004[①]；Chen，Ho，and Ik 2005；Massa et al.，2007），从而导致行业内的信息分布差异以及产品市场上公司间的策略性互动，而公司的产品市场地位（行业的聚散结构与公司的市场势力）也会反过来影响其信息策略。竞争的加剧往往会导致公司更少的信息披露（Verrecchia，1983；Clinch and Verrecchia，1997；Perotti and Von Thadden，2003；Kale，2010）；但可以预见，当公司信息策略的收益完全可以弥补其信息披露的相关成本（如掠夺）时，拥有显

① Piotroski 和 Roulstone（2004）的研究表明，行业信息（如行业产出）可以提供关于该行业内所有企业的未来盈余的共同信息（Ayers and Freeman，1997，2003）。

著产品市场势力的公司，无论在集聚还是分散的行业结构之下，可能倾向于披露更多的信息，因为更多的信息披露会增加其证券的流动性（Amihud and Mendelson，1988；Healy et al.，1999；Welker，1995；Leuz and Verrecchia，2000），并可有效阻止激进的弱小竞争对手的进入及其“掠夺”（Kale，2010），进而有助于形成资本成本降低、公司价值提升以及投资者预期更加稳定、（私人）信息配置效率更高的“良性循环”。

此时——基于上面两问的分析，更集中行业的“结构优势”便再次得以凸显，而考其原因有二：①更集中行业中公司间的战略互动程度更高、竞争对手间的公司价值依赖度更强。Piotroski和Roulstone（2004）等的研究就指出，随着行业集中度的提高，竞争对手间的公司价值依赖度将更强，而行业平均证券回报对于公司证券回报的解释力也更强。② 更集中行业中公司间更强的战略互动性还可能放大或强化行业内信息传播的“竞争效应”（Competitive Effect）[①]。诸多来自股票回购（Massa et al.，2007）、财务困境与破产宣告（Lang and Stulz，1992）以及新产品上市及其杠杆等影响（Chen，Ho，and Ik，2005）的研究均表明，分散行业中的信息传播的“竞争效应”更弱，因为投资者更难于预测企业公开的信息对其大量同业竞争对手的影响。而产品市场势力更强的公司——尤其是在集中的行业结构之下，因能吸引更多投资者关注，刺激更多的交易活动，从而其证券的流动性更高，而证券交易的频繁互动又可（在客观上）有效推进信息（尤其是私人信息）的共享程度，提高信息配置效率，降低了信息不对称（Merton，1987；Tookes，2008；Kale，2010；Peress，2010）。因此，可以预见，行业集中度和显著的市场势力能够促

① 这种信息分布的“竞争性效应”其实就是证券流动性的增加（Tookes，2008；Kale，2007）进而（私人）信息的共享程度更高（Merton，1987；Kale，2010）、投资者预期更为集中（Tookes，2008；Peress，2010）等证券市场效率（SME）特征的反映。

进行业共享信息以及竞争性的私人信息的有效传播与配置，从而使得投资者更易提取（包括披露公司及其竞争对手的）价值相关信息，这些公司的股价信息含量将更高，投资者预期及需求将更加稳定。可见，产品市场势力确实具有某种积极的“信息效应”，即可通过影响股价信息含量而促进证券市场效率的提升，或能够将“信息效率”转化为真实的、更高的资本配置效率等（Peress，2010）。考虑到更集中行业中的公司更易拥有市场势力，故 Hou 和 Robinson（2006）、Novy - Marx（2009）等关于证券回报风险的基于创新与困境风险解释（因其财务困境和创新风险更低，更集中行业中公司的现金流风险也更低）的研究结果亦与此一致。而且，还可以反向预见，不完全竞争的产品市场（因市场势力或垄断势力的存在）显然有助于证券市场效率的提升（表现为流动性、预期的集中以及公司价值的提升等），而信息不对称——也作为不完全竞争的产品市场的一个典型特征——则还可能强化“产品市场势力—证券市场效率”的正向关联关系，尤其是在更集中的行业结构之下[①]。而这正是 Kale（2010）、Peress（2010）[②]等研究的理论预期，也是本书所谓“结构化优势”考量的重点关切。

（4）竞争的加剧会破坏公司间日益重要的战略协作。

承上文分析，更集中行业中公司间的战略互动程度更高、竞争对手间的公司价值依赖度更强（Piotroski and Roulstone，2004），但随着行业竞争对手数量的增加，公司的经营政策及其

① Gaspar 和 Massa（2006）就认为产品市场势力的“自然保值效应”与“不确定性效应”这两种影响路径是内在关联的，竞争的加剧会导致利润的波动，也会增加投资者信息的不确定性，并最终导致公司股票回报的波动。

② Kale（2010）的研究综合运用已有文献涉及的多种信息不对称度量（公司规模、研发支出、分析师评价等），检验其是否影响“市场势力—流动性”关系，研究发现，产品市场势力与流动性的正向关系会随着信息不对称的加重而得以增强，反之亦然，从而首次为 Peress（2010）的理论预期提供实证支持。可见，产品市场势力甚至可以弥补或缓解公司信息披露不足时导致的负面影响。

战略选择（如产品类型、技术研发等）将变得更加多样化，而这种策略异质性的增加势必导致投资者更难以预测行业的公开信息对于公司价值的影响，并弱化公司间的竞争合作。再结合 Bunch 和 Smiley（1992）关于行业集中度优势的三个解释，故可以预见，竞争的加剧——与适度集中的行业结构或公司市场势力的积极作用相反——将弱化甚至破坏公司间的战略合作，并最终有损公司及行业的绩效。

再次回顾 Ghemawat 和 Nalebuff（1985）、Novy - Marx（2009）等的研究结果，即更强大的公司在"内部化"新增产出导致的价格下降、收益降低的"负外部性"也即新增投资导致的"逆向效应"（Adverse Effect）方面更具优势，公司的"内部化能力"优势与其市场份额成正比；成本更低的厂商凭借其更高的生产效率扩张投资、扩展市场份额，并得以进一步强化其"内部化"能力优势。故 Novy - Marx（2009）等研究指出，"行业的均衡"[①] 取决于公司的相对产出效率，即行业均衡（Equilibrium Organization）是公司间相对的单位经营成本的结果；竞争压力会对行业的参与造成效率约束或为行业的规模或结构设定效率边界，这与 Demsetz（1973）"效率决定行业结构优劣"的结论显然一致。而 Hoberg 和 Phillips（2010）关于行业兴衰变化对于公司绩效负面影响何以在竞争性行业尤其是高成长的竞争性行业[②]更显著的解释则将其归咎于：相对于更集中的行业，高竞争行业中的公司间缺乏合作及其未能更有效地将行业竞争（更高的投融资水平）对公司现金流和证券收益的负外部性（Negative Externality）影响充分予以"内部化"。

---

① 即行业内公司的数量、规模（市场份额）及利润等市场势力因素及其引致的结构均衡状态。

② 这意味着在新兴市场及转型经济背景之下考量行业的聚散结构与公司市场势力的"结构化"效应就更适合，而这样的高成长的竞争性行业在行业繁荣时期，往往伴随着更高的行业市值、投资以及新融资水平（New Financing）。

可见，竞争的加剧确实会阻碍公司应有的“内部化能力”的培育和发展，或弱化公司已有的“内部化能力”或竞争优势，并最终有损公司/行业的绩效；而上文指出的行业集中度的种种优势（Demsetz，1973；Bunch and Smiley，1992；Piotroski and Roulstone，2004；Peress，2010）亦将因此而不复存在。而此时，若将导致竞争加剧的因素“推而广之”，则前文关于“信息不透明会阻碍一国的产品市场竞争乃至其基本经营环境、经济领域（行业管制、全球化等）更激烈的竞争加剧了公司异质性波动的骤增”（Carlin，2009；Irvine and Pontiff，2009；Gaspar and Massa，2006）、金融市场的发展导致的上市公司行业竞争结构的变化与更高的异质性风险相关联（Rajan and Zingales，2003；Fama and French，2004；Brown and Kapadia，2007；Irvine and Pontiff，2009；Lowry et al.，2010），以及“信息效率”、产品市场的发展与行业竞争结构及其公司价值效应的关联（Haw et al.，2008[①]；Carlin，2009；Hou and Robinson，2006；Hoberg and Phillips，2010；Peress，2010）等基于中观、宏观层面因素的研究结果，便可以与上述因素一起，为“竞争的加剧会破坏公司间的战略合作”提供更为系统的佐证，也为本书的逻辑关切即“结构（行业集中度与产品市场势力）—信息—风险—价值”效应提供了理论框架；亦从而得以理论印证：不完全竞争的产品市场有助于公司权益市场效率的提升，资产定价、公司经营决策乃至产业政策和金融体系的改革都应将产品市场竞争的影响有效纳入其中，并将其与一国证券市场的效率紧密相结合（Gaspar and Massa，2006；Hou and Robinson，2006；Hoberg and Phillips，2010；Peress，2010；Kale，2010）。

---

① Haw 等（2008）基于国际视角的研究发现，强化竞争的法律法规会通过弱化更集中行业中公司的产品市场势力并阻碍行业内信息的有效传播而削弱行业集中度对于投资者预期能力（FERC）的正向效应；而产品市场的发展也具有类似的削弱效应。

5 理论模型构建

"成本记录的是竞争的吸引力。"

——Frank Knight

5.1 竞争的加剧有损公司绩效

正如已有研究指出的那样，导致行业竞争加剧的因素很多，宏观而及全球金融危机、跨国贸易往来和一国的金融体系与行业管制政策，微观以至产品成本、技术研发及其管理水平，都会引致公司间或早或晚、或频或缓、或强或弱的竞争互动。竞争所为绩效，但并非所有的竞争都会导致异质性回报波动等反映公司证券市场效率（SME）的经济后果，故考察产品市场竞争（PMC）的公司价值效应还须区分不同的竞争形式（Irvine and Pontiff，2009）。产品替代性（Substitution）通常可以反映行业内公司之间竞争程度的高低，而其变化趋势也可大体模拟出公司间竞争程度变迁的走势。产品的替代性越高，则公司间的竞争就更为激烈，且更容易导致所谓的

"恶性竞争"，如频繁的"价格战"，产品完全同质时消费者需求亦可实现无成本的转换，公司利润只能基本维持在行业平均值（利润摊薄）甚至低于平均值的水平。故更激烈的竞争往往会导致公司更易出现绩效困境（如破产）以及频繁的行业/市场进退。此时，公司间市场势力（MP）的对比以及其行业竞争结构的变迁显然决定着其绩效的差异。而当产品的替代程度较低甚至完全异质时，公司间的竞争将趋于缓和，在技术和管理能力等方面的创新与创造力量的良性驱动之下，甚至很可能或更容易出现公司间所谓的战略性"竞争合作"。

与产品特征（如替代性等）相关联的竞争性因素，还有生产成本以及与之密切相关的技术创新含量、经营策略及投融资约束程度等，这些要素共同构成并决定着公司产品或服务的所谓"品质竞争"。融资约束是公司面对的最重要的现实约束之一，将直接决定公司产品从研发到销售获利的所有环节。基于此，本章首先引入 Irvine 和 Pontiff（2009）的模型，即其基于产品替代性而考察消费者转换成本（Product of Transportation Costs）——作为一种影响异质性回报波动的竞争形式——导致的竞争加剧进而损害公司价值的模型，该模型不考虑融资约束条件的情形，故可以作为本书模型的一个基础或特例，并可与本书考虑现实的融资约束时的模型进行对比。

5.2 产品市场竞争与公司绩效：无融资约束的模型

Irvine 和 Pontiff（2009）的理论与实证研究关注产品市场竞争的加剧对于公司基本现金流及其异质性回报波动的系统关联，并认为并非所有形式的竞争都会加剧公司的异质性波动，而由产品替代性大小引致的消费者产品转换成本（忠诚度）的高低可以作为市场竞争程度的一个有效度量。受 Raith（2003）的市场势力（MP）模型[①]、Philippon（2003）的价格刚性（Price Rigidities）导致竞争加剧和异质性风险的模型，以及 Agarwal、Baranth 和 Viswanathan（2004）的"需求波动—PMC"等模型的启发，Irvine 和 Pontiff（2009）构建了一个基于产品替代性而考察消费者转换成本（Product of Transportation Costs）——作为一种影响异质性回报波动的竞争形式——导致的竞争加剧进而损害公司价值的模型。

Irvine 和 Pontiff（2009）的模型假设行业内存在两家企业（同样是两阶段双头垄断模型），即企业 1 和企业 2，其成本方程分别为：

$$C_1 = \frac{w_1}{2}q_1^2 \tag{5-2-1}$$

$$C_2 = \frac{w_2}{2}q_2^2 \tag{5-2-2}$$

其中，w_1 和 w_2 为参数，可以解释为影响生产效率（Productivity）的产品投入成本或技术创新因素，而且，假设 w 是随机的，故其可以成为影响产出过程的风险或波动的一种（外生）冲击因素（Volatility Shocks）。假设两企业的价格（需求）方程具有如下的形式：

$$P_1 = \theta - q_1 - kq_2 \tag{5-2-3}$$

$$P_2 = \theta - q_2 - kq_1 \tag{5-2-4}$$

这里的 θ 代表两企业共同面对的行业性需求冲击，参数 k 在 0 和 1 之间，表示消费者对于两企业产品的替代性的认知程度，当 $k=0$ 时，表示无替代发生（完全异质），两企业为寡头生产商（Monopolists）；当 $k>0$ 时，表示企业间竞争为古诺（Cournot）竞争，每个企业的产出决策均取决于一个古诺均衡，企业间的策

① Raith（2003）的产品转换成本影响公司市场势力的模型，即 $MP = f$（产品转换成本），认为竞争的加剧导致了公司利润的更大波动。

略性竞争互动决定了一个企业的最优产出选择须视其竞争对手的产出决策而作出；当 $k=1$ 时，则为标准的古诺竞争情形，即两企业产品为完全替代产品。

假设在第一阶段期初即 $t=0$ 时，两企业都能观察到随机需求冲击 θ 以及各自的成本投入或技术差异即 w_1 和 w_2，并在第一阶段（$t=1$）基于这些已知信息而作出其最优的产出选择。

企业 1 的利润方程是：

$$\pi_1 = (\theta - q_1 - kq_2)\ q_1 - \frac{w_1}{2}q_1^2 \tag{5-2-5}$$

利润最大化的一阶条件为：

$$0 = \theta - kq_2 - q_1\ (2 + w_1) \tag{5-2-6}$$

则企业 1 利润最大化时的最优产出为：

$$q_1 = \frac{\theta - kq_2}{2 + w_1} \tag{5-2-7}$$

考虑到古诺均衡的界定以及企业同构（Isomorphic）的假设（事实），则可分别得出企业 1 和企业 2 的最优化产出为：

$$q_1 = \frac{\theta\ (2 + w_2 - k)}{(2 + w_1)\ (2 + w_2)\ - k} \tag{5-2-8}$$

$$q_2 = \frac{\theta\ (2 + w_1 - k)}{(2 + w_1)\ (2 + w_2)\ - k} \tag{5-2-9}$$

将（5-2-8）和（5-2-9）式代入企业 1 的利润方程（5-2-5）式即得出其最大化利润为：

$$\pi_1 = \frac{\theta^2(2 + w_2 - k)[2k^2 + (2 + w_1)(2 + w_2) - k(4 + w_1)]}{2[k - (2 + w_1)(2 + w_2)]^2} \tag{5-2-10}$$

同理可以（对称）得出企业 2 的最优利润 π_2。由此，便可以考察随机需求冲击 θ 以及企业各自的成本投入或技术差异即 w_1 和 w_2 与企业利润的相关关系。假设这三类冲击因素相互独立，则

给 θ 以及 w_1 和 w_2 分别赋值（且各值均按等概率 1/3 发生）之后[①]，便可以得出竞争程度参数 k 的变化与两企业的利润和销售额之间的相关关系：企业间正的相关性是由行业性的随机需求冲击 θ 引致的，而负的相关性则源自于企业各自的产品投入价格（成本）或技术创新差异 w_1 和 w_2 的冲击；而随着行业竞争程度的增加（k 变大，产品的替代性增加），企业的利润与销售额与竞争程度 k 的相关性都在降低（负相关），即在随机需求冲击 θ 及企业产品投入成本或技术创新差异 w_1 和 w_2 影响下的行业竞争的加剧，最终会导致企业绩效的下滑。

可见，Irvine 和 Pontiff（2009）的模型结果，只是表明了市场竞争程度与公司绩效（销售额与利润）负相关的一种抽象趋势，而并未将其与行业聚散结构及公司产品市场势力强弱的影响相关联，故至少在其模型之中，也就看不出行业竞争结构的具体变迁与公司绩效间的具体关联，即“结构—竞争—绩效”影响的具体路径为何尚不能知晓——虽然在理论上可以推得。此外，Irvine和 Pontiff（2009）的模型虽然简洁而具有一般性，但其模型的假设似乎过于“理想”，例如其信息充分或对称假设（期初即 $t=0$时，两企业都能观察到随机需求冲击 θ 以及各自的成本投入或技术差异即 w_1 和 w_2，并在第一阶段即 $t=1$ 基于这些已知信息而做出其最优的产出选择）；而且，其模型环境与特定的制度背景差异的结合亦略嫌不够。故本书尝试构建一个能够区分行业竞争具体影响路径的，且能进一步切合我国制度背景特征的理论分析模型，从而力求与本书第 4 章的理论分析框架能够“严丝合缝”。

---

① 这是 Irvine 和 Pontiff（2009）的做法，详见该文第 1166 页。也可以从（5-2-10）式利润结果方程看出其关联。

5.3 产品市场竞争与公司绩效：面临（债务）融资约束的模型

企业的价值必通过其投资与融资而得以实现，投资和融资的战略性竞争及其与企业经营绩效的关系是公司财务的核心战略问题。考虑到企业产品市场竞争战略的选择（如产出扩张）及其“融资约束”的现实影响，以及债务融资对于公司的投资行为及其经济后果的更为显著的治理效应，在此，本书拟借鉴现代资本结构理论的最新发展即产品市场竞争与公司融资结构互动关系相关研究的思想和路径（杨兴全和吴昊旻，2008），并在其分析框架之内——需变换某些条件或假设，考虑构建一个公司面临债务融资“硬约束”的“竞争—绩效”关联模型。原因有四：

其一，公司的融资战略与其产品市场竞争战略均指向公司绩效最大化目标，只不过落脚点或渠道不同而已，前者经由资本结构的优选，而后者则依赖行业结构的竞争优势。

其二，公司的财务决策亦早已超出其“内部”或所谓“边界”的狭义范畴，融资决策是对公司所在产品市场竞争特征的策略性反应（Brander and Lewis，1986；Maksimovic，1988；Chevalier，1995；Showalter，1995，1999；Kovenock and Phillips，1995，1997；Wanzenried，2003；Povel and Raith，2004；MacKay and Phillips，2005；Campello，2006），即亦须在行业的竞争动态之中寻找“均衡解”；而公司间经营策略的选择——融资战略之外的视野——也须视其行业内竞争对手的策略选择而相机作出，且这正是古诺（Cournot）竞争等多种竞争博弈模型的基本逻辑，故其关切点有别而其机理实则无二。

其三，企业的产出投资或规模扩张，必须依赖充裕的资金支持，融资约束一直是企业面临的最重要的约束，融资决策实与其产品市场竞争战略相依存，甚或已经“内化”为其产品市场竞争战略的一个重要组成部分（Chemmanur，He and Nandy，2006；Spiegel and Tookes，2008；Chemmanur and He，2009；Chod and Lyandres，2010；Butler and Cornaggia，2011）。故考虑公司产出（扩张）竞争投资的融资约束更加符合现实。

其四，相对于股权融资，债务融资对企业扩张性投资行为及其绩效的影响亦更为显著，从而更易为股东管理的企业所优先“悦纳”；负债不但是“典型的”产品市场竞争战略，也同时是有效的激励约束或公司治理机制（Brander and Lewis，1986；Grossman and Hart，1982；Holmstrom，1982；Jensen and Meckling，1976；Jensen，1986；Aivazian et al.，2005；Firth et al.，2008；林毅夫等，2004；辛清泉和林斌，2006）[①]，所以，面临债务融资约束的模型便可以作为企业产品市场竞争战略（如产出扩张投资）所依赖之融资支撑形式的一个符合现实的特例，因而可以很好地模拟本书的逻辑关切[②]。此时，若再回顾本小节开头提到的基于产品替代性的“竞争形式”，则本书的模型显然可以涵盖 Irvine 和 Pontiff（2009）等的模型，使其成为本书模型的一个“特例”或一般（理想）情形。

① 根据负债的代理成本理论，相对于股权融资，债务融资对于无效投资（过度投资及投资不足）的治理效应更为显著，从而更易为股东管理的企业所优先“悦纳”；而且，作为外源融资的主要形式，债务比股权亦更为普遍（融资成本更低——尤其对于规模型大企业、事前与事后的相关约束更少，加之我国的“预算软约束”，使之更易于成为各类公司尤其是规模型大企业的“首选”），这可以参照我国乃至世界范围内近期的信贷超预期及其限制措施的背景。

② 学术界将公司的产品市场竞争（PMC）战略基本分为两类，即产出竞争和价格竞争，本书的分析以产出竞争为例。本书所谓的负债支撑型产出扩张只是公司 PMC 战略选择所依赖之融资形式的一个“特例”，当然还可以选择股权融资或其充裕的内部资金支持。只不过，债务融资的约束条件较为简洁，而股东投资的成本收益考量则十分复杂，而且容易招致约束条件太多而得不出博弈的均衡解，似不宜作为本书以行业竞争结构为起点的证券市场效率及其公司价值效应的分析。故为简洁而又不失其实质（一般性）起见，本书选择外源负债的融资形式作为本文“竞争—绩效”模型中产出扩张竞争一个约束条件。

结合 Grossman 和 Hart（1982）、Holmstrom（1982）及 Schmidt（1997）等的“清算威胁假说”以及 Diamond（1984）、Dewatripent（1988）、Bolton 和 Scharfstein（1990）等关于（内生化）债务合约设计的早期研究成果，并受 Wanzenried（2003）、Povel 和 Raith（2004）与 Campello（2006）等研究涉及的公司产品市场竞争战略何以影响其融资结构的相关模型的思想启发，本书构建了一个简单的两阶段、双寡头垄断竞争模型，基于非对称信息静态博弈原理以及债务合约分析思想，借助企业“债务融资—产出投资扩张”、生产成本以及信息分布结构等相关假设，通过公司与其行业对手在产出竞争中的行为博弈分析，以期对本书的逻辑关切进行理论模拟。

5.3.1 产品市场：结构与假设

考虑在一个双寡头垄断的行业竞争环境之中，两个同质的、风险中性的企业，即企业 1 与企业 2 在连续的边际成本（$MC>0$）基础上进行异质（存在替代性）产品的古诺产量竞争，产出分别为 q_1 和 q_2。企业的固定成本（FC）与变动生产成本（VC）均是其价格和利润的内生性影响因素。企业产出将持续两个时期（$t=1, 2$），且其生产具有状态依存特征：①企业的投资受到“融资的约束”，即公司在竞争的产品市场上的扩张性投资会受出资者（如债权人）的约束。②企业受到随机的市场环境冲击影响，当外生随机冲击趋好时，对应着更高的利润水平和产出边际收益。假设外生随机冲击 z_i 服从对称区间上的一致分布，即 $z_i \in (\underline{z}, \bar{z})$ 且$\underline{z}=-\bar{z}$。$\tilde{z}_i$代表随机冲击的实现值，该值只有在企业作出战略选择之后才能为市场知晓，一个更自然的解释是把 z_i看作市场需求不确定性的表征。因此，在作出新的战略性选择之前，出于成本收益考量，两企业亦有可能达成“共谋”（串谋）甚或出现某方面（如负债水平、产品价格等）的“竞争性协作”。

假定产品的消费者是连续且同质的，消费者预期效用是异质

产品 q_1 和 q_2 的消费量 $q=(q_1, q_2)$ 的函数。理性消费者会在其预算约束下最大化其预期效用。假设消费者对于企业 i 的产品的逆需求函数具有如下线性形式①：

$$p_i=\alpha-q_i-\gamma q_j+z_i \quad (i=1, 2, \text{且 } i\neq j) \qquad (5-3-1)$$

其中：α 代表市场/行业的规模，$\alpha>1$（确保企业选择正的负债，即能形成“负债支撑型”的产出扩张；且使之大于单位 1 也可简化对其影响的分析）。γ 为内生的产品异质性程度，$\gamma\in(-1, 1)$，当 $\gamma>0$ 时竞争企业间的产品为战略替代关系（同质性增加，异质性降低），$\gamma<0$ 时则产品为战略互补关系（同质性降低，异质性增加）。

5.3.2 产出投资扩张的竞争博弈：结构与假设

一般而言，在市场竞争中，企业为获取竞争优势，普遍是先通过“做大”，并借助“做大”进而巩固其“做强”，故通过产出扩张以争取更多的市场份额（Market Share）是企业实现“做大”之目标而采取的最为常见的产品市场竞争策略，许多企业的多元化战略即是如此。但投资扩张始终需要依赖充裕的资金支持，故出资人（如债权人）的选择至关重要。为凸显出资人或企业产品市场竞争战略（产出扩张投资）之融资约束的重要影响，故可以假定企业融资（如举债）就是为其投资扩张目的，即将融得的资金（如负债）全部用于其产出投资，进而便可将企业的融资（如负债）决策直接等同于其产出扩张决策。所以，完全可以参照 Campello（2006）等关于产出市场战略与债务合约设计

---

① 这实际上包含了 Irvine 和 Pontiff（2009）等基于产品替代性而考察消费者转换成本（Product of Transportation Costs）引致的竞争加剧损害公司价值的模型思想，只是价格方程不同，这里的 γ 实际上就是 Irvine 和 Pontiff（2009）模型中的产品替代性或竞争程度 K，而这里的 α 以及上面的市场随机冲击 Z_i 则类似于其模型中的随机需求冲击 θ，但并不等同，本书对产品市场及公司的考量更为全面（如还包括产品互补 K 为负的情形），界定更为清晰。

（“PMC - Debt”）的相关思想，来构造本书的“竞争—绩效”模型，从而得到本书的“负债支撑型投资扩张”的模型与假设：企业举债即是为其产出扩张投资，或企业为产出扩张而举债，此时，产出扩张投资的水平便可与其负债程度“相互替代”[①]，而企业的产出扩张便很自然地需要肇始于债权出资者的成本收益考量，即企业自身的融资约束情形。

本书的古诺（Cournot）产出竞争假设，即肇始于出资者（如债权人）事前的成本收益考量，故仍可沿用 Diamond（1984）、Dewatripent（1988）及 Bolton 和 Scharfstein（1990）等研究关于债务合约设计思想的经典基本假设：因为企业的经营收益虽可观测，却不能被明确地写入债务合约，收益的真实实现状态是企业的私有信息。此时，考虑到管理层的利润转移动机，合约条款并不能严格依存于经营收益而设计，故为保证及时的偿付，理性的债权人将迫使企业面临有效的破产清算风险威胁，即只有当其可控资产价值（为能顺利接管企业控制权）能够严格满足其应偿借款时，债权人才愿为企业的产出投资扩张提供足够的资金支持。再结合 Faure - Grimaud（2000）、Povel 和 Raith（2004）及 Campello（2006）等相关研究成果，这样的“非标准合约条款”必将依存于举债企业的产出及其收益的实现状态。

考虑到企业的产出扩张毕竟不是小规模融资，故企业必须事先为融资提供相关信息以吸引投资者，而债权人（如银行）也能根据相关的信息搜集进行自主评估，并在成本收益权衡之后提供出资支持。此时，若假设企业的净利润为 π_i，利率为 r_i[②]，利率 r_i

① 所谓的“负债支撑型投资扩张”模型与假设，自有其合理性：首先，在理论上，可为企业投资扩张行为提供一个简单的约束条件，并有利于公司产品市场竞争博弈的分析；其次，考虑到我国的融资结构现状，上述假设亦符合企业的真实选择。而且，这样的假设也适合本书研究涉及的样本，可为考察所谓的“小公司效应”及“新上市效应”分析等提供便利。

② 竞争的债权人市场使得所有企业在均衡时取得贷款的利率相同。

是内生决定的以满足债权人的理性约束：初始支出须等于预期收益，即有下式成立[①]：

$$D_i = (1-\theta)(1+r_i)D_i + \theta E(R_i) \quad (5-3-2)$$

其中，θ 为破产风险概率，$E(R_i)$ 为企业的预期收益，无风险利率为 0。

则对于企业 i，存在一个由下面的盈亏平衡条件决定的关键冲击水平 $\hat{z}_i \in (\underline{z}, \bar{z})$，使得：

$$\pi_i - D_i(1+r_i) = 0 \quad (i=1,\ 2 \text{ 且 } i \neq j) \quad (5-3-3)$$

若再假设企业的单位总成本为 C_i，则由（5-3-1）、（5-3-2）及（5-3-3）式可得展开的企业盈亏平衡条件约束式：

$$(\alpha - q_i - \gamma q_j + \hat{z}_i - C_i)q_i - D_i(1+r_i) = 0 \quad (i=1,\ 2 \text{ 且 } i \neq j) \quad (5-3-4)$$

则由上式可知：若外生随机冲击的实现值 $\tilde{z}_i > \hat{z}_i$ 时，企业能足额偿付债务本息并有望实施产出扩张战略；而当 $\tilde{z}_i < \hat{z}_i$ 时，因收益不足偿债，企业将面临破产清算风险，资金链断裂导致其产出扩张无从谈起。准确地说，企业 i 在概率为 $\theta = (\hat{z}_i + \bar{z})/2\bar{z}$ 时被清算，在概率为 $(1-\theta) = (\bar{z} - \hat{z}_i)/2\bar{z}$ 时可存续经营并可实施其产出扩张战略。这表明外生的关键冲击水平 $\hat{z}_i$ 越大，企业"被"破产清算的风险概率也就越大；同时，市场的外生随机冲击也决定了企业产出扩张投资的可行性及其获利可能性的实现概率，这显然亦符合现实的预期。

至此，两企业产出扩张（举债）战略的信息结构和顺序可归纳如下：

理性企业在扩大产出时，会优先考虑使用其可能充裕的内部

① 该式也可同时作为公司投资可行性及其获利可能的前提，即债权人的出资条件是公司新增产出决策的直接依据，故该式亦可转换为企业产出投资 I 的预期收益 ER 关于负债 D 及外生随机冲击 Z 或 θ 的方程，即 $ER = f(D, Z)$，而下面的盈亏平衡条件约束式、利润方程等则可不变。

现金流（支付生产成本后），所以负债决策将基于成本的考量之后做出，支持产出扩张的债务水平可能存在一个能够忍受的最高值即最优负债水平。在本书的假设中，两企业是对称的，竞争的企业会理性地将自身的战略选择作为对手产出策略及其融资选择的函数，即企业 1 的举债和产出扩张决策必然会考虑其产品市场竞争对手的可能反应。

（1）在第一阶段期初即 $t=0$ 时，企业 1 与债权人达成初始债务合约，取得负债 D。但此时企业 2 并不知道该合约的存在及其内容。

（2）在第一阶段 $t=1$ 时，两企业同时进入产品市场竞争，随机冲击 z_i实现。z_i的分布、合约的存在及企业的技术条件等都是共同知识，但只有企业 1 确切知晓 z_i及其自身收益的实现状况，债权人和企业 2 并不能确知，即两企业互不详知各自的收益状况（过程），只知道其收益是否实现（结果）。

（3）在第二阶段 $t=2$ 时，两企业收益实现。举债企业 1 是否存续取决于其具体偿债状况及合约的具体条款，而债务合约还可能会被相机调整或重新协商。

根据不完全信息静态博弈相关原理，上述博弈存在唯一的贝叶斯纳什均衡解。

5.3.3 产出选择及其均衡：简单关联与相关推论

为得到外生的关键冲击水平 $\hat{z}_i$ 与企业的产出战略、负债水平以及市场规模、产品异质程度等变量的相关关系，可对上面的（5－3－4）式分别求偏导，简单的相关性结果如下：

企业的产出扩张战略将使其面临更大的外生随机冲击即风险水平（$\partial\hat{z}_i/\partial q_i>0$）；企业的负债水平与外生的关键冲击水平同方向变化（$\partial\hat{z}_i/\partial D_i>0$），$\hat{z}_i$ 随着负债的提高而变大，企业更易陷入破产清算的困境；较高的成本水平对应着较高的破产清算风险（$\partial\hat{z}_i/\partial C_i>0$），这给忽视生产成本的产品市场竞争战略及其融资支持的理论研究和实践提供了不容忽视的证据。行业竞争对手的产出选择对企业决策的影响（$\partial \hat{z}_i/\partial q_j = \gamma$）取决于其产品的特征即异质性程度：当产品战略替代时（$\gamma > 0$），企业产出水平与其竞争对手的产出同方向变化；而当两企业的产品战略互补时（$\gamma < 0$）则反向变化；这与$\partial^2 \hat{z}_i/\partial q_i \partial q_j = 1 - 1/q_i^2 + \gamma$ 结果一致，但战略互补时（$\gamma < 0$）则不定一致。此外，市场规模 α 与关键冲击水平反向变化（$\partial \hat{z}_i/\partial \alpha < 0$），即企业面临的外生风险越高时，市场的规模 α 将会缩小，即需求波动等外生风险的增加，会弱化企业的产出扩张、大规模融资（如举债）以及新公司的行业进入等战略动机，进而使其（PM/SM）竞争行为更加谨慎；产品的异质性程度 γ 则与外生的关键冲击水平正相关（$\partial \hat{z}_i/\partial \gamma > 0$），即外生随机冲击与同质产品引致的更激烈竞争是“互动强化”的，正是产品异质性的降低导致的竞争日益加剧使得企业面临着更高的外生随机冲击或市场化风险；而且，外生随机冲击 z_i 增大的“结果”（外生冲击本身以及竞争的加剧互动强化的）还会使得竞争企业的产品战略日益趋同，产品的日益同质不仅“恶化”企业间竞争，也可能同时损害其（整体）绩效。

同理，还可得到企业净利润 π_i 关于其产出战略、负债选择 D_i 以及市场规模 α、产品异质程度 γ 等的相关性结果：净利润 π_i 与外生需求波动 z_i、市场规模 α 及自身产出水平同方向变化（一阶偏导均大于0），即正相关①；与企业的负债水平 D_i、产品差异程度 γ、生产成本 C_i 以及利率 r_i 反方向变化（一阶偏导均小于0），即负相关；但同质产品引致的更激烈竞争将使企业的净利润

① 企业净利润π与市场规模α同方向变化，即市场规模α的增大有助于提升企业的业绩π，但其积极作用可能存在一个“边界”而非持续的线性增强关系，这可以从下面的几个推论中分析得出（简单的相关性分析并不能概括其影响的实质）。此外，这里的市场规模α显然还预示着除了竞争主体的参与数量 N 之外的其他含义或来源，例如行业的结构优势以及公司的市场势力（MP）等更能反映市场竞争的“参与质量”、更能提升市场的“质量化”规模的方面。

会因竞争对手的产出增加而下降，反之则会提高（$\partial\pi_i/\partial q_j = -\gamma q_i$，$\partial^2\pi_i/\partial q_i\partial q_j = -\gamma$）。上述结果均与本书的假设和现实的预期相吻合。

由于本书假设在竞争博弈的开始阶段（$t=0$ 时），外生随机冲击 z_i的分布、债务合约以及企业的技术条件等都是共同知识，但由于企业 2 并不知晓企业 1 与其债权人的合约内容，所以，产品市场竞争的参与各方将采取同步行动，即发生同步博弈，这意味着企业 1 或许并不能通过先于企业 2 的产出扩张与其负债选择而获得先发优势。以下通过几个推论来分析证明上述的博弈过程。

推论 1：企业债务融资成功将引致其产出扩张动机，产品特征 γ 将通过其债务融资选择而决定企业产出扩张的战略价值或其绩效的高低①：当产品战略替代时（$\gamma>0$），产出扩张将导致企业绩效下降；而当产品战略互补时（$\gamma<0$），产出扩张则会增加企业绩效。

这个推论可以通过比较企业 i 在负债即 $D_i>0$ 时（用上标加 d 表示）和完全权益融资即 $D_i=0$ 时（最初的零负债"共谋"）（用上标加 nd 表示）的均衡产出及利润水平进行证明（均有 $i=1$，2 且 $i\neq j$）。

在博弈第二阶段（$t=2$），企业 i 会在已有债务水平 $D_i>0$ 上最大化其股东预期价值，即：

$$\max_{qi} E[V_i(q_i,q_j)] = \int_{\hat{z}_i}^{\bar{z}} [R_i(q_i,q_j,z_i) - D_i(1+r_i)] f(z_i)\mathrm{d}z_i + \int_{-\bar{z}}^{\hat{z}_i} 0\mathrm{d}z_i$$

① 也从而决定了公司负债融资的战略价值（可相等同），债务支撑型产出扩张投资使得债权人的利益与公司的产出扩张战略及其价值实现直接相关，这其实也正是债务融资的"硬约束"效应的体现，但并不失其一般性。

$$= \int_{\hat{z}_i}^{\bar{z}} [(\alpha - q_i - \gamma q_j + z_i - C_i) q_i - D_i(1 + r_i)] \frac{1}{2\bar{z}} dz_i \tag{5-3-5}$$

由于股东只有在企业 i 第二阶段不被清算即仅当 $\hat{z}_i > \hat{z}_i$ 时才拥有剩余索取权，所以上式中第二项为零。给定盈亏平衡条件约束（5－3－4），对 q_i 求偏导并令之等于零，可得到企业 i 的产出反应函数和产量水平：

$$q_i(q_j, \hat{z}_i) = \frac{1}{4}\bar{z} + \frac{1}{2}\alpha - \frac{1}{2}\gamma q_j - \frac{1}{2}C_i + \frac{1}{4}\hat{z}_i(q_i) \tag{5-3-6}$$

$$q_i(\hat{z}_i, \hat{z}_j) = \frac{1}{2}\frac{[2\hat{z}_i - \gamma\hat{z}_j + (\bar{z} + 2\alpha)(2 - \gamma) + 2\gamma C_j - 4C_i]}{4 - \gamma^2} \tag{5-3-7}$$

上式表明，企业的产出依赖于外生关键冲击水平 $\hat{z}_i$。将 q_i（$\hat{z}_i$，$\hat{z}_j$）代入第一阶段目标函数即股东管理的企业在已有负债选择下的最大化预期收益函数即（5－3－8）式，并对 $\hat{z}_i$ 求偏导，就可得到最优关键冲击水平 $\hat{z}_i^*$，以及均衡时的最优的企业产出扩张水平及其预期收益：

$$\max_{\hat{z}_i} E[\pi_i(\hat{z}_i, \hat{z}_j)] = \int_{-\bar{z}}^{\bar{z}} \{[\alpha - q_i(\hat{z}_i, \hat{z}_j) - \gamma q_j(\hat{z}_i, \hat{z}_j) + z_i - C_i] q_i(\hat{z}_i, \hat{z}_j)\} \frac{1}{2\bar{z}} dz_i \tag{5-3-8}$$

$$\hat{z}_i^* = \frac{4(2 + \gamma)(\alpha - C_i)}{-\gamma^2 + 2\gamma + 4} - (2\alpha + \bar{z}) \tag{5-3-9}$$

$$q_i^{*d} = \frac{2\alpha + 2C_i}{-\gamma^2 + 2\gamma + 4} \tag{5-3-10}$$

$$E[\pi_i^{*d}] = -\left[(1 + \gamma) q_i^{*d} + \bar{z} + \alpha - \frac{(\gamma^2 + 6\gamma + 12) C_i}{(-\gamma^2 + 2\gamma + 4)}\right] q_i^{*d} \tag{5-3-11}$$

再将 $\hat{z}_i^*$ 和 q_i^{*d} 即（5－3－9）式和（5－3－10）式代入上面的盈亏平衡条件约束式（5－3－4），即可得到关于利息率 r_i 的企业负债函数（见附录 A-1）。由（5-3-5）和（5-3-6）式还可得到 $D_i=0$（$z_i=0$）时的企业产出反应函数、均衡产出和预期收益，即：

$$q_i(q_j) = \frac{1}{2}\alpha - \frac{1}{2}q_j\gamma - \frac{1}{2}C_i \tag{5-3-13}$$

$$q_i^{*nd} = \frac{\alpha}{\gamma+2} \tag{5-3-14}$$

$$E[\pi_i^{*nd}] = \frac{\alpha^2}{(\gamma+2)^2} \tag{5-3-15}$$

此时，便可对照企业负债即 $D_i>0$ 时的均衡产出 q_i^{*d} 和预期收益 E（π_i^{*d}）与其不负债即 $D_i=0$ 时的产出市场效应：对比（5-3-6）和（5-3-13）可见，负债并未改变产出反应函数的斜率，但将截距提高了$\frac{1}{4}$（$\bar{z}+\hat{z}_i$），这意味着产出反应曲线的向外、向上移动，即对企业 i 来说，对于每一个 q_j，增加产量将是最优的——因为企业偏离最初的零负债"共谋"后的均衡产出和收益都增加了［$q_i^{*d} \geqslant q_i^{*nd}$，$E$（$\pi_i^{*d}$）$>E$（$\pi_i^{*nd}$）］，即产出的扩张有利可图。可见，企业举债具有纯战略动机：债务融资行为表达着企业 i 在产出市场竞争阶段的进攻性战略承诺，并在"结果上"（互为因果）致使其竞争对手在战略替代（互补）情况下减少（增加）产出，非理性的竞争因此得以弱化，举债企业 i 的预期利润亦从而得以提高；（负债）融资选择也因此成为企业最为"典型"的产品市场竞争（PMC）战略之一。这不仅与前面的一阶和二阶预期相一致，也与 Brander 和 Lewis（1986）、Showalter（1995）、Kovenock 和 Phillips（1995）以及 Wanzenried（2003）、Povel 和 Raith（2004）、Campello（2006）等关于债务融资的产品市场竞争（PMC）效应即其战略价值的相关研究结论潜在一致[①]。由于有限责任效应，代表股东的企业管理层往往只考虑能给其带来净剩余的相对较好的需求状态 z_i，所以，企业的举债选择自然引致其产出的扩张动机。但由于竞争对手在不知道企业 i 的债务合约条件下会采取同步行动，即两企业可能执行同样的产出扩张和债务融资战略，故与完全权益融资（$D_i=0$）的情形（产出低）相比，同步博弈均衡便呈现出“产出过度”的特征（$q_i^{*d} \geqslant q_i^{*nd}$），故可以预见，同质产品（$\gamma>0$）的更激烈竞争势必将有损竞争双方的业绩，而异质产品（$\gamma<0$）的竞争则能惠及双方：产品价格会因竞争对手的产出增加而提高，此时，由于需求不确定性消失，或更准确地说，外生随机冲击在融资选择之前已被企业有效“规避或化解”（z_i 是共同知识，$z_i=0$），异质产品竞争的不同类型企业便能因此得以准确地“量入为出”，举债的策略性动机因此弱化，激化竞争的策略性掠夺行为也因而显著减少，进而使得行业竞争日渐理性并趋于“合作性竞争”。

由推论 1 还可以延伸得出与企业举债相关的推论 1a 以及推论 1b，可称之为与本书的企业产出竞争模型相关的两个“债务融资子推论”，即考察支撑企业产出扩张投资的举债行为如何受其产品市场竞争特征（产品差异）的影响——详见本书的附录 A－2。由推论 1a，企业产品的异质程度 γ 可以作为企业间潜在竞争强度的表征，并进而显著影响着企业产出市场的投融资决策，产品替代性越高即 γ 越大，产品市场的竞争就越激烈，而企业的产出竞争战略及其负债选择就（应）更为慎重。从推论 1 可知，第二阶段的高产出是由第一阶段的高杠杆决定的，而企业的举债往往与其产品市场竞争战略如产出扩张的实施“互为表里”。当产品替代性较低时（γ 减小），企业间竞争相对弱化，两企业提高产出

① 负债与零负债的博弈均衡结果的对比也可同时表明，不同类型或异质性［如规模、市场势力（MP）、产品技术含量等］企业在实施其产品市场竞争（PMC）战略（如产出扩张）时所面临的融资选择的重要影响，以及将融资约束差异作为企业产出市场投融资决策的一个（种）关键的环境约束条件的合理性和必要性所在。

可以增加收益（至少不会使其收益下降），提高产出将是最优选择。由（A5－3－12）式可知，当 $\gamma \geqslant 0$ 时，企业均衡（最优）负债水平 D_i^* 将随着 $|\gamma|$ 的增大而提高。这是因为，本来应该促使企业减少负债的产品替代性提高（企业间竞争增强时举债应更谨慎）的效应却被另外一种效应所超越：即产品同质程度的提高（γ 增大）导致企业间竞争加剧并诱使其竞争行为更趋激进（如增加产出），从而引致较高的杠杆水平，举债便成为企业参与产品市场竞争（PMC）的一种有效的“战略承诺”或“势力威慑”，并可有效地起到缓和或弱化行业竞争的“间接效应”①。可见，企业的产品市场竞争（如产品异质性）战略与其杠杆选择存在着一种非单调的互动关系，即呈现“U”形的轨迹，并与推论1中企业产出扩张（举债）与其战略价值或利润的倒“U”形关系刚好“反向”吻合，产品高度替代时（$\gamma > 0$ 且不断增大）的产出扩张或举债战略应该更为谨慎。这与 Pandey（2002）、Campello（2006）等关于债务融资与产品市场竞争战略（产品替代性）非单调互动的相关研究结果亦相一致。

产品的特征 γ 除可反映企业间差异及其竞争互动程度之外，也决定了企业所处市场的特征即其行业的差异，因此也决定着不同行业内企业面临的外部随机冲击水平 z_i 的差异。上述分析限于同一行业，故有必要关注行业间差异即市场整体需求状况在决定企业的产品市场战略（负债选择）与外生随机冲击水平 z_i 时的特定影响。与产品异质程度 γ 对企业竞争行为影响的方向一致，与行业差异相关的企业产品需求的波动（预期）应该与企业的产出扩张或其负债水平同方向变化，从而又可得到推论1b（见附录A－2）。由于 $\partial D_i^* / \partial \bar{z} > 0$，所以，外生的行业性需求波动 z_i 越大，股东管理的企业的竞争行为会更趋激进（因有限责任效应），企

① 即通过举债而显示其产品市场势力（MP）的“信号”，进而威慑其竞争对手的激进行为（如策略性掠夺）甚或新的竞争对手的行业进入。

业产出扩张的动机将引致其负债水平的显著提高。这与产品差异程度 γ 对企业产出竞争行为的影响以及前面的一阶分析（$\partial \hat{z}_i / \partial D_i > 0$, $\partial \pi_i / \partial z_i > 0$）相一致。此时，由于可能的内部现金流压力（主要支付生产成本 C_i）和外生随机冲击的共同影响，企业将更易陷入"被"破产清算的困境——债权人的"硬约束"也会因此而加剧外生随机冲击的影响程度①。因此，股东管理的企业必须在适度负债以降低风险与产出扩张以增加利润之间做出审慎合理的权衡，而适度举债的负债竞争战略——作为其产出市场竞争的战略性选择——必然导致上述关系呈现非单调的特征，即呈倒"U"形的轨迹，这与推论 1a 的分析（但轨迹相反）以及 Pandey（2002）、Campello（2006）等的相关研究结果相一致。

企业面临的"被"破产清算的风险概率与其负债水平直接相关，债权人伺"机"（企业的生产成本及其外生随机冲击等信息）而动的"硬约束"风险会加剧企业面临的总体风险水平。此时——在推论 1 以及附录 2 里的推论 1a 和推论 1b 之后，再将企业的产出扩张动机及其举债水平决定的（破产）风险概率与竞争企业之间的产品异质程度 γ 相联系，又可以得到后面的推论 3。

推论 2：生产成本 C_i 对企业的产出扩张（举债）战略及其利润具有重要影响。该影响同样依赖于产品的特征：生产成本 C_i 与均衡产出水平 q_i^{*d} 反方向变化，当产品战略替代 $\gamma > 0$ 时，成本反而更高；而当产品战略互补 $\gamma < 0$ 时，成本则趋于降低。

该结果由（5-3-9）、（5-3-10）等式得出生产成本关于均衡产出 q_i^{*d} 和产品异质程度 γ 的关系式之后便可得到证明（此略）。企业生产成本 C_i 与外生关键冲击 $\hat{z}_i^*$ 同方向变化，较高的成本水平对应更高破产风险。生产成本一般随产出的增加而增

① 由前文产出扩张（举债）战略的博弈信息结构可知，负债的"硬约束"风险与外生随机冲击也表现出"互动强化"的特征，这与前文的相关性分析中外生随机冲击与同质产品引致的更激烈竞争"互动强化"的结论，以及产出负债竞争的战略性动机潜在一致。

加，但其与均衡产出 q_i^{*d} 的关系则取决于产品的异质程度 γ、外生随机需求 $\bar{z}$ 等变量的影响。实际上，这符合同质产品的更激烈竞争，使得其单位成本反而比互补产品（竞争弱化并日趋理性）时更高的现实预期。该结论与 Povel 和 Raith（2004）基于融资约束、内部盈余及生产成本影响与企业产品市场竞争战略互动关系的研究结论[①]完全一致，并可与其模型预期一起，为深入考量生产成本动态影响的公司间理性竞争战略提供了理论证据。

此外，如果将企业生产成本的降低归功于技术创新或所谓理性（合作）竞争的推动，那么，这里的产品市场竞争加剧（产品战略替代 $\gamma>0$ 时）导致的（生产）成本的激增进而损害公司绩效的推论，就与 Novy - Marx（2009）、Irvine 和 Pontiff（2009）、Hoberg 和 Phillips（2010）及 Haw 等（2008）等研究所谓的“竞争的加剧会弱化甚或破坏企业间的竞争协作”的实证结论相一致[②]，并且与前文提及的战略管理理论的最新进展即强调竞争合作的“战略联盟理论”或发展出“新的循环”以超越行业狭隘竞争范畴的“商业生态系统”等理念亦“不谋而合”。可见，过于激烈的竞争并不利于企业（生产）成本的有效降低，竞争的加剧不但会造成（生产）成本的更大“虚耗甚或（行业）内耗”，而且会使其更加游离于企业“非生产”的方面，进而显著地阻碍公

① Povel 和 Raith（2004）的模型分析指出，一个具有成本优势的企业更易扩大市场份额并增加其利润。而成本的降低显然可以归咎于异质产品的竞争（因技术、服务等）以及其他促成企业间有差异的竞争的多种影响因素（Irvine and Pontiff，2009），如既有规模等不同来源的市场势力（MP）等。

② 由于竞争压力会自然地促使公司的市场份额等于其资本的边际价值，故行业的均衡（Industry's Organization）取决于公司的相对产出效率，也即行业的均衡状态（Equilibrium Organization）是公司间相对的单位经营成本的结果（Ghemawat and Nalebuff，1985），竞争压力还会对行业的参与造成效率约束或可为行业的规模或结构设定效率边界。

司合理的市场势力（MP）即其竞争优势的培育[①]，并最终造成行业/公司效率的显著束缚（Demsetz，1973；Novy－Marx，2009；Irvine and Pontiff，2009）。

推论3：企业因产出扩张战略动机而举债导致的清算风险概率 θ，在产品战略替代（$\gamma \geqslant 0$）时随着 γ 的增大而增大；在产品战略互补（$\gamma < 0$）时随着 γ 的减小而减小，即亦呈现非单调的关系。

与推论1a和推论1b一样，这里的推论3也是推论1的延伸，即同样考察支撑企业产出扩张投资的负债行为如何受其产品市场竞争特征（产品差异）的影响，但作为此时企业面临的重要的“外生性”风险之一（债权人的外部硬约束造成的），为更切实地考量企业的产出扩张或其举债而引致的相关的互动效应起见，本书将其作为一个重要的推论单独列示。与推论1b相一致，企业的产出扩张战略动机及其负债选择无疑会影响产品市场的竞争及其结构，并同时加剧其面临的市场化风险（包括因负债过高而“被”清算的风险概率 θ），又进而加剧了企业产品的需求波动及其预期，即呈同方向变化。由于债权人理性，一旦收益不足偿债即当 $\hat{z}_i < \hat{z}_i^*$ 时，企业就将面临“被”清算的风险。用（5－3－9）式的 $\hat{z}_i^*$ 替换破产概率 $\theta = (\hat{z}_i + \bar{z})/2\bar{z}$ 中的 $\hat{z}_i$ 即可得到与产品异质程度 γ 相关的、企业因其产品市场竞争（PMC）战略（包括其负债）失误而引致的“被”清算的风险概率：

$$\theta_i = \frac{\alpha\gamma^2}{\bar{z}(-\gamma^2 + 2\gamma + 4)} \qquad (5-3-16)$$

对上式求 γ 的偏导，便可得出其相关关系：企业的清算风险概率在 $\gamma > 0$ 时与之正相关，在 $\gamma < 0$ 时则与之负相关，也呈现出

① 公司的产品市场势力（MP）具有不同的来源或制度渊源，即可以来自其产品技术的优势、战略管理的水平以及政府管制的便利等，并进而形成其在规模、市场份额、技术创新、生产成本以及融资等方面的市场竞争优势。这也正是本书实证检验的重点之一。

一种非单调的关系（“U”形）。产品的异质性程度γ的变化趋势对于企业的（破产）风险概率似具有“特殊”影响：当产品高度替代时（$\gamma \geqslant 0$且渐近于1），企业面临的（破产）风险最高；但在产品高度互补时（$\gamma < 0$且渐近于-1）该风险也依然很高。这个结果具有重要的“战略价值”，并更应该为企业的管理层所重视：

首先，企业在收益“独立而丰厚”时（产品互补，竞争较弱）也应警惕其潜在的高清算风险——产品高度互补时，企业往往会更轻易地忽视潜在的竞争，举债的战略性动机因而弱化，并往往认为企业不会存在被清算的可能，因此，在利润驱使之下的产出扩张动机及其在“浑然不觉”之中悄然增加的负债水平，便往往更轻易地招致了渐高的清算风险。这与前面的二阶预期$\partial^2 \hat{z}_i / \partial q_i \partial q_j = 1 - 1/q_i^2 + \gamma$在战略互补时（$\gamma < 0$）正负关系不定的结论亦相暗合。

其次，上述结果显然还表明：企业的产品市场竞争（产品异质性）战略在其“两个极端”即产品高度替代（$\gamma \geqslant 0$且渐近于1）和产品高度互补（$\gamma < 0$且渐近于-1）时，企业之间“竞争合作”的动机亦趋于最弱，即高度竞争之下（完全竞争）的完全不可能合作（$\gamma \geqslant 0$且渐近于1）以及“不存在”竞争（完全各自垄断）时的完全无必要合作（$\gamma < 0$且渐近于-1）的所谓“理想情形”[①]，均不利于企业之间的优势竞争及其战略协作，竞争不能没有但应该适度，适度的竞争（即容忍垄断）有利于促进企业间理性的竞争协作，并能进而创造基于产品技术含量和企业管理理念等方面创新与创造的良性竞争氛围，最终有利于企业绩效以

① 产品高度替代时企业间竞争最为激烈，企业很难进行战略合作；而产品高度互补时企业间几乎不存在所谓的竞争，企业似乎又不屑于合作，即均会认为无合作的必要或不存在合作的基础，企业往往处于相互封闭的空间里“单干”。单个企业的“有限理性”，显然不利于创新创造和产品技术的研发合作乃至整个行业/产业的升级换代。

及整个行业乃至一国经济发展水平的提升。这与前面的推论2（即“成本推论”）及其“子推论”（附录A－2的推论1a和推论1b），以及Demsetz（1973）、Novy－Marx（2009）、Irvine和Pontiff（2009）、Hoberg和Phillips（2010）及Haw等（2008）等的结论一致。可见，行业竞争的加剧（或产品高度互补时的几乎没有竞争）导致的企业间竞争协作动机的显著弱化以及（生产）成本的“激增”，很可能就是导致企业收益波动日增（如清算风险走高）进而公司绩效显著下滑的最主要原因，而弱化竞争并容忍适度的“垄断”不但有助于降低成本，亦有利于企业乃至行业整体绩效的有效提升。

再次，企业的清算风险概率在$\gamma>0$时与之正相关，在$\gamma<0$时负相关，则此时考察市场规模α（$\alpha>1$）对于企业（清算困境）风险的影响便可知：在产品战略替代即$\gamma>0$时，行业内竞争企业的数量激增（或行业总产出的增加）将使得市场的（数量）规模日益增大，行业竞争日益加剧，企业因此面临着更高的困境风险——竞争企业间的策略性互动甚至掠夺将日益加剧；而在产品战略互补即$\gamma<0$时，由于同质竞争的企业数量大幅减少，企业的产出扩张及其负债战略等更少受到竞争对手间的策略性互动甚或相互掠夺的影响，从而使得市场的（数量与质量）规模可以大体保持在“理性竞争”的均衡水平，市场（数量）规模的缩小（同质竞争主体的数量减少）便使得企业的（破产）困境风险随着激烈竞争的弱化而趋于显著地降低。可见，要有效“规避”企业的困境风险并保障其绩效的最大化实现，还须保持其行业（内）竞争企业的“数量的均衡”，且该均衡是上述“理性竞争”（结构均衡）的一个重要前提（数量决定结构）；而市场规模的“非理性扩张”导致的竞争加剧则会破坏企业绩效最大化实现的“获利结构或模式”，也从而使得更集中的行业“无从发挥”其更

为显著的“结构优势”[①]。这不仅与上文的分析一致，亦与战略管理、产业组织（“SCP”范式）以及“创造性破坏”等理论的预期相暗合。

当然，这里的市场规模 α 显然还有“其他的来源”，即市场规模 α 的变化不只是竞争主体的参与数量导致的，还可能受到行业竞争主体的“参与质量”的影响，故竞争企业自身的规模（Size）、市场份额（Share）、技术创新水平（R &D）及其管理理念、甚或其政治关联（Political Connections）等的差异及其相互对比——从而形成不同的产品市场竞争优势——也会显著影响行业/市场的规模 α。这其实也正是本书关注企业的产品市场竞争优势——行业的竞争结构与公司的产品市场势力——及其制度渊源之显著影响的目的所在。此时，上述模型中的市场规模 α 显然与企业不同的产品市场优势（MP）及其所在行业的竞争结构密切关联[②]，但模型里的分析似乎只是考量了行业内竞争企业的数量（N）决定之下的竞争程度差异及其影响的结果，对于行业的竞争结构（S）影响则未设计专门的参数予以量化。然而，由产业经济学的“SCP”范式等理论逻辑可知，这样的“数量影响”其实就是“结构影响”[③]，但只有数量（N）的“减少”或竞争质量的提升才能更有效地映照出所谓的行业/市场规模的“结构化优势”，并进而得以保障市场竞争的“质量化规模”（见第 123 页页

① （同质）竞争主体不断增加，但行业/市场的整体绩效却在降低，即此时的市场规模及其企业间竞争“只有数量，没有质量”，更有“质量”的竞争参与及其结构优势（异质性竞争主体以及优势企业的增加）往往对应着显著更高的行业/企业绩效。

② 但其变化趋势并不一致：公司市场势力或行业结构的优势并不一定对应着市场的“数量化规模”。

③ 行业或市场中的参与主体的数量决定其竞争的结构，故“数量决定”与“结构影响”的逻辑及其结果其实是一致的，竞争主体的参与数量和企业的产品市场竞争优势（行业结构与公司市场势力）即“参与质量”导致的、市场规模 α 的变化（趋势）可能各异，但其对于企业/行业绩效的影响（结果）其实是一致的。故不需要一一将之模型化，亦可以一并放在后文的实证检验之中予以验证。

下注①）。考虑到外生随机冲击始终有 $z_i>0$，故这里的结果就与推论 1 前的简单相关性分析（$\partial\hat{z}_i/\partial\alpha<0$；$\partial\hat{z}_i/\partial\gamma>0$）完全一致。

5.4 一个总结：剧烈的竞争有损公司/行业绩效

本书借鉴 Bolton 和 Scharfstein（1990）、Wanzenricd（2003）、Povel 和 Raith（2004）、Campello（2006）等关于公司产品市场竞争战略与其融资选择互动关系的理论研究的模型思想，基于一个双寡头垄断的产出市场竞争模型，在 Irvine 和 Pontiff（2009）、Novy－Marx（2009）等的“无融资约束”的成本模型（其相同点在于都以产品的相似程度作为竞争程度的替代）、Hoberg 和 Phillips（2010）与 Aguerrevere（2009）等的“行业（周期）变迁风险”模型——同样未考虑融资约束，以及 Peress（2010）与 Tooks（2008）等基于行为金融逻辑（内部人交易影响）的模型之外，增加了企业的产品市场竞争战略（产出扩张）面临债务融资 D_i 的“硬约束”的现实情形，并在此基础上全面考量了需求波动 z_i、市场规模 α 等外生随机冲击以及产品异质性程度 γ、生产成本 C_i 等企业内生影响因素与企业/行业绩效（π_i，θ_i）的关联规律。理论研究发现：作为（产品）市场竞争程度的有效度量，产品的异质性程度 γ 与市场的规模 α 的对于企业绩效的影响显著，很多因素正是通过它们直接或间接地决定着公司的产品市场效率以及债务融资的战略价值[①]；而且，非单调相关（“U”形或倒“U”形轨迹）的主流结果刚好印证了本书关于产品市场的适度竞争或垄断有助于公司绩效提升的预期。

可以说，本书的模型从一个“新的角度”进一步印证了“剧烈的竞争有损公司/行业绩效”的命题，而归结其原因则在于：行业竞争的加剧（或产品高度互补时的几乎没有竞争）会导致企业间竞争协作动机的显著弱化以及（生产）成本的“激增”；而且，这很可能就是导致企业收益波动（预期）日益增加（在负债支撑的模式之下还同时表现为破产风险 θ_i 的走高）进而引发公司/行业绩效显著下滑的最主要原因。

可见，弱化竞争并容忍适度的“垄断”，不但有助于降低企业的（生产）成本，亦有利于企业乃至行业整体绩效以及一国经济发展水平（如技术创新与产业升级）的有效提升。模型的结果同时还预示着，要有效“规避”企业的困境风险并保障其绩效的最大化实现，必须保持其行业（内）竞争企业或市场规模 α 的“数量的均衡”，且该均衡是上述“理性竞争”（结构均衡）的一个重要前提，因为“数量决定结构”，行业/市场规模的“结构化优势”——体现为市场竞争的“质量化规模”——的有效发挥很可能存在着一个竞争企业市场参与的“数量边界”；而市场规模 α 的“非理性扩张”——同质（或趋于同质的）竞争企业的数量增加——导致的竞争加剧会显著破坏企业绩效最大化实现的“获利结构或模式”，从而使得相对集中的行业或市场“无从发挥”

① 直观结论有：首先，负债选择与企业的产品市场竞争（PMC）及其绩效实现密切关联，且与其产市场竞争战略一起受到外生的随机冲击与市场规模以及企业内生的产品差异和生产成本等因素的综合影响；其次，产品异质程度与公司间竞争强度、负债选择的非单调结果，为公司理性竞争及其战略管理理念提供重要启示：公司间市场份额的竞争取决于其产品品质的竞争，应倡导基于产品品质创新的理性竞争氛围，这不但可为其创造更多有利的增长机会，也会有效遏制同质公司间盲目或恶性竞争导致其寿命普遍偏短的现状。

其更显著的“结构化优势”。这不仅与企业战略管理、产业组织（“SCP”范式）以及“创造性破坏”等的逻辑分析相暗合，亦与Demsetz（1973）、Novy - Marx（2009）、Irvine 和 Pontiff（2009）、Hoberg 和 Phillips（2010）以及 Haw 等（2008）等的理论预期及其实证结果相一致。

附录 A－1

均衡（最优）负债水平：

承接之前的分析，再将 $\hat{z}_i^*$ 和 q_i^{*d} 即（5－3－9）式和（5－3－10）式代入文中的盈亏平衡条件约束式（5－3－4），即可得到关于利息率 r_i 的企业负债函数：

$$D_i(r_i) = \frac{2(\alpha + C_i)[(\gamma^2 + 2)\alpha - (-\gamma^2 + 2\gamma + 4)]\bar{z} - (10 + 6\gamma)C_i]}{(-\gamma^2 + 2\gamma + 4)^2(1 + \gamma_i)} \tag{A5-3-12}$$

结合破产概率与随机冲击分布以及市场规模的关系式［即（5－3－16）式］，以及债权人理性约束（5－3－2）式，就可得到企业的均衡（最优）负债水平 D_i（r_i^*）$=D_i^*$（略）。

附录 A－2

"债务融资子推论"：

推论 1a：产品的异质程度 γ 反映着企业间潜在竞争的作用强度，并进而影响其产出市场的投融资决策。当 $\gamma \geqslant 0$（产品战略替代）时，企业的负债水平随着 $|\gamma|$ 的增大而提高；当 $\gamma < 0$（产品战略互补）时，企业的负债水平则随着 $|\gamma|$ 的减小而同向降低。

推论 1b：企业的举债行为（负债竞争策略）作为其产出市场竞争的战略选择，与其面临的行业性需求波动 z_i 相关联，外生的行业性需求波动程度 z_i 与企业的（产出扩张或其）负债水平同方向变化，但呈现非单调关系。

6 制度背景分析

“要减少租值的消散，那就要约束竞争。”

——张五常《中国的经济制度》(2008)

结合特定制度背景的描述性分析，既要“吻合”前面的理论分析，即要为已有的理论基础所能“解释”，又要为进一步的实证检验服务。本书第7章实证检验的基本路径是去验证公司产品市场竞争（行业结构、竞争程度）与其异质性风险或其股票回报波动的相关关系，即竞争的加剧是否会导致公司产品市场竞争业绩及其证券市场绩效的关联性下滑？故本章的基本逻辑就是要为考察如下问题铺垫“前奏”，即：可能是哪些宏微观或基本面因素或环境的变迁引致我国（上市）公司产品市场竞争环境的加剧？竞争的加剧可能会导致公司两大要素市场之绩效因素（经营业绩、异质性风险与股票回报等）的哪些关联性变动趋势？

行业竞争结构内生于特定制度环境，即其对于公司风险绩效的影响将受一国之基本经营环境影响，且会随一国市场化进程以及经济环境的变迁而具有“因时、因地”而异的动态特征。这里的“结构”显然也包括证券市场（SM）的公司或行业构成及其多维结构特征，即不同类型的资本市场（如主板、中小板、创业板等）中的（拟）上市公司的大小、强弱、风险高低、上市早晚等结构性特征均会显著影响其异质性风险或回报波动。对应理论分析及其“SICP”范式，本章从公司所在行业/产业的竞争结构及其证券市场的公司或行业构成等多维结构特征、异质性风险与公司/行业绩效的系统关联的视角，对我国上市公司的基本经营环境（行政管制、竞争法规、金融市场发展等）以及宏观经济变迁（新政取向、金融危机）等制度背景对于公司的行业竞争结构及其异质性风险与回报的系统影响即“七类效应”，进行具体而概观的、背景式的描述性统计与关联趋势分析。

6.1 制度环境分析及建设的关键：结构影响

产业组织理论的“SCP”范式已广为学界所接受，并可与新制度经济学、市场结构理论、企业战略管理（竞争优势、战略公司财务等）等理论以及熊彼特的“创造性破坏”等理念互为表里。后续研究或充实其内容，或增加其变量，但无不以“结构”（S）作为其关键性影响因素乃至其逻辑分析的“起点”。本书将制度（I）纳入结构（S）分析的范畴，即是考虑到“结构”作为“制度”或“市场”等用以约束竞争的“合约性”安排，既是制度变迁或市场化改革的结果，又同时是导致其变化与差异的动因[①]，从而形成了本书第 4 章提出的结构（包括制度）决定参与主体行为选择及其绩效的“SICP”范式。再结合近几年（尤其是2008 年后）的中央经济工作会议持续突出“调整产业结构”或“加快推进经济结构战略性调整”的精神、新“36 条”的出台、企业产权改革的深化（央企主营资产将整体上市、做大做强其主营业务、反垄断法等）以及央行强调 2010 年后将“把信贷资金更多投向实体经济特别是‘三农’和中小企业”（融资约束的放宽）的适应性调整等等政策导向及其变迁的大背景，“结构”（S）在制度改革、公共政策及其绩效决定之中的重要影响，亦可见一斑。

“结构”显然具有经济后果，公司所在行业的竞争结构既可能促成有效的竞争并进而有助于提升公司/行业的绩效——存在显著公司市场势力（MP）或适度集中（垄断）的行业结构能有效防止“恶性竞争”、维护各自的竞争（或内部化能力）优势并促进公司间在技术创新等方面的竞争合作或优势共享；也可能“借助”竞争影响进而损害公司/行业的整体绩效——过于分散的行业结构会加剧竞争（产品生产及经营策略趋同）并破坏公司间的战略协作。所以，“结构”当是制度背景分析的关键或起点，而所谓“结构化分析”或特定制度背景的“内涵”就应该包括如下因素：一国的公司基本经营环境或其所在的行业竞争环境如公司的产权结构、产品市场与金融市场（包括证券资本市场）等市场化制度体系的发育、有关竞争的法律等既有的制度约束，政府的政策导向及其新旧变迁，以及（宏观）经济环境的波动（如金

① 在经济学的视野中，“市场”、“结构”与“制度”虽属不同的概念，但其关联又似乎显而易见。张五常（2008）即认为，市场也是制度，都是约束竞争的安排，制度的形成是为了减低租值消散。Stigler（1968）在其名著《产业组织》也指出：产业组织理论的目的就是让我们理解一个经济中各产业（商品或服务的生产者）的结构和行为，该理论研究企业的规模结构（除规模经济之外）的成因，以及集中对竞争的影响，竞争对价格、投资及创新的影响等。而这正是经济理论中的价格或资源额配置理论的内容。参见《企业制度的市场组织》、《市场的结构》及《大裂变》等书。

融危机）等三大方面。本书以“结构（竞争）—风险（信息）—绩效”作为公司产品市场竞争（PMC）与其证券市场效率（SME）的具体关联路径，拟对我国的上述制度环境特征进行具体而概观的描述分析，在制度分析的同时辅之以必要的描述性统计与现实数据的支撑，并适时结合所谓跨国性竞争或国际经济环境变迁（如金融危机、进出口贸易）等的直接或间接影响。

6.2 经济变迁、行业/产业结构与市场竞争：相关政策背景

宏观层面分析是关注产品市场竞争及其影响效应这个主题的理论框架的逻辑需要和内在要求，也是国内外现有的理论分析（建模）与实证研究所普遍遵循的路径。本书对于公司产品市场竞争与其证券市场的效率关联或互动（“PMC - SME”）的研究，即主要基于产品市场（PM）和证券市场（SM）这两个相互关联的中观层面，而其本身也属于宏观层面分析的内容。有别于公司的微观层面，公司所在产品市场及其证券市场之行业竞争结构的中观层面，直接受制于一国宏观经济政策的影响，故宏观层面的分析是本书的逻辑需要。

6.2.1 世界经济变迁大势：发达国家与新兴市场

（1）金融危机后的世界经济在变数中缓慢复苏。

2008 年 9 月全面爆发的国际金融危机，几乎波及全球，欧美国家最严重，主要工业国家在 2009 年第一季度全部陷入不同程度的经济衰退。但在世界各国一系列“空前团结”的危机应对政

策的有效推动和刺激之下[①]，自2009年第二季度起，各国经济状况已开始逐步改善，到第三季度，美国、欧盟、日本等主要经济体均基本实现GDP环比正增长，全球资本市场亦趋向活跃，至2010年底，虽然发达经济体的经济衰退已经结束，并进入复苏状态，但实体经济的恢复进程依然缓慢，主要的经济指标显示世界经济仍处于低谷，且经济复苏进程的地区差异显著[②]。与世界主要发达国家在危机之中的缓慢复苏相映照，新兴经济体虽然受波及，但在危机之中乃至其后，新兴市场国家尤其是发展中人国中国和印度领跑世界经济复苏并成为推动世界经济增长的日益关键的力量，已几乎在同时成为“无可争议”的事实；而且，世界主要经济预测机构的研究报告以及这些国家的经济发展事实均一致表明，这种趋势在2010年及其以后或将更为明朗。2010年以来，世界经济延续了去年经济复苏的势头，新兴经济体继续领先发达经济体，并普遍实现快速增长。但是，“猛药多宜于急症”，依赖政策刺激或推动的经济增长效应不会持续也不可能长期有效。就目前来看，世界经济复苏态势虽在延续，但不确定因素依然较多，加之新生冲击的出现（如欧盟国家主权债务危机的恶化等），在较长期间内低位徘徊的概率依然很大。自2010年第二季度以

① 为应对金融危机，主要国家和国际机构均同时或相继推出稳定金融和刺激实体经济的多种措施，货币政策和财政政策（如大幅降息、处置不良资产、直接向金融机构注资以及行业结构优化重组等）双管齐下。如美国于2009年初即推出7870亿美元经济刺激计划、汽车业重组、继续实施金融救援、购车购房税收优惠等一系列措施，阻止经济下滑；欧盟通过降息及“定量宽松”货币政策刺激经济，并实施了总额2000亿欧元的经济刺激计划；日本政府和央行也采取了一系列刺激政策，并使其经济在发达经济体中率先复苏。

② 如到2009年9月为止，全球工业产出仅为2008年高峰的92%，全球贸易额仅为2008年高峰的82%，全球股票市值仅为金融危机前最高点的71%。至2010年底，多数发达国家的实体经济依然恢复缓慢，失业率居高不下，消费者信心不足，房地产市场持续低迷，完全消化危机冲击仍需时日；在复苏进程方面，亚洲新兴经济体明显快于发达国家，西半球快于欧洲各国；中国、韩国和印尼早在2009年4月就开始复苏，而美国、阿根廷和巴西则大约从2009年8月份才开始复苏；欧洲各国复苏最为缓慢，力量也颇为疲软。

来，由于大规模刺激政策到期或其效应逐步弱化，美国、日本经济复苏明显放缓，欧洲经济复苏虽然超出预期，但内部失衡加剧，后续增长乏力。所以，发达国家“重启”新一轮“量化宽松”政策的概率还有可能增加，日本在最近的大地震之后已经重启类似政策，但收效势必趋弱或会增加逆行风险。发达国家一系列刺激政策的后果目前已经转移至新兴国家，加之中国等发展中国家正面临经济依赖的转型，内外合力导致其通胀压力明显上升，资产泡沫风险上升，本币升值较快，经济下行风险也在积累，这势必延缓经济复苏的进程。依据国际货币基金组织（IMF）、联合国经社理事会和全球一些主要金融机构对 2011 年世界经济形势的预测，2011 年的世界经济将继续实现温和复苏，但增速与 2010 年相比将会略有放缓，而且随着国际大宗商品价格的持续走高和主要发达国家继续坚持宽松货币政策，全球物价水平可能会出现轻微上涨，由发达国家引领的贸易保护主义已经或将重新抬头。IMF 在 2010 年 7 月发表的《世界经济展望》（*World Economic Outlook*）中预测，明年世界经济增长率将从 2010 年的 4.6% 下降到 4.3%，而联合国经社理事会的《2011 年世界经济形势与展望》（2010－12－01）则对 2011 年世界经济发展同时给出了基本预测和相对更为悲观的预测，这与美银美林年度报告的预测基本一致[①]。可见，此后几年世界经济的变数依然很大，参见表 6－1。

表 6－1　世界主要国家与地区 2006—2015 年经济增长率

年份	2006	2007	2008	2009	2010	2011	2012	2013	2014	2015
全球 GDP 增长率*	4.0	3.9	1.6	－2.0	3.6	3.1/1.7	3.5/2.3	—	—	—
发达经济体	2.8	2.5	0.1	－3.5	2.3	1.9/0.1	2.3/1.1	—	—	—

① 美银美林 12 月 15 日发表报告认为，2011 年，全球经济增长与 2010 年相比仍将呈现适度缓慢之势，全球经济增长率将从 4.9% 下降到 4.2%。

（续上表）

年份	2006	2007	2008	2009	2010	2011	2012	2013	2014	2015
欧元区	3.0	2.8	0.5	-4.1	1.6	1.3	1.7	2.7	2.6	2.6
日本	2.0	2.4	-0.1	-5.2	2.7	1.1	1.4	2.7	2.9	3.0
英国	2.8	2.7	-0.1	-4.9	1.8	2.1	2.6	—	—	—
美国	2.7	1.9	0.0	-2.6	2.6	2.2	2.8	—	—	—
转型经济体	8.3	8.6	5.2	-6.7	3.8	4.0/3.6	4.2/3.5	—	—	—
俄罗斯	8.2	8.5	5.2	-7.9	3.9	3.7	3.9	—	—	—
发展中国家	7.3	7.6	5.4	2.4	7.1	6.0/5.3	6.1/5.1	5.4	5.4	5.4
中国	11.6	13.0	9.6	9.1	10.1	8.9	9.0	9.2	9.0	8.8
印度	9.6	9.4	7.5	6.7	8.4	8.2	8.4	8.6	8.3	8.1
最不发达国家	7.6	8.1	6.7	4.0	5.2	5.5/5.3	5.7/5.2	—	—	—
全球贸易额（商品和非要素服务贸易）	—	—	—	—	—	6.6/5.1	6.5/4.5	—	—	—

* 表中2011—2012年数据中前者为基本预测值，后者为悲观预测值，下同。

资料来源：联合国经社理事会。

（2）新兴经济体角色凸显、转型压力加剧。

除在世界经济将在变数中缓慢复苏保持一致的观点之外，上述机构的年度报告亦一致认为，新兴经济体将逐步引领世界经济并成为推动经济尽快复苏的关键力量。据美银美林2010年12月15日的报告，2011年新兴市场的经济增幅为6.4%，新兴市场将占全球GDP增长的四分之三以上，而且，新兴经济体的国内需求将逐步取代出口成为其经济增长的主要推力，新兴经济体在引领世界经济复苏的同时，还将面临巨大的转型压力。国内主流媒体如新华网、新浪网等将欧洲债务危机、世行和IMF改革、中国经济总量升至全球第二、金融监管趋严、美国第二轮量化宽松货币政策、新兴经济体通胀加剧以及汇率争端等事件，列为2010年国际财经重要事件，这也间接表明在世界经济的复苏进程之中，新兴经济体将同时面临机遇和挑战。而我国经济总量跃居全球第二或许更加凸显出中国经济转型的迫切性和必要性，这与我国国内自 2008 年金融危机依赖尤其是近期的一系列新政的适应性调整密切相关。

6.2.2 国内动态：竞争现状、政策背景及新政取向特征

行业竞争结构内生于其特定的制度环境，我国的渐进式改革及其经济发展战略使其（上市）公司的行业竞争结构乃至基本的经营环境均呈现出与发达国家乃至诸多转型经济国家迥然不同的特征，这已成为学术界的定论。而产品市场竞争动态及其战略选择的差异，又催生了“别样”的公司治理结构特征（Bolton，1995）。历经改革开放 30 多年的风雨洗礼，我国的经济环境已逐渐呈现出以下六大基本变迁特征：

其一，是经济的持续快速增长，2008 年世界金融危机的影响“正负并存”[①]。1991—2000 年我国 GDP 的年均增长率为 10.4%，2001—2006 年间我国 GDP 年均增长率仍为 9.8%，而近五年即 2006—2010 年间，面临全球性金融危机的影响，我国的 GDP 年均增长率甚至超过 10.7%[②]，我国国民经济实现平稳较快的增长，GDP 增长速度明显快于世界主要国家或地区（见图 6－1 和表 6－1）；与此相伴随的是企业仍普遍面临着高成长的机遇和挑战，在此影响之下，行业竞争结构的优化集中乃至产业结构的转型升级

① 2008 年的全球性金融危机在深刻影响我国（尤其是东南沿海发达地区）经济的同时，也迫使我国加大经济增长方式转型的决心，从危机后出台的一系列新政的适应性调整特征以及“十二五”规划着意将“调结构”等作为今后经济发展的重点等政策变迁背景即可看出，故谓之“正负并存”。

② 根据《中国统计年鉴》以及“东方财富网——数据中心”（http://data.eastmoney.com/cjsj/gdp.html）计算得到。

压力将势必日益凸显（见第7章分析）。

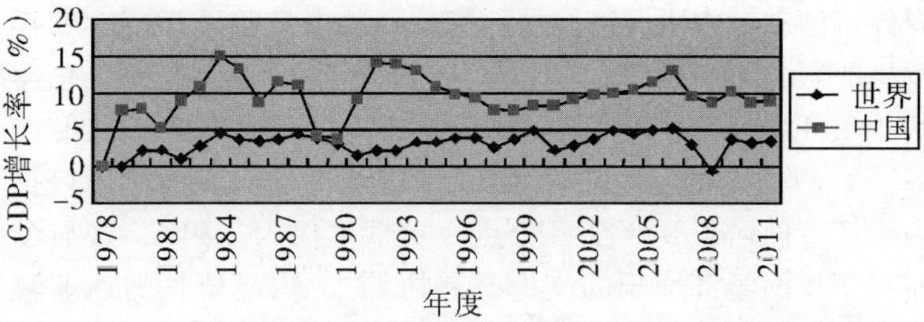

图6-1　1978—2010年我国与世界年度经济（GDP）增长率的关联趋势

资料来源：国家统计局。这是修订后的GDP及其增长率，与世界银行数据库、IMF数据库一致。2011—2012年数据为联合国经社理事会、IMF等机构的（乐观）预测数据，参见表6-1。

其二，是大多数商品的市场供求格局已发生根本性转变，短缺现象已基本消失，但行业市场竞争的加剧导致商品供给失衡甚至普遍趋于“产能过剩”的现象①，在我国很多行业（如家电、食品等制造业）中依然屡见不鲜。

其三，是经济的对外依存度依然很高，但逐渐向内需依赖着力转型。2000年进出口总额所占GDP的比重已达到43.9%，并

① 2011年5月27日《参考消息》转载《华尔街日报》汤姆·奥尔利克的文章《中国经济不会出现突然下滑》。汤姆·奥尔利克分析指出：中国国家统计局最近公布的数据显示，2010年中国以投资为主导的经济进一步偏离轨道。2010年，投资占GDP的比重达创纪录的46.2%，高于2009年的45.2%，而家庭消费占GDP的比重则从2009年的35%下降至33.8%，“较高的投资水平与较低的国内消费水平让我们注意到中国经济面临的种种问题：诸如工业产能过剩、房地产泡沫……”，而且，一些经济部门的产能过剩表明，投资浪费的情况日益严重，“过去10年单位资本的投资回报率是20世纪90年代水平的一半”（日本一桥大学教授伍晓鹰）；但同时也不应忘记，推动发展中经济体增长的不是消费，而是投资，中国在能源、交通等基础设施等领域的巨大投资，对于增加产量、提高收入、促进消费等方面依然贡献显著，“这是中国家庭消费在过去10年中保持年均约8.1%实际增速的原因，尽管消费的增速没有赶上国内生产总值的增速，但依然十分强劲”。

在此后数年持续增加，近五年即2006—2010年间的均值依然高达57%（最高为2006年的64.8%），远高于发达国家和地区水平，世界经济波动对中国经济发展的影响和冲击日益显著，2008年金融危机的影响可见一斑。但是，自2008年以来，进出口总额所占的比重开始逐渐回落，至2010年内需拉动国内生产总值增长9.5个百分点，对经济增长的贡献率达到92.1%，而净出口拉动国内生产总值增长0.8个百分点，贡献率仅为7.9%，这显示内外需对于我国经济增长的支撑日趋协调①，内需依赖的逐渐转型真正开始为经济增长方式的转变以及产业升级奠定基础。

其四，是市场的资源配置功能日益突出，行政性干预将逐渐退出主导地位。近几年，尤其是2008年全球金融危机之后，中央经济工作会议持续突出“调整经济结构”或“加快推进经济结构战略性调整”的精神，而2010年的中央经济工作会议更是将“调结构”和“抑通胀”作为双重战略目标②。2010年出台的《国务院关于鼓励和引导民间投资健康发展的若干意见》，即所谓“新36条”③，在扩大市场准入、推动转型升级、参与国际竞争、创造良好环境、加强服务指导和规范管理等方面，系统提出了鼓励和引导民间投资健康发展的政策措施。作为改革开放以来国务院出台的第一份专门针对民间投资发展、管理和调控方面的综合性政策文件，一系列新政尤其直指2008年金融危机之后我国中

---

① 来自国家统计局的《2010年国民经济和社会发展统计公报》（2010-02-28发布）以及历年的公告。

② “中央经济工作会议定调难题”见《财经》杂志2010年第25期。我国的通胀属于“结构性通胀”，故结合国际经济变迁大势，将“调结构”和“抑通胀”作为双重目标看来势所必然，这在随后的政策取向如加强淘汰落后产能、（规模化）重组行业龙头以及信贷收紧、上调存款准备金率及贷款利率等政策之中已经得到证明。

③ “新36条”旨在深入贯彻落实《国务院关于鼓励支持和引导个体私营等非公有制经济发展的若干意见》（国发〔2005〕3号）即“非公经济36条”等一系列政策措施。

小企业融资难以及存在行业准入障碍等现实[①]。

我国的央行、国资委等部门随后即着手贯彻和落实新政，例如，央行强调2010年后将“把信贷资金更多投向实体经济特别是‘三农’和中小企业”；今后央企将逐步剥离非主营业务（如房地产业等），并加快推进其主营资产的整体上市等（国资委）。政策的推动、融资门槛的降低、更多行业领域的解禁，一系列新政的实施无疑将为广大相对弱小的、更具高风险特征的中小型公司的投融资带来直接的刺激效应。但是，在以市场化为基本取向的改革发展进程中，仅仅依靠政府投资和信贷增长等刺激性政策拉动经济发展，往往只具有短期效应，还更应重视形成推动经济发展的内生动力机制。从政策内涵看——国务院发改委的解读，我国自2008年全球金融危机之后陆续出台的一系列新政的目标似乎正在于此[②]。此时，新政影响之下的融资便利的提升，很可能既有短期的直接刺激效应，也可能表现为系统性的、不太显著的或间接的刺激效应，故融资便利的经济结果即本书关注的产品市场竞争效应，还应该从行业结构和市场竞争程度的系统影响视角，以及在更长的期间进行全面深入的考察。

其五，经济增长方式的转变和产业结构的转型升级已成定

① 根据“新36条”起草过程中对制约民间投资发展的困难和障碍的专门调研，中小企业的融资难问题与民间投资的行业准入障碍、投资能力与水平有待提升、投资的政策环境有待改进一起，共同构成了我国民营经济当前面临的四大主要问题，主要表现为：融资难问题一直未得以根本缓解，直接融资难度大，银行信贷仍是融资主渠道，银行新增贷款主要集中在中小企业中规模相对较大的企业；而国际金融危机的影响，又使得银行信贷更多投向大项目和大企业，中小企业融资难问题更显突出。

② 针对上述问题，“新36条”提出“要进一步拓宽民间投资的领域和范围、鼓励和引导民间资本重组联合和参与国有企业改革、推动民营企业加强自主创新和转型升级、建立健全民间投资服务体系创造良好投资环境”等四大政策措施，以及“要优化民营企业组织结构、推动民营企业技术创新和应用、强化民营企业产品结构调整、鼓励和引导民营企业发展战略性新兴产业”等四个方面的具体措施和要求。这些政策措施与中央拟着力推动带动经济发展的内生动力机制，以及“‘新36条’激活民间投资，如何提高和保证其竞争力是关键”等政策解读的精神一致。

局。我国“十二五”经济发展规划着意“加快调整经济结构”以及积极推动“重规模、上效益”等一系列新政，将配合2008年8月1日开始实施的《中华人民共和国反垄断法》、《中华人民共和国反不正当竞争法》等，从法律和政策法规两大层面为我国新时期经济增长方式的转变、产业结构的转型升级、市场竞争环境的优化，以及政府在经济发展中的功能定位的转变等趋势或预期，奠定基础框架、充实革新的底气，并将成为新时期或后危机时代势必对中国（上市）公司的产品市场竞争及其证券资本市场的发展带来重大及深远影响的里程碑式的事件。

其六，上述的政策变迁背景将直接影响（上市）公司的行业竞争结构的日益转型，这作为我国经济增长方式转变及产业升级的第六个基本特征——也是其最终结果——将日益深化和突出。行业（产业）竞争结构调整的实质是促进产业（尤其是制造业）的升级与转型，（上市）公司所在产品市场的竞争加剧以及具有高风险和高成长等特征的高新技术企业或新兴企业的日益公众化或不断上市，必将基础性地改变和重塑我国企业的产品市场竞争格局，以及其证券市场的公司/行业构成等多维结构特征，而市场风险或公司异质性风险的特征亦必因此而重塑。

加入WTO以后，进一步开放商品和服务市场，并按WTO规则修订相关制度，既是大势所趋，也是中国对WTO的主要承诺。外资（商）的涌入和跨国竞争的普及加剧，也将基础性地改变我国（上市）公司的基本经营环境[①]，但市场竞争加剧的影响会因行业而异，那些更为完善（More Established）的行业，如竞争结构更为优化稳定的，或公司相对市场势力更为协调的，以及风险

① 这也是诸多研究（Irvine and Pontiff, 2009；Haw et al., 2008）均将外资（商）市场份额、跨国竞争、进出口份额等作为衡量公司产品市场竞争（行业结构及其公司市场势力）的一个主要指标的原因。

结构更占优势[①]，或者市场化程度较高、转型相对灵活的行业，自然可以应对自如，但那些市场化程度较低（政府保护程度高、行政垄断强）、竞争实力较弱的产业领域如汽车工业、石化工业以及电信、航空、电力等基础领域，将面临更为显著的行业竞争结构调整的压力，如何发挥规模效益显著行业已有（地位）优势，巩固其市场势力，促进产业/行业的规模化、效益化重组等难题，自然更大且更多。

6.3 我国上市公司的基本经营环境

本节关注导致产品市场竞争加剧的具体因素或环境变迁，即公司所在产品市场的行业竞争结构（行业结构及其公司间的竞争互动）以及其证券市场的公司/行业构成等多维结构特征，与哪些具体的宏微观（基本面）因素与环境的变迁相关联。宏微观各个层面的变迁与公司基本竞争环境的加剧互为因果，而其最终的经济后果可能正是导致公司产品市场竞争业绩与其证券市场绩效的关联性下滑。本节拟基于宏观及微观层面对这种关联趋势进行描述分析。

6.3.1 宏观层面：经济变迁与股市关联

在全球或地区经济一体化背景下，一国经济政策的适应性调整，在很大程度上是对其国家、地区乃至世界的宏观经济变迁的策略甚至战略性反应。宏观层面的波动增加，既是市场竞争加剧的反映或结果，也是导致其竞争进一步加剧以及公司经营或其治理的直接诱因。作为影响一国上市公司之基本经营环境的宏观层

---

① 本书认为，行业的结构可以细分为竞争结构和风险结构，前者主要对应其公司的市场势力的对比，主要看公司的规模大小、实力强弱等；后者则主要指其行业内的更具风险、更依赖技术创新、周期性更显著、成长性更高或收益波动更大等特征的公司的构成，两者相辅相成，互为因果，不宜割裂。

面的关键因素[①]，本节拟分别对我国国内生产总值（GDP）、进出口及内需水平、通货膨胀（CPI），以及央行货币政策的调整（如利率、存款准备金率）等环境与政策的变迁，与我国上市公司所在的产品市场的行业竞争结构及其证券资本市场的发展（如股指、股票市值等）或其多维结构特征，以及公司两大要素市场的可能关联引致的经济后果等（异质性风险或回报波动的显著增加），进行“背景式”的描述和关联趋势分析。

由如下关联趋势的分析可见，我国经济发展宏观层面的变化与世界经济增长的变迁大势日趋同步，我国作为新兴经济体的代表性甚或“引擎型”国家，正日益面临2008年全球性金融危机带来的挑战，由发达国家的贸易保护主义、量化宽松政策以及出口管制的放松等因素导致的国际竞争环境的加剧，使得支撑我国经济持续增长的推动力正日益向“内需依赖”转型。由此推动的国内通货膨胀的增加、人民币的较快升值、流动性的泛滥或资产泡沫风险的上升等，均会导致经济下行风险的压力。图6-2表明，自改革开放以来我国的通货膨胀周期与经济增长周期基本上是重合的，同步趋势显著。但在积极的财政政策和适度宽松的货币政策、促进经济平稳较快发展的一揽子计划或新政的刺激和保障作用下、我国经济增长自2009年第二季度开始表现出明显的回升态势等环境变迁，将势必渗透甚至直接“感染”我国（上市）公司的行业竞争环境及其证券资本市场，并进而影响我国企业或上市公司的整体风险及其综合绩效（见图6-3至图6-8）。从图6-3至图6-8可看到2008年全球金融危机对我国（上市）公司带来的影响，但也可以明显地看出各方面“起升向好”的趋势。

① 我国的证券资本市场的变化主要还是受制于宏观经济和资金面。

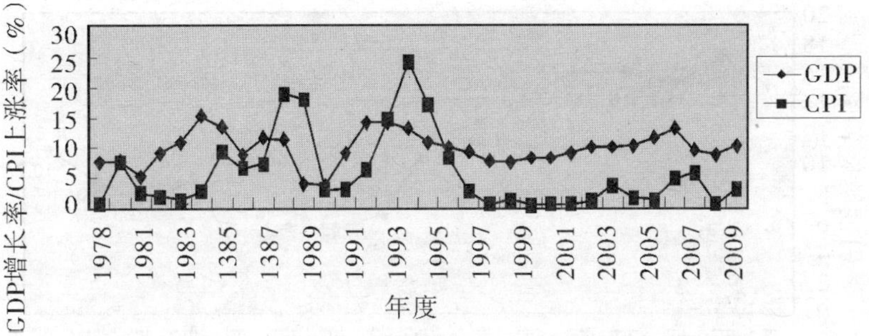

图 6－2　1978—2010 年我国 GDP 年度增长率与通货膨胀率（CPI 上涨率）

资料来源：国家统计局。

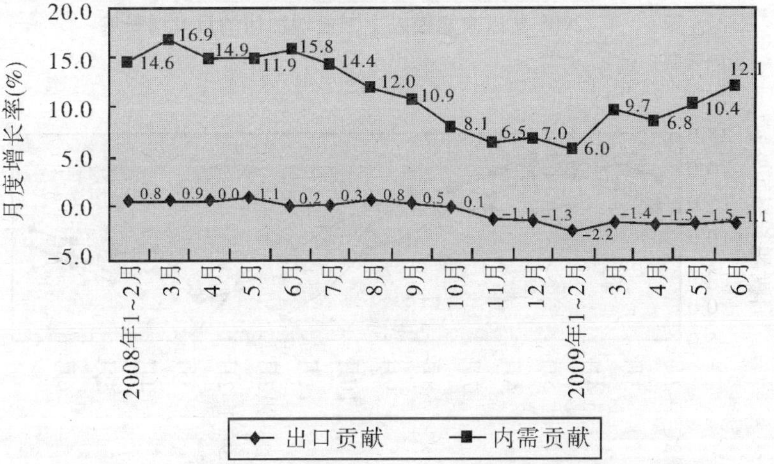

图 6－3　2008 年以来月度内需、外需对我国工业增长的贡献

资料来源：国家统计局。转引自许宪春：《当前我国的经济增长及其变化趋势》，《经济科学》2009 年第 5 期，第 5～18 页。

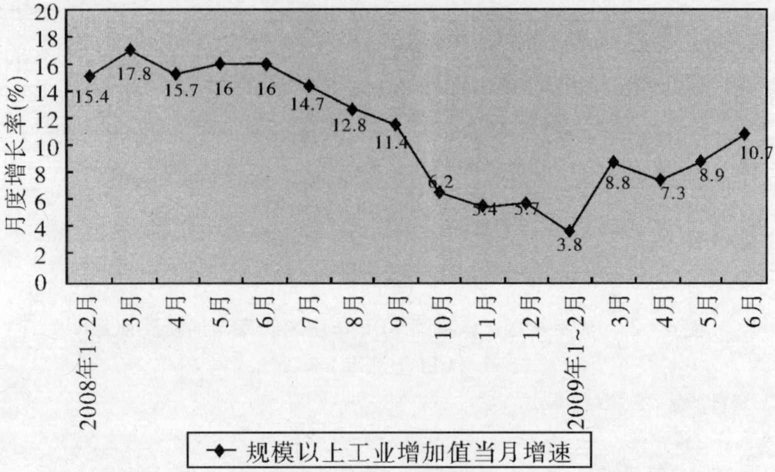

图 6-4　2008 年以来规模以上工业增加值的月度增长率

资料来源：同上。

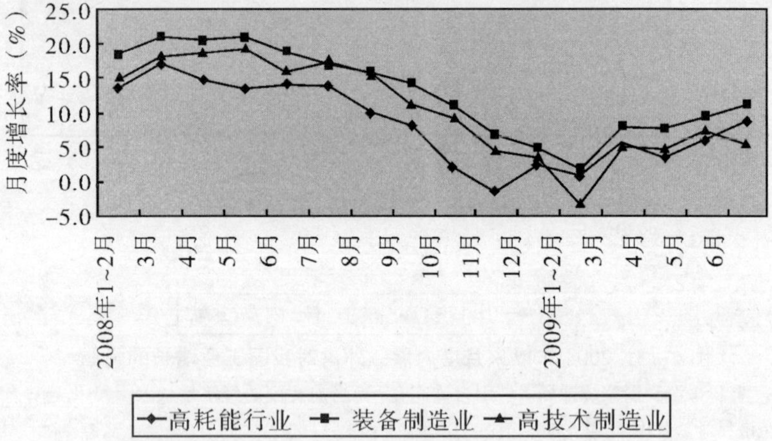

图 6-5　2008 年以来六大高耗能行业、装备制造业和高技术制造业月度增长率

资料来源：同上。

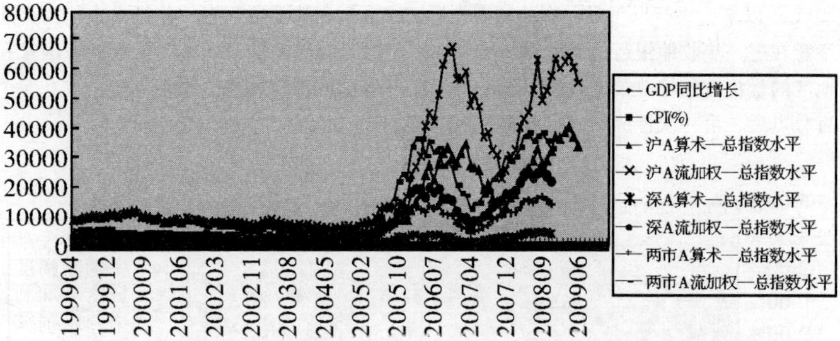

图 6－6　我国 GDP 增长率、CPI 与沪深各种股指的关联趋势

资料来源：CCER（2010）宏观经济数据库以及国家统计局。为节省空间，图中的各种指数计算方法使用了“简称”，详见 CCER 数据库，其中的“算术”指算术平均，“流加权”指流通市值加权。

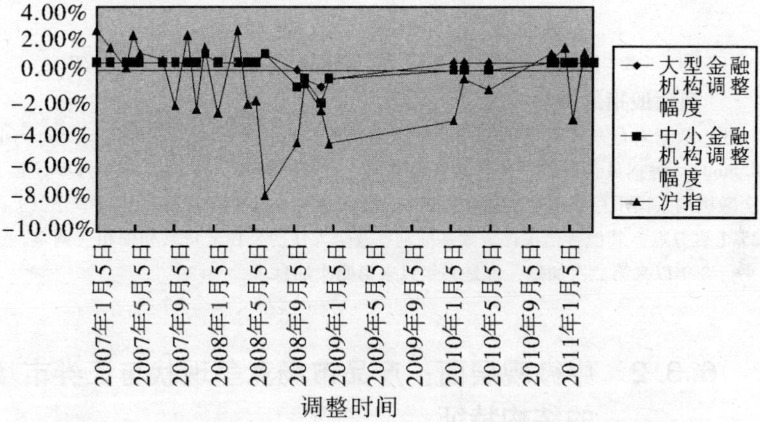

图 6－7　2007—2011 年央行历次调整存款准备金率对股市的影响：与沪指的关联

资料来源：根据腾讯财经网 http：//finance. qq. com（2011－01－14）相关数据整理；在 2007 年之前还有 11 次调整，至今总计 38 次，更多相关数据可参考新浪财经 http：//www. sina. com. cn（2010－02－12）。另据腾讯财经网最新发布的信息，中国人民银行 2011 年 4 月 17 日宣布，从 21 日起，上调存款类金融机构人民币存款准备金率 0.5 个百分点，这是央行 2011 年以来第四次上调存款准备金率，也是央行自 2010 年以来第十次上调准备金率，大中型金融机构存款准备金率已达 20.1% 的历史高位。

2011 年以来，央行以每月一次的频率先后四次上调存款准备金率，分析人士认为，此举意在进一步收缩银行体系的宽裕流动性，而这无疑与美国、日本以及欧洲等国家和地区的量化宽松等政策导致的“输入性通胀”等国情密切相关。据估算，上调 0.5 个百分点后，可一次性冻结银行资金 3600 多亿元。

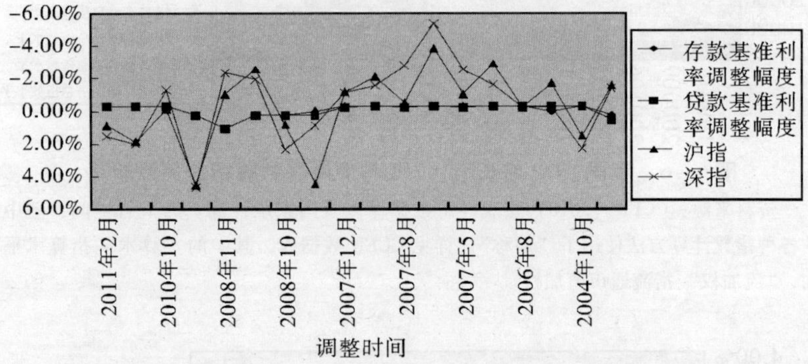

图 6－8　2002—2011 年央行历次调整利率后的股市表现：加息对股指的影响

注：数据来自东方财富网——经济金融数据（http：//data. eastmoney. com/cjsj/yhll. html）。另据最新报道，央行 2011 年 4 月 5 日晚间宣布，自 2011 年 4 月 6 日起上调金融机构人民币存贷款基准利率。其中，金融机构一年期存贷款基准利率分别上调 0. 25 个百分点，其他各档次存贷款基准利率及个人住房公积金贷款利率相应调整。这是央行今年以来第二次加息，也是去年以来第四次加息。

6. 3. 2　中微观层面：产品市场竞争现状与证券市场的结构特征

公司所在的产品市场（PM）的行业竞争环境及其所在的证券资本市场（SM）的公司/行业构成等多维结构特征，构成了（上市）公司风险绩效影响的中微观层面，即公司的基本经营环境，这同时也构成所谓的“公司的治理环境”。这也是本书结合我国的特定制度背景及其新政取向等环境变迁，并基于“SICP”范式以及产品市场竞争之“内生互动效应”与“外生独立效应”

正反两种路径及其“结构—风险—绩效”的关联视角，系统考察我国上市公司产品市场竞争与其证券市场效率的内在关联或互动的“载体”。

(1) 我国上市公司的产品市场竞争现状。

继续秉承“结构化分析”的视角与逻辑，本节对于我国公司产品市场竞争现状的考察，仍然从行业结构及其市场竞争程度影响两大方面入手。结合6.2节关于国际经济环境变迁大势以及我国的政策背景及其新政取向等，我国上市公司的产品市场竞争大势必将呈现滞后现状与革新趋势持续并存的特征，主要表现在如下三大方面：

A. 行业集中度较低，市场竞争激烈。由前节竞争现状分析，历经改革开放30多年的发展，我国的市场供求关系已实现根本性转变，并逐步从供给导向的“短缺经济”向需求导向的经济增长模式转型，内需依赖已经逐步显现出其对我国经济的快速发展得以保持其长期、持续、健康态势的决定意义，尤其是在2008年金融危机之后的新时期，而这也势必同时“造就”我国（上市）公司新的“盈利模式”。目前，我国多数商品基本处于供求基本平衡，但供过于求的产能过剩现象并不鲜见，甚至在很多行业的很长时期均持续存在，这应归咎于产品市场的激烈竞争，而究其深层原因则在于行业竞争结构的分散和低效。与主要发达国家相比，以拥有绝大多数企业以及60%以上的上市公司的制造业(C）为例，我国绝大多数的制造业行业的集中度都非常低，产业组织结构高度分散（魏后凯，2002；2003)，我国制造业的集中度大体只相当于主要发达国家平均水平的一半左右（见表6－2)。行业结构的高度分散化使得我国的一些产业因达不到最小有效经济规模而处于持续的规模不经济状态，数量众多的、规模相近的(小）企业因而更依赖于激烈的竞争（见表6－3)，从而无意于增加其技术创新和研发投入。公司间产品品质的趋同，以及行业进入和退出机制的低效率，很容易引发行业内公司间的投机性掠夺或价格战等不正常乃至恶性的竞争行为。这种现象至今尚未得到有效的改观（具体见表6-7），而垄断行业的低效也同时并存。

表6-2 我国与主要发达国家制造业的行业集中度的均值比较（基于CR4）

国家	年度	产业数	CR4 未加权平均	CR4 加权平均
中国	1995	521	27.4	20.1
美国	1963	417	38.3	40.9
	1992a	456	40.3	40.2
日本 b	1963	512	37.5	35.4
法国	1963	204	42.4	33.1
英国 c	1963	214	58.2	58.4
前联邦德国	1963	200	53.6	42.8

注：a 为按发行额加权；b 为按生产额加权；c 为 CR5 的数据。转引自魏后凯：《中国制造业集中状况及其国际比较》，《中国工业经济》2002 年第 1 期，第 43 页。

表6-3 以HHI（基于销售额）度量的我国制造业的行业集中度（1995年）

HHI 分类	产业数		销售收入	
	数量（个）	比例（%）	总额（亿元）	比例（%）
1~49	102	19.6	17213.55	37.7
50~99	71	13.6	5495.66	12.0
100~199	98	18.8	5121.08	11.2
200~299	53	10.2	4578.86	10.0
300~399	34	6.5	2220.87	4.9
400~499	31	5.9	5253.11	11.5
500~599	54	10.4	3141.30	6.9
1000~1999	48	9.2	1861.48	4.1
2000~2999	15	2.9	240.15	0.5
3000 以上	15	2.9	530.52	1.2
合计	521	100	—	100

资料来源：转引自魏后凯：《中国制造业集中状况及其国际比较》，《中国工业经济》2002 年第 1 期，第 43 页。

B. 低效的竞争与低效的垄断并存。低效的竞争将导致竞争过度，而竞争不足则对应着低效的垄断，这两个方面的渊源不同，但互为因果，而其共同结果则是公司/行业绩效的损失。市场的过度竞争与竞争不足并存，是新兴、转轨经济国家的普遍特征。经历了1989—1997年间的掠夺性竞争，我国的大多数行业开始逐步由分散的竞争结构向着日益集中的垄断竞争甚至寡头竞争结构迈进，但低效的掠夺式竞争并未消亡。同时，由于过多的行政性干预以及行业（公司）自身绩效低下等原因，垄断行业的低效亦很普遍，所以，我国的产品市场上低效的竞争与低效的垄断同时并存。结合我国的制度背景特征，造成竞争不足或垄断低效的渊源，应更多归咎于政府的干预（如国有产权结构）或行业行政性管制（于良春和张伟，2010；邓可斌和丁重，2010；李春涛和宋敏，2010；聂辉华等，2008），而且，诸多研究表明，我国垄断性行业的进入壁垒主要是行政审批、行政干预等行政性壁垒①，而绝对成本优势、规模经济、产品差异以及必要资本量或埋没费用等经济性壁垒还在其次（江伟和史晋川，2005；余东华，2007；于良春等，2008）。低进入壁垒和高退出壁垒的并存（于立和吴绪亮，2007），使得市场竞争对于低效益企业的淘汰作用非常有限，而其最大的“坏处”还在于其将同时引发竞争不足——自然垄断②尤其是低效的行政性垄断的日益强化，以及竞争的过度——利润摊薄、微利经营、公司间竞争互动更为剧烈、对掠夺性风险更为敏感、脆弱的业绩无以形成竞争优势，产品市场的行业竞争结构的日趋畸形及其导致的公司/行业绩效损失（于良春和张伟，2010）因而在所难免（见表6－4）。

① 行业进入壁垒的形成原因很多，主要有规模经济、必要资本量及埋没费用、产品差别、绝对费用、政策法律以及既存企业的战略性阻止行为等（Stigler，1965）。

② 自然垄断是指由于规模经济、范围经济、资源稀缺性、沉淀成本等“自然”的技术和经济原因而形成的垄断。中国的自然垄断行业主要集中在公共基础设施领域，如水电煤气和热力的生产与供应、电信、交通运输、环境卫生设施和排污系统、固体废弃物的收集和处理系统等。

过度竞争行业的市场结构特征是集中度较低、持续性过度供给、生产能力过剩和经济绩效较差（Bain，1954）。考虑到我国新兴、转轨和多元（地区差异显著）的制度环境特征，诱致低效的过度竞争的因素，除了行政干预主导的行业低进入壁垒和高退出壁垒的并存（于立和吴绪亮，2007）之外，行业/企业自身的研发投入不足、创新动机弱化等因素导致的产品同质性程度较高，以及企业（尤其是国企）产权结构及其公司治理缺陷[①]（张维迎和马捷，1999）等是最主要的因素。如下已有研究的相关结果以及本书的最新数据（C节）显著支持以上分析。

表6-4　我国典型垄断行业的行政垄断强度、效率损失与寻租成本

（单位：亿元）

	年份	2001	2002	2003	2004	2005	2006	总计
电力	效率损失额	2713.9	3160.3	3913.7	5129.6	6009.2	7899.5	
	占当年GDP的百分比	2.5%	2.6%	2.9%	3.2%	3.3%	3.7%	
	寻租成本	529.97	576.29	699.26	708.17	1157.73	1689.34	
	占当年GDP的百分比	0.48%	0.48%	0.51%	0.44%	0.63%	0.80%	
	行政垄断强度：2002年前/后						2006年	28826.2
	发电环节		72.1%		61.3%		61.3%	
	输电环节		78.1%		78.1%			
	配电环节		78.1%		78.1%		78.1%	
	售电环节		78.1%		78.1%			

① 例如，国有企业经营者权利与责任不对等。经营者尽管享有相当的控制权收益和事实上的剩余索取权，却没有承担相应的经营风险，这种权利与责任的不对称往往诱使经营者基于其自身利益最大化而制定低于边际成本的价格，进而导致过度竞争（张维迎和马捷，1999）。这不仅致使公司面临更大的风险，也是国有产权虚位、投资者特别是中小投资者利益受损的根本原因。

（续上表）

	年份	2001	2002	2003	2004	2005	2006	总计
电信	效率损失额	1584.6	1822.5	2041.3	2297.1	2567.5	2871	13184
	占当年 GDP 的百分比	1.4%	1.5%	1.5%	1.4%	1.4%	1.4%	
	行政垄断强度：					78.4%		
石油	效率损失额	3403.5	3865.3	5256	7424.7	9574.9	12094.6	41609
	占当年 GDP 的百分比	3.1%	3.2%	3.9%	4.6%	5.2%	5.7%	
	行政垄断强度：					88.3/62.1%a		
铁路	效率损失额	614.2	648.3	677	818.9	921.5	1097.1	4759
	占当年 GDP 的百分比	0.5%	0.5%	0.5%	0.5%	0.5%	0.5%	
	行政垄断强度：					87.8%		

资料来源：于良春、张伟：《中国行业行政性垄断的强度与效率损失研究》，《经济研究》2010 年第 3 期，第 21～25 页。其中，a 分别为中上游石油开采领域（前）和石油炼化领域（后）中的行政垄断强度。

于良春和张伟（2010）关于我国行业行政性垄断强度与其效率损失之关联的研究结果，可以作为我国上市公司（除电信业外）所在产品市场的行业竞争结构的特征导致的公司绩效或其“质量结构”差异的一个侧面证据：与直接关注公司产权结构导致的公司绩效差异的相关研究不同，上述典型垄断性行业的绩效损失的结果刚好可以作为本书强调的“适度竞争或竞争”的“反向”证据，过度的竞争将有损绩效，而垄断的过度也必定是低效的。以下研究成果还表明：我国上市公司的基本经营环境（公司规模及其对应的融资约束、产权性质影响等）将如何系统影响其行为选择与战略取向——小企业（尤其是中小板上市公司）的创新动机更强（陆国庆，2011；李春涛和宋敏，2010），分别见表6－5和表6－6，但国有或大型企业的创新潜力或其基础可能更优（陆毅等，2010；聂辉华等，2008），并同时可以作为本书多维考察行业结构与市场竞争（公司势力的对比）之下的、公司规模或市场势力、产权结构及其所在的证券市场板块类型等“数量结构特征”与公司风险与绩效之关联差异的一个已有证据。

表6－5　我国中小板上市公司与工业企业的创新投入比较：公司规模差异

		创新投入/主营业务收入		
		2006	2007	2008
规模以上工业企业	合计	1.86%		
	有创新活动的企业	2.90%		
大中型工业企业	合计	2.29%		
	有创新活动的企业	2.86%		
小型工业企业	合计	1.03%		
	有创新活动的企业	3.09%		
中小板上市公司	合计	4.35%	4.20%	4.03%
	有创新活动的企业	5.26%	4.56%	4.27%

资料来源：陆国庆：《中国中小板上市公司产业创新的绩效研究》，《经济研究》2011年第5期，第143页。

表6－6　不同的所有制和不同的CEO激励机制下的公司创新比较：产权与激励差异

	国有	民营	无薪酬激励	有薪酬激励	CEO不持股	CEO持股
样本数	803	3542	3267	1078***	3164	1181***
研究投资密度	0.009	0.014**	0.011	0.019***	0.010	0.021***

（续上表）

	国有	民营	无薪酬激励	有薪酬激励	CEO 不持股	CEO 持股
研发决策	0.407	0.384	0.340	0.535***	0.367	0.445***
新产品销售	0.121	0.129	0.115	0.165***	0.119	0.150***
新产品发明	0.426	0.395*	0.356	0.534***	0.379	0.459***
新工艺开发	0.417	0.438	0.389	0.571***	0.406	0.508***

资料来源：李春涛、宋敏：《中国制造业企业的创新活动：所有制与 CEO 激励的作用》，《经济研究》2010 年第 5 期，第 58 ~ 60 页。

C. 产品市场竞争（格局）日益凸显优化集中趋势。结合 2008 年全球金融危机之后世界经济环境之变迁背景和美国等发达国家经济政策的适应性调整（公司/行业规模化甚至集中化、金融方面的量化宽松政策等），以及我国为新时期转变经济增长方式而出台的一系列新政及其政策取向特征，可以预期，我国上市公司产品市场的行业竞争结构乃至产业结构必将面临转型压力，或者已经发生了转型。故本章将产品市场竞争格局的转变趋势单列一节予以描述分析，并采用最新的数据进行对比考察，除与已有研究结果作一对比之外，也为间接凸显我国一系列调整新政的阶段性成果、为我国上市公司产品市场的行业竞争结构变迁或其产业结构的转型与升级，以及与之相关的未来政策的取向特征等，提供数据支撑和决策参考。

由表 6 – 7 可见，时隔 15 年之后的 2009 年，我国上市公司所在行业的市场集中度的分散特征依然持续（更多的公司分布在 200 ~ 400 的 HHI 区间即集中度较低的行业之内），但与表 6 – 2 中 1995 年的情形（魏后凯，2002）相比——虽然分类方法略显粗放，但涉及面更广，很多行业的集中趋势已很明显，如 HHI 值大于 700（A、J、C3、F、D）尤其是 1000 的行业（K、C5、C9、L、G、E、C2、B）分布及其比重均较 1995 年显著增加。不管是国有巨头的垄断强化带来的，还是因为行业准入（如新“36 条”

等）引发更多的公司参与竞争所致，这种集中化的趋势及其绩效都似乎更为显著——较少数公司的行业销售收入占比接近50%（见HHI大于1000的公司销售收入），更详细的数据可见表6-8和表6-9。但是，在公司的研发（R&D）投入、参与数量尤其是创新的效率等方面，更多的国有上市公司（A股主板市场）和规模以上工业企业的表现确实仍相对落后（见表6-5、表6-6），这实际上也反映出我国个别行业（如表6-4中的石油、电力、铁路等）的寡头（过度）垄断的低效率。

表6-7 我国(A股)上市公司2009年行业总体的市场集中度(HHI)分布情况

HHI分类①	行业分布②		公司分布		销售收入	
	数量（个）	比例（%）	数量（个）	比例（%）	总额(元)	比例（%）
1~49	0	0	0	0	0	0
50~99	0	0	0	0	0	0
100~199	0	0	0	0	0	0
200~299	2	9.52	476	27.66	1.68×10^{12}	16.12
300~399	4	19.05	403	23.42	1.83×10^{12}	17.56
400~499	0	0	0	0	0	0
500~599	2	9.52	164	9.53	8.23×10^{11}	7.90
600~699	0	0	0	0	0	0
700~799	2	9.52	119	6.91	2.74×10^{11}	2.63

① 为便于分类及与已有研究比较，这里的HHI分类级段是按照该指标扩大10000倍之后（即市场份额是以百分率%表示）的值划分的，这也是美国、日本等发达国家一般采用的计算方法，这有利于考察HHI值的细微变化，特别是在判断兼并对集中的效果和制定反垄断政策时。除此之外，后面表格中的HHI都按原值。

② 本书的行业划分依据我国证监会发布的《上市公司行业分类指引》（2001），考虑到制造业（C）上市公司的总体比重（超过60%），故只对制造业进行了二级分类，其他行业均采用一级分类。

（续上表）

HHI 分类	行业分布		公司分布		销售收入	
	数量（个）	比例（%）	数量（个）	比例（%）	总额（元）	比例（%）
800～899	3	14.29	172	9.99	8.37×10^{11}	8.03
900～999	0	0	0	0	0	0
1000～1999	6	28.57	343	19.93	2.10×10^{12}	20.15
2000～2999	1	4.76	7	0.41	6.7×10^{9}	0.64
3000 以上	1	4.76	36	2.09	2.87×10^{12}	27.54
合计	21	100	1721	100	10.42×10^{12}	100

数据来源：根据 CCER（2010）等数据库计算得到，HHI 指标定义及其分析参见第 7 章的实证研究设计。

表 6-8　2000—2009 年我国（A 股）上市公司全行业的市场集中度（HHI）　（单位：%/个）

	2000		2001		2002		2003		2004		2005		2006		2007		2008		2009	
	HHI	N	HHI	N	HHI	N	HHI	N	HHI	N	HHI	N	HHI	N	HHI	N	HHI	N	HHI	N
A	0.082	26	0.089	28	0.065	28	0.063	31	0.085	38	0.087	37	0.124	40	0.117	39	0.085	39	0.075	40
B	0.178	12	0.884	15	0.878	15	0.863	20	0.851	22	0.854	22	0.850	22	0.366	30	0.379	32	0.351	36
C0	0.040	52	0.044	53	0.047	55	0.052	53	0.057	54	0.061	54	0.062	57	0.060	61	0.063	61	0.055	67
C1	0.037	51	0.035	54	0.037	51	0.034	55	0.032	61	0.031	62	0.030	65	0.033	69	0.039	70	0.037	71
C2	0.509	2	0.500	2	0.595	2	0.598	2	0.399	3	0.288	4	0.304	4	0.343	4	0.237	6	0.225	7
C3	0.086	21	0.080	23	0.128	23	0.131	24	0.113	27	0.132	27	0.104	32	0.105	31	0.090	34	0.081	40
C4	0.051	119	0.042	128	0.041	132	0.043	139	0.043	150	0.047	148	0.039	154	0.033	165	0.029	176	0.027	186
C5	0.097	30	0.082	32	0.082	35	0.090	38	0.132	43	0.151	47	0.125	53	0.097	68	0.098	73	0.112	79
C6	0.049	98	0.041	103	0.037	115	0.037	118	0.033	126	0.049	125	0.045	135	0.041	142	0.036	145	0.035	151
C7	0.019	165	0.020	174	0.019	184	0.019	193	0.018	210	0.018	210	0.019	219	0.033	237	0.028	248	0.027	290
C8	0.059	53	0.040	70	0.044	74	0.038	79	0.034	92	0.032	91	0.032	96	0.031	99	0.030	100	0.031	109
C9	0.102	15	0.101	16	0.134	16	0.144	15	0.115	17	0.124	18	0.116	21	0.106	25	0.116	26	0.129	27
D	0.065	39	0.127	43	0.106	48	0.093	53	0.085	59	0.085	61	0.078	62	0.075	63	0.084	64	0.085	65
E	0.173	16	0.157	17	0.134	19	0.113	24	0.102	27	0.108	27	0.095	30	0.346	33	0.278	34	0.189	39
F	0.206	38	0.150	44	0.095	49	0.091	54	0.097	57	0.117	57	0.100	63	0.093	67	0.099	66	0.081	67
G	0.060	50	0.055	56	0.120	68	0.145	79	0.161	82	0.163	82	0.143	90	0.152	97	0.211	103	0.180	129
H	0.028	96	0.037	92	0.044	96	0.069	92	0.070	91	0.061	90	0.064	91	0.064	91	0.068	94	0.054	97

（续上表）

	2000		2001		2002		2003		2004		2005		2006		2007		2008		2009	
	HHI	N	HHI	N	HHI	N	HHI	N	HHI	N	HHI	N	HHI	N	HHI	N	HHI	N	HHI	N
J	0.095	31	0.073	40	0.059	43	0.055	53	0.045	57	0.059	57	0.073	59	0.086	67	0.086	72	0.075	79
K	0.078	40	0.062	40	0.059	39	0.063	38	0.057	38	0.061	38	0.055	41	0.194	48	0.043	48	0.140	54
L	0.132	11	0.119	13	0.168	13	0.185	11	0.193	11	0.197	10	0.198	10	0.185	11	0.174	12	0.143	15
M	0.037	84	0.029	86	0.029	85	0.033	80	0.033	76	0.037	74	0.034	75	0.038	73	0.045	71	0.038	72
合计		1050		1130		1192		1252		1342		1342		1420		1521		1575		1721

数据来源：根据 CCER（2010）等数据库计算得到，2010 年最新数据缺失严重，故未包含；HHI 指标定义及其分析参见下章的描述性统计。

表 6－9　2000—2009 年我国（A 股）上市公司全行业的市场集中度（TOP4 或 CR4）　（单位：%／个）

	2000		2001		2002		2003		2004		2005		2006		2007		2008		2009	
	TOP4	N	TOP4	N	TOP4	N	TOP4	N	TOP4	N	TOP4	N	TOP4	N	TOP4	N	TOP4	N	TOP4	N
A	10.95	26	5.86	28	13.74	28	3.41	31	5.44	38	41.97	37	3.07	40	31.18	39	15.39	39	8.92	40
B	29.58	12	0.71	15	1.40	15	0.71	20	93.62	22	1.05	22	1.55	22	7.78	30	1.18	32	2.07	36
C0	6.90	52	7.22	53	3.52	55	15.3	53	3.38	54	2.97	54	16.5	57	3.24	61	27.5	61	2.61	67
C1	11.46	51	4.37	54	4.84	51	13.13	55	3.02	61	1.87	62	3.49	65	7.83	69	1.19	70	0.57	71
C2		2		2		2		2		3		4		4		4	72.23	6	53.07	7
C3	24.54	21	6.88	23	10.84	23	40.22	24	16.01	27	8.70	27	13.96	32	9.58	31	20.01	34	2.03	40

（续上表）

	2000		2001		2002		2003		2004		2005		2006		2007		2008		2009	
	TOP4	N	TOP4	N	TOP4	N	TOP4	N	TOP4	N	TOP4	N	TOP4	N	TOP4	N	TOP4	N	TOP4	N
C4	0. 9	119	0. 93	128	0. 79	132	0. 84	139	1. 22	150	5. 8	148	1. 67	154	2. 69	165	3. 09	176	1. 50	186
C5	16. 86	30	11. 64	32	13. 12	35	26. 62	38	13. 23	43	2. 13	47	1. 49	53	8. 35	68	1. 42	73	12. 09	79
C6	1. 68	98	7. 17	103	2. 13	115	1. 6	118	13. 99	126	1. 19	125	5. 49	135	0. 22	142	5. 4	145	1. 09	151
C7	1. 73	165	5. 11	174	1. 22	184	0. 59	193	0. 54	210	0. 98	210	1. 8	219	0. 69	237	6. 04	248	0. 26	290
C8	14. 75	53	3. 86	70	3. 98	74	9. 08	79	4. 57	92	2. 79	91	3. 61	96	2. 44	99	2. 42	100	4. 06	109
C9	29. 36	15	19. 47	16	48. 98	16	54. 2	15	16. 18	17	17. 78	18	23. 45	21	10. 74	25	4. 41	26	19. 9	27
D	21. 33	39	6. 11	43	3. 83	48	3. 63	53	2. 32	59	25. 12	61	10. 55	62	13. 90	63	5. 82	64	3. 92	65
E	41. 44	16	24. 54	17	21. 0	19	23. 04	24	5. 78	27		27	13. 51	30	62. 57	33	4. 02	34	39. 08	39
F	3. 88	38	2. 85	44	3. 32	49	3. 65	54	1. 79	57	1. 82	57	4. 39	63	13. 17	67	0. 80	66	14. 78	67
G	10. 43	50	2. 20	56	40. 08	68	7. 17	79	0. 11	82	1. 03	82	3. 42	90	0. 58	97	2. 7	103	3. 67	129
H	1. 88	96	4. 72	92	2. 20	96	0. 77	92	2. 41	91	1. 23	90	1. 85	91	2. 19	91	3. 62	94	7. 67	97
J	2. 78	31	6. 66	40	5. 7	43	4. 58	53	8. 45	57	7. 3	57	3. 55	59	8. 07	67	1. 86	72	4. 98	79
K	18. 31	40	6. 04	40	25. 6	39	4. 84	38	10. 15	38	21. 01	38	13. 75	41	1. 65	48	18. 58	48	13. 79	54
L	22. 93	11	44. 48	13	28. 79	13	26. 61	11	39. 73	11	52. 66	10	73. 83	10	23. 2	11	44. 1	12	20. 74	15
M	1. 19	84	4. 20	86	5. 90	85	3. 93	80	4. 89	76	3. 64	74	8. 82	75	4. 93	73	5. 12	71	13. 63	72
合计		1050		1130		1192		1252		1342		1342		1420		1521		1575		1721

数据来源：根据 CCER（2010）等数据库计算得到，2010 年最新数据缺失严重，故未包含；TOP4 或 CR4 为按行业内主营业务收入前四大公司计算的集中度。

（2）我国证券资本市场的发展：结构及其效率。

A. 基本描述。本书理论分析及其实证检验所遵循的“SICP”范式与“结构化分析”路径即“结构（竞争）—风险（信息）—绩效”的关联视角，除包含公司所在产品市场（PM）的行业竞争结构外，也显然包含其所在证券市场（SM）的多维结构特征。这些“结构”包括：证券市场或上市公司整体的行业/公司构成，以及与公司的规模大小（Size）、市场势力强弱（MP）、风险高低或信息不对称性（业绩是否稳定、技术创新依赖或R &D 程度、机构投资者比例、分析师数量及其评价等）、成长机会多少（Growth 或 M/B）、所处板块或分类市场（主板与非主板、行业板块等）差异、管制便利差异（产权结构等）、资产构成差异（有形资产的比重、成长机会与现有资产的贡献差异等）、上市早晚（Age、Listing - vintage 或 IPO 时机）等方面的、公司的“数量与质量”特征性因素相关联的多个维度。如前章的理论分析所述，诸多研究已经表明，上述结构性差异因素（Campbell et al.，2001；Fama and French，2004；Brown and Kapadia，2007；Bennett and Sias，2006；Lowry et al.，2010；Chemmanur and He，2009；Chod and Lyandres，2010；Demsetz，1973；Irvine and Pontiff，2009；Kale，2010；Peress，2010；Hoberg and Phillips，2010）“正在或者已经”与产品市场的行业竞争结构一起，或通过其行业竞争结构而显著决定着（上市）公司的异质性风险及其回报波动特征。本章节立足于影响我国上市公司之基本经营环境的“行业中观层面”，在完成公司产品市场（PM）的行业竞争结构特征的描述之后，对我国上市公司所在证券市场（SM）的多维结构特征进行基本描述：主要区分板块或分类市场差异，所处的行业或年度差异等，并将其与公司规模、市场势力（MP）、产权结构以及成长性高低等公司特征性因素相关联。主要指标的描述分析分别见如下诸表。

表 6-10　2000—2010 年我国境内（A、B 股）上市公司多维结构：总体特征

年份	2000	2001	2002	2003	2004	2005	2006	2007	2008	2009	2010
境内上市公司（A、B 股）总数（家）	1088	1160	1224	1287	1377	1381	1434	1550	1625	1718	2063
上交所上市公司数（家）	572	646	715	780	837	834	842	860	864	870	894
深交所上市公司数（家）	516	514	509	507	540	547	592	690	761	848	1169
境内上市外资股（B 股）（家）	58	56	111	111	110	109	109	109	109	108	108
境外上市公司数（H 股）（家）	—	—	75	93	111	122	143	148	153	159	165
股票总发行股本（亿股）	3791.71	5218.01	5875.45	6428.46	7149.43	7163.54	14926.35	22416.85	24584	26163	33184.35
流通股本（亿股）	1354	1813	2037	2270	2577	2915	5638	10331.52	12579	19760	25642.03
股票市价总值（亿元）	48091	43522	38329	42458	37056	32430	89404	327140.89	121366.44	243939	265422.59
——占 GDP 的比重（%）	53.79	45.37	37.43	36.38	23.46	17.71	42.19	127.14	38.65	71.56	66.69

（续上表）

年份	2000	2001	2002	2003	2004	2005	2006	2007	2008	2009	2010
股票流通市值（亿元）	16088	14463	12485	13179	11689	10631	25004	93064.35	45213.9	151259	193110.41
——占 GDP 的比重%	17.99	15.08	12.19	11.29	7.31	5.81	12.03	36.17	14.37	44.37	48.52
股票成交量（亿股）	4758.4	3152.29	3016.19	4163.08	5827.73	6623.73	16145.23	36403.76	24131.39	51106.99	3678.72
股票成交金额（亿元）	60827	38305	27990	32115	42334	31665	90469	460556.22	267112.64	535987	49581.77
股票发行量（亿股）	512.04	141.48	291.74	281.43	227.92	567.05	1287.77	413.27	114.91	260.38	561.33
股票筹资额（亿元）	2103.08	1252.34	961.75	1357.75	1510.94	1882.51	5594.29	4590.62	1034.38	1879	4882.63
上证综合指数（收盘）（%）	2073	1646	1358	1497	1267	1161	2675	5261.56	1820.81	3277	2808.08
深证综合指数（收盘）（%）	363	476	389	379	316	279	551	1447.02	553.3	1201	1290.87

（续上表）

年份	2000	2001	2002	2003	2004	2005	2006	2007	2008	2009	2010
平均市盈率（静态）											
——上海	52.76	49.71	34.5	36.64	24.29	16.38	33.38	59.24	14.86	28.73	22.48
——深圳	56.04	39.79	38.22	37.43	25.64	16.96	33.61	72.11	17.13	46.01	—
投资者开户数（万户）	6123	6899	6842	6981	7216	7336	7854	13886.18	15198.01	17150	13391.04

资料来源：中国国家统计局网站，http：//www.stats.gov.cn/tjsj/；中国证监会网站，http：//www.csrc.gov.cn/pub/newsite/sjtj/zqscyb/（证券市场分月统计数据）；深交所网站；《深圳证券交易所市场统计年鉴（2000—2009）》；上交所网站，http：//www.sse.com.cn/sseportal/ps/zhs/home.html。2010年数据来自东方财富网——全国股票交易统计表，http：//data.eastmoney.com/cjsj/gpjytj.html。

我国金融业主要由银行业、证券业和保险业构成。自危机之后即2009年初开始恢复增长，波动虽然较大但增长幅度较高，由证券交易业和银行业主导的我国金融业依然保持快速增长。由表6-10即2000—2010年我国境内（A、B股）上市公司的总体结构特征来看，我国股票资本市场在国民经济中的地位已日趋显著，股市已确实成为我国宏观经济的“晴雨表”，这可以参见图6-9，即股票市值占GDP的比重及其关联趋势，以及前文中关于我国GDP增长率与股指的关联趋势（见图6-6）。

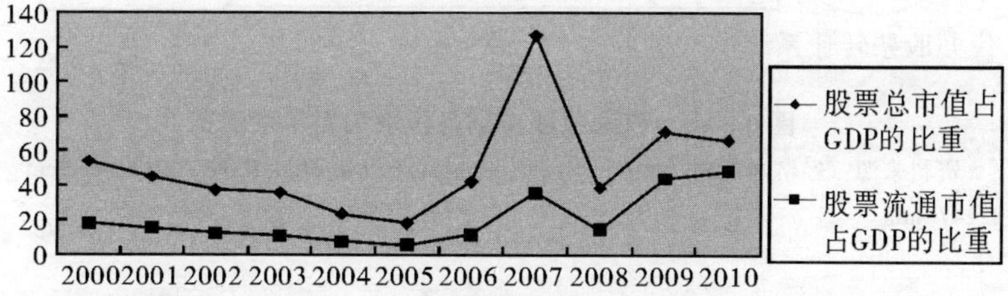

图6-9 2000—2010年我国境内上市公司（A、B股）市值占GDP的比重（%）

数据来源：根据CCER（2010）等数据库计算得到，参见表6-10。

B. 证券市场的发展：多维结构特征及其效率。我国的证券资本市场至今已有20年的发展历史，中小板和创业板等“非”主板市场已成功推出，上海“国际板”（A股）正呼之欲出，自2010年之后，我国多层次的证券资本市场已经得以逐步确立，沪深市场的功能定位将更加清晰：沪市将以“蓝筹板”和筹备中的“国际板”（主要吸引的是世界500强企业）为平台，传统产业和国有企业占主要比重，以凸显其大市值、蓝筹股为核心的价值型市场特征，而深市则以中小板和创业板为载体，着重吸纳新兴产业和民营企业上市，成长型市场和成熟行业“平分秋色”的多层次市场特征将更趋明显（见图6-10及图6-12）。

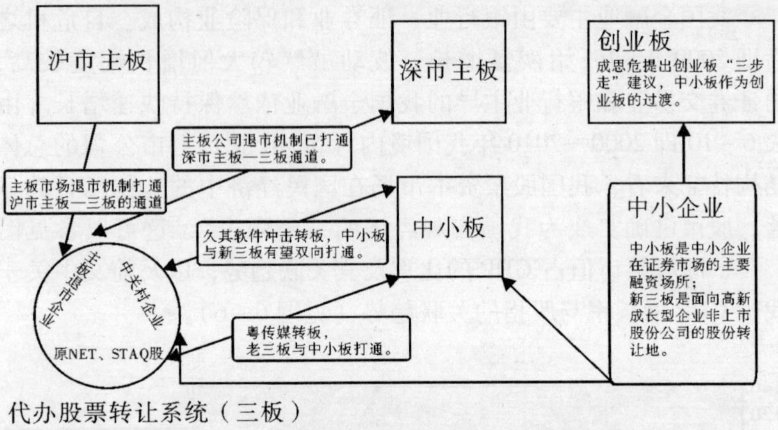

图6-10　我国股票市场各板块关系示意图

资料来源：经济参考报，http：//jjckb. xinhuanet. com/sdbd/2009-09/22/content_182247. htm。

由表6-11（a、b）可见，就目前情形，无论从数量还是从其“价值影响”来看，确实就像创业板成立之初监管层和学术界所预想的那样，我国证券资本市场的变化“主要还是受制于宏观经济和资金面”，创业板推出1年多来，并没有破坏市场环境即显著加剧（股指明显波动或发生趋势逆转）市场整体的风险，也没有对主板市场资金分流造成太大影响，反而给投资者提供了更多的热点机会。作为我国多层次资本市场体系的重要“一维”，创业板成立之初即定位“两高六新”企业，该市场服务于推动国家战略性新兴产业①乃至宏观经济结构调整的功能在其成立初期就得以显著体现。

---

① 2010年底，国务院明确了国家战略性新兴产业规划及支持的七个领域，即节能环保、信息产业、生物产业、新能源、新能源汽车、高端装备制造业和新材料，这标志着我国新兴战略产业框架已经成型。

表 6 - 11a　我国（A 股）上市公司的多维结构：板块差异

年份	A 股主板市场（除中小板）			中小板市场			创业板市场		
	公司数量	比重（%）①	流通市值比重（%）	公司数量	比重（%）	流通市值比重（%）	公司数量	比重（%）	流通市值比重（%）
2000	1030	94.67	83.73						
2001	1104	95.17	84.15						
2002	1113	90.93	86.82						
2003	1176	91.38	84.53						
2004	1267	92.01	86.32	39	3.08				
2005	1272	92.12	86.43	50②	3.93	1.36			
2006	1325	92.4	76.31	119	8.98	1.86			
2007	1441	92.97	71.2	220	15.27	2.87			
2008	1516	93.29	71.33	272	17.94	4.90			
2009	1610	93.71	49.08	357	22.17	3.50	109③	6.77	—
2010	1955	94.76	—	531④	27.16	—	200⑤	10.23	—

注：

①主板 A 栏中的“比重”为 A 股占整个 A、B 股当年指标的比重；中小板与创业板列的“比重（%）”则是其分别占 A 股（含中小板、创业板）当年指标的比重。

②2005 年 6 月 20 日至 11 月 21 日，中小板 50 家公司股改完成，成为国内第一个全流通板块。

③截至 2009 年 10 月 30 日，见 CSMAR 基本数据。

④截至 2010 年 12 月 31 日的数据，见中国上市公司资讯网。

⑤截至 2010 年 10 月 29 日，已经有 130 多家企业进入创业板，且创业板上市公司以平均每周 3 家的速度增加，故至今应该超过 200 家。

表 6－11b　我国证券市场（A 股）的多维结构：板块差异（收益风险特征）

年份	A 股主板市场（除中小板）			中小板市场			创业板市场		
	年均换手率（%）	年均市盈率（%）	年均回报率（%）	年均换手率（%）	年均市盈率（%）	年均回报率（%）	年均换手率（%）	年均市盈率（%）	年均回报率（%）
2000	4.54	148.4	32.06						
2001	2.02	133.2	-0.04						
2002	1.89	116	-0.03						
2003	2.06	84.04	-0.02						
2004	2.91	66.35	-0.05						
2005	3.51	49.43	-0.03	5.63	19.81	6.72			
2006	6.002	70.56	39.72	4.19	31.43	12.84			
2007	10.46	179.95	61.48	4.92	40.37	25.69			
2008	5.61	68.06	-0.3	4.77	28.09	-0.36			
2009	9.91	106.76	54.71	25.89	83.43	45.42	—	—	—
2010	—	—	—	—	—	—	—	—	—

数据来源：主板及中小板数据根据 CSMAR2010 及 CCER2010（中小板）手工整理；创业板数据截至 2010 年 10 月 29 日，参考中国上市公司资讯网数据统计专栏，http：//www. cnlist. com/Zxb/List. aspx？Code＝1706；东方财富网，http：//quote. eastmoney. com/chuangyeban. html；深交所网站；《深圳证券交易所市场统计年鉴（2000—2009）》；上交所网站，http：//www. sse. com. cn/sseportal/ps/zhs/home. html；中国证监会网站；《中国证券期货统计年鉴（2009）》的相关数据计算整理。

根据已有数据统计，截至2010年底之前已上市的近200家创业板公司中，属于国家七大战略性新兴产业的公司已超过其总数的43.9%（见表6－11a）[①]。但鉴于创业板公司股本规模较小，股价相对比较容易操控，导致投资者面临较大的市场波动风险，故需要更多的制度和规则来抑制投机，以有效缓解创业板“三高”问题[②]。理论界普遍认为，创业板“三高”应主要归咎于创业板开板初期上市公司的数量结构的不平衡，随着创业板上市产业及其公司的日益多元化，规模和实力显著、创新能力更强乃至业绩增长空间更大的行业龙头企业的广泛参与，必将推动和加快创业板公司高风险结构的“发展性”解决。

中小板是介于创业板和主板之间的一个板块，是主板市场的补充，其成立之初就是为与将来的创业板市场相衔接，以逐步形成创业板市场的初始资源。中小板具有创业板的成长性特点，但风险性低于创业板，也不会为市场整体增加新的风险因素——上市标准与主板相同。但考虑到该板块的中小规模集中及其业绩波动特征（经营稳定性不够高、容易被炒作、行业差异显著等），其风险结构特征也将与主板市场略有不同，参见表6－11（a、b）以及表6－14关于各板块公司规模与市场势力以及行业分布的统计结果。

如下基于最新数据统计的图表，总体描述了我国证券资本市场在板块构成（见表6－12、图6－11）、风险回报差异——包括成长性（见图6－12）、指数收益波动（见表6－13）——等方面

① 创业板有113家公司获得国家高新技术认证，占87%；有32家获得国家创新基金的支持，占25%；有17家拥有国家“863”计划项目，占13%。

② 即平均市盈率、平均发行价格和超募资金比例“三高”。2010年底，已上市创业板公司发行市盈率均值为66.1倍，平均发行价格为32.6元，这与沪深300指数公司目前平均29.9倍的市盈率和18.2元的平均发行价格相比明显偏高。

的多维结构特征①，这些结果还可与后面关于我国A股上市公司的“市场规模或势力（Market Share）”（见表6-14）以及“时间结构差异”（IPO之后的分时段）特征（见表6-15）“互为表里”。这与以上诸表的“数量和质量特征”统计结果一起，共同构成或塑造了我国上市公司和证券市场的风险回报结构。

表6-12　截至2010年10月31日我国沪深股市各板块的总市值和流通市值

（单位：亿元）

板　块	股票数量	总市值	流通市值	总市值均值	流通市值均值
沪市	938	17.8万	14.13万	189.77	150.64
深市主板	527	4.37万	3.26万	82.89	61.89
中小板	531	3.54万	1.62万	66.60	30.41
创业板	153	0.74万	0.20万	48.14	13.11

资料来源：参考罗国庆（2011）的《深证系列指数2010年运行综述报告》第136期，与本书统计结果一致。

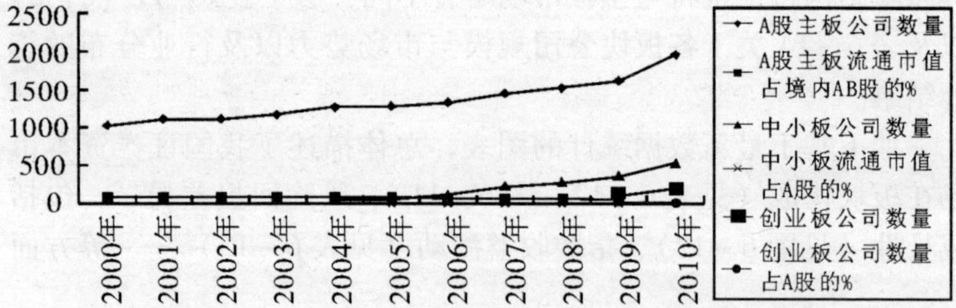

图6-11　2000—2010年我国A股上市公司板块差异比较

资料来源：根据CCER（2010）等数据库计算得到，参见表6-11a。

① 依据罗国庆（2011）的《深证系列指数2010年运行综述报告》的统计结果，中小板尤其是创业板的高风险收益特征（2006—2010年日均收益的变异系数最高）相对更为显著。

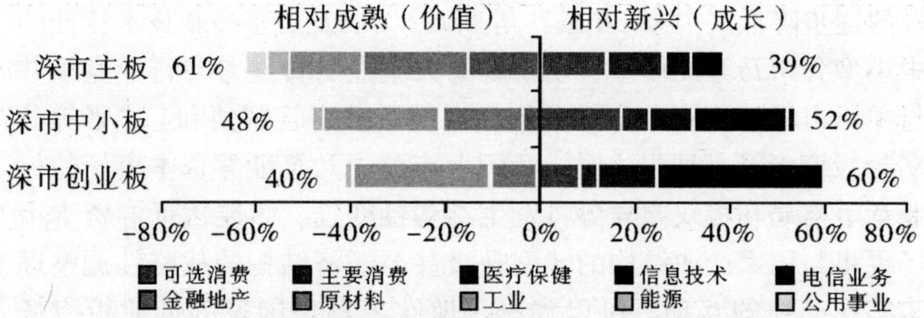

图 6－12　我国深市的多层次结构：成长性与行业完善程度差异（2010－12－31）[①]

资料来源：同表 6－12。

表 6－13　2006—2010 年我国深市各板块指数历年收益率比较

（单位：%）

板块	2006	2007	2008	2009	2010	累计收益	年化收益	日均收益率	Std.	变异系数
深证成指	127.85	167.33	－62.98	112.93	－8.08	341.32	34.57	0.148	2.27	15.34
中小板指	76.30	154.35	*－53.84*	98.22	*22.17*	*401.32*	*38.05*	0.158	2.26	14.28
创业板指	—	—	—	—	12.27	12.27	12.27	0.078	2.45	31.53
深证 100	*129.89*	*181.67*	－63.20	*115.02*	－3.30	395.45	37.72	0.157	2.26	14.34
沪深 300	125.23	163.28	－65.61	98.58	－11.58	258.11	29.06	0.129	2.18	16.93

资料来源：同表 6－12。采用全收益进行指数比较，斜体表示当年最高收益率。

目前看来，我国的“非”主板市场虽然还不具有显著影响资本市场风险与回报的相对“分量”，但随着时间的推移，特别是我国产业结构的转型升级推动的垄断性行业的禁入放松、融资门

① 这可以作为本书所谓的公司的风险结构特征的一个来自行业层面（成长性影响及行业的完善程度）的描述性证据。

槛的逐步降低（“新36条”等新政），以及更多高新技术特征的中小型公司乃至规模型、创新型的大企业的日益参与行业竞争并与主板市场的传统大公司（依靠规模及政府管制便利）“平等分享”投资者及其回报之时，我国上市公司乃至证券资本市场的行业竞争格局和板块差异势将发生结构性变迁，多层次证券资本市场也将与国家产业结构的转型升级甚至经济结构的战略性调整逐步实现良性的互动。可以预见，像欧美发达国家的创业板市场（如纳斯达克等）的存在及其影响那样，我国“非”主板市场或多层次证券资本市场的发展必将日益影响甚至左右我国的国民经济，而对其市场板块差异、公司规模与市场势力（MP）影响以及基于“结构化视角”系统关注公司产品市场竞争与其证券市场效率关联或互动（“PMC－SME”）等的学术研究也将日益成为“显学”。表6－11（a、b）尤其是下面区分板块的公司“规模势力差异”（见表6－14）及“产权结构差异”（见表6－16）[①] 的相关统计描述，也均潜在表明了我国上市公司市场势力（MP）可能来源或其制度渊源（包括其变化），以及由其主导的公司/行业的风险与绩效差异特征。

① 由表6－16的不完全统计可见，我国沪深A股市场各板块之中，国有股持股比重虽然仍相对“最大”，但其随时间弱化的特征亦很显著，而机构投资者的比重却呈现增加趋势，这与中国证监会2008年《中国资本市场发展报告》关于“投资者结构不合理、机构投资者规模偏小、发展不平衡”的结论以及投资者比例畸形（2007年底个人投资者比例为51.29%，证券投资基金只占25.68%，一般机构投资者仅占16.63%）、短期投机交易和暴涨暴跌频繁局面的描述相比，已略显改观（但机构投资者是否能有效缓解市场波动还有待研究）。这应该归功于我国政府推行的规模重组、国有主营资产剥离上市以及垄断性行业的禁入放松等一系列新政的积极效应。

表 6 - 14a　2000—2004 年我国（A 股）上市公司的多维结构：分行业规模结构差异①（按市场份额大小）

（单位：个）

	2000			2001			2002			2003			2004		
	<1%	1 - 10%	>10%	<1%	1 - 10%	>10%	<1%	1 - 10%	>10%	<1%	1 - 10%	>10%	<1%	1 - 10%	>10%
A 股主板市场（不含中小板）															
A	3	20	3	6	32	2	6	19	3	9	21	1	14	23	1
B	0	10	2	13	20	1	13	1	1	18	1	1	20	1	1
C0	22	30	0	22	1	1	26	28	1	25	27	1	30	21	3
C1	23	28	0	24	30	0	22	29	2	26	29	0	24	33	0
C2	0	0	2	0	0	2	0	0	0	0	0	2	0	0	3
C3	0	20	1	1	21	1	4	18	1	5	18	1	8	16	2
C4	106	11	2	114	13	1	117	14	1	125	13	1	130	11	2
C5	10	18	2	9	21	2	15	18	2	20	15	3	27	12	2
C6	74	23	1	78	24	1	88	26	1	91	26	1	94	28	1
C7	137	28	0	147	27	0	159	25	0	167	26	0	179	22	0

① 按照公司销售额占其所在行业销售额的比重（Market Share）分组，数据来自 CCER（2010）数据库。依据其实际数据的排序分布情形，分组标准依次分别为：市场份额小于 1%、1% ~10% 以及 10% 以上三个样本组，各个取值区间前开后闭。中小板只有 2004—2009 年的数据，创业板只有 2009 年的数据。

（续上表）

	2000			2001			2002			2003			2004		
	<1%	1-10%	>10%	<1%	1-10%	>10%	<1%	1-10%	>10%	<1%	1-10%	>10%	<1%	1-10%	>10%
A股主板市场（不含中小板）															
C8	27	24	2	43	27	0	48	25	1	49	29	1	59	27	0
C9	0	10	5	0	12	4	2	11	3	1	11	3	1	11	3
D	14	23	2	25	16	2	27	20	1	29	23	1	36	21	1
E	5	9	2	5	9	3	5	11	3	8	13	3	7	17	3
F	16	21	1	22	21	1	29	19	1	37	15	2	38	16	2
G	22	27	1	29	25	2	48	19	1	60	18	1	67	12	2
H	66	30	0	61	30	1	69	26	1	65	26	1	67	22	1
I	0	0	1	0	0	1	0	0	1	0	0	1	0	0	1
J	11	18	2	15	23	2	17	24	2	25	26	2	28	28	1
K	17	21	2	14	24	2	14	24	1	11	25	2	12	23	2
L	1	7	3	2	7	4	2	8	3	2	6	3	1	7	3
M	51	32	1	50	36	0	54	31	0	47	33	0	43	32	1
合计	605	410	35	680	419	33	765	396	30	820	401	31	885	383	35
中小板市场															
A													—	—	—
B													—	—	—
C0													0	—	—

（续上表）

	2000			2001			2002			2003			2004		
	<1%	1–10%	>10%	<1%	1–10%	>10%	<1%	1–10%	>10%	<1%	1–10%	>10%	<1%	1–10%	>10%
C1													—	0	4
C2													—	—	—
C3													0	0	1
C4													0	3	4
C5													0	0	2
C6													0	0	3
C7													1	6	2
C8													0	1	5
C9													0	0	2
D													0	0	1
E													0	—	—
F													0	0	1
G													0	0	1
H													0	0	1
I													—	—	—
J													—	—	—
K													—	0	1
L													—	—	—
M													—	—	—
合计													1	10	27

表 6-14b 2005—2009 年我国（A 股）上市公司的多维结构：分行业规模结构差异①（按市场份额大小）

（单位：个）

	2005			2006			2007			2008			2009		
	<1%	1-10%	>10%	<1%	1-10%	>10%	<1%	1-10%	>10%	<1%	1-10%	>10%	<1%	1-10%	>10%
A 股主板市场（不含中小板）															
A	15	19	2	16	18	3	17	16	2	15	19	3	10	20	3
B	20	1	1	20	1	1	23	2	2	25	2	2	27	2	2
C0	32	20	2	34	18	2	35	17	2	36	16	2	34	19	2
C1	23	33	0	25	30	0	26	29	0	25	28	2	22	30	1
C2	0	0	3	0	1	2	0	1	2	0	1	2	0	1	2
C3	9	16	1	8	16	2	6	15	3	5	16	3	7	13	3
C4	127	12	2	117	20	1	114	22	1	109	28	1	105	31	1
C5	29	12	2	24	17	2	23	18	2	25	16	2	28	13	3
C6	94	26	1	94	26	1	89	27	1	86	30	1	86	26	1

① 按照公司销售额占其所在行业销售额的比重（Market Share）分组，数据来自 CCER（2010）数据库。依据其实际数据的排序分布情形，分组标准依次分别为：市场份额小于 1%、1% ~10% 以及 10% 以上三个样本组，各个取值区间前开后闭。中小板只有 2004—2009 年的数据，创业板只有 2009 年的数据。

（续上表）

	2005			2006			2007			2008			2009		
	<1%	1-10%	>10%	<1%	1-10%	>10%	<1%	1-10%	>10%	<1%	1-10%	>10%	<1%	1-10%	>10%
C7	174	24	0	178	21	0	172	22	1	174	21	1	177	23	1
C8	58	27	0	57	29	0	57	29	0	54	32	0	52	31	1
C9	3	9	4	5	6	5	5	7	4	5	7	4	4	8	3
D	39	20	1	40	19	2	41	19	2	41	18	3	43	18	2
E	7	18	2	7	18	2	18	9	1	20	7	2	22	5	4
F	38	15	2	47	11	3	49	13	3	49	12	3	48	10	4
G	67	12	2	67	14	1	67	13	2	68	12	2	66	12	2
H	68	20	1	67	21	1	65	21	1	64	21	1	64	20	1
I	0	0	1	0	0	1	0	0	1	0	0	1	0	0	1
J	24	32	1	30	28	1	42	21	1	47	19	1	48	22	2
K	15	20	2	15	21	1	20	17	1	14	21	2	20	17	2
L	0	7	3	2	5	3	2	4	4	3	3	4	3	4	4
M	44	29	1	43	31	0	42	29	1	40	29	1	39	30	1
合计	886	372	34	896	371	34	913	351	37	905	358	43	905	355	46
中小板市场															
A	0	0	1	0	0	3	0	0	4	0	0	5	0	3	4
B	—	—	—	—	—	—	0	1	2	0	1	2	0	3	2
C0	0	—	—	0	0	3	0	3	4	0	1	6	0	9	3

（续上表）

	2005			2006			2007			2008			2009		
	<1%	1–10%	>10%	<1%	1–10%	>10%	<1%	1–10%	>10%	<1%	1–10%	>10%	<1%	1–10%	>10%
C1	—	1	5	0	6	4	0	11	3	0	12	3	0	16	2
C2	0	0	1	0	0	1	0	0	1	0	0	3	0	1	3
C3	0	0	1	0	3	3	0	3	4	0	7	3	0	11	3
C4	0	3	4	0	14	2	2	25	1	11	27	0	12	32	0
C5	0	—	4	0	6	4	0	25	0	2	28	0	3	29	0
C6	0	1	3	1	10	3	7	15	3	6	20	2	10	26	1
C7	1	8	3	1	16	3	14	27	1	25	26	1	45	27	1
C8	0	1	5	0	7	3	0	11	2	1	11	2	1	15	3
C9	0	0	2	0	1	4	0	4	5	0	6	4	0	8	4
D	0	0	1	0	0	1	0	0	1	0	0	2	0	0	2
E	—	—	—	0	0	3	0	1	4	0	0	5	0	3	5
F	0	0	2	0	0	2	0	0	2	0	0	2	0	0	4
G	0	0	1	0	6	2	1	10	4	1	17	3	7	23	2
H	0	0	1	0	0	2	1	2	1	0	7	1	1	9	1
I	—	—	—	—	—	—	—	—	—	—	0	—	—	—	—
J	—	—	—	—	—	—	0	0	3	0	1	4	0	4	3
K	0	0	1	0	2	2	0	5	5	0	6	5	0	8	4
L	—	—	—	—	—	—	0	0	1	0	0	2	0	0	2
M	—	—	—	—	0	1	0	0	1	0	0	1	0	0	2
合计	1	14	35	2	71	46	25	143	52	46	170	55	79	227	51

（续上表）

	2005			2006			2007			2008			2009		
	<1%	1－10%	>10%	<1%	1－10%	>10%	<1%	1－10%	>10%	<1%	1－10%	>10%	<1%	1－10%	>10%
创业板市场															
A													—	—	—
B													—	—	—
C0													—	—	—
C1													—	—	—
C2													—	—	—
C3													0	0	3
C4													0	0	5
C5													0	0	3
C6													0	0	1
C7													0	14	2
C8													0	0	6
C9													—	—	—
D													—	—	—
E													—	—	—

（续上表）

	2005			2006			2007			2008			2009		
	<1%	1－10%	>10%	<1%	1－10%	>10%	<1%	1－10%	>10%	<1%	1－10%	>10%	<1%	1－10%	>10%
创业板市场															
F													0	0	1
G													0	15	2
H													0	0	1
I													—	—	—
J													—	—	—
K													0	0	3
L													0	0	2
M													—	—	—
合计													0	29	29

数据来源：来自 CCER（2010）数据库。中小板只有 2004—2009 年的数据，创业板只有 2009 年的数据。

表 6－15 我国（A 股）上市公司的多维结构：上市时间差异（Age①）

	2000				2001				2002				2003				2004			
	公司数	换手率（%）	市盈率（%）	回报率（%）	公司数	换手率（%）	市盈率（%）	回报率（%）	公司数	换手率（%）	市盈率（%）	回报率（%）	公司数	换手率（%）	市盈率（%）	回报率（%）	公司数	换手率（%）	市盈率（%）	回报率（%）
Age≤1 年	0	—	—	—	0	—	—	—	0	—	—	—	0	—	—	—	0	—	—	—
1＜Age≤3 年	0	—	—	—	0	—	—	—	0	—	—	—	0	—	—	—	0	—	—	—
3＜Age≤5 年	0	—	—	—	1	2.43	24.22	－0.21	1	1.39	19.47	－0.13	1	3.82	25.65	0.42	1	2.28	23.79	0.08
5＜Age≤9 年	0	—	—	—	0	—	—		25	3.35	55.46	-0.005	95	3.49	70.27	-0.0006	160	4.56	41.33	-0.002
Age＞9 年	917	4.93	158.9	0.32	1050	2.24	140.9	-0.0001	1095	1.99	124.64	-0.0006	1091	2.08	90.22	0.00006	1082	2.93	73.11	-0.0001
	2005				2006				2007				2008				2009			
	公司数	换手率（%）	市盈率（%）	回报率（%）	公司数	换手率（%）	市盈率（%）	回报率（%）	公司数	换手率（%）	市盈率（%）	回报率（%）	公司数	换手率（%）	市盈率（%）	回报率（%）	公司数	换手率（%）	市盈率（%）	回报率（%）
Age≤1 年	0	—	—	—	0	—	—	—	0	—	—	—	0	—	—	—	0	—	—	—
1＜Age≤3 年	0	—	—	—	0	—	—	—	0	—	—	—	70	38.82	34.34	-0.008	147	46.75	81.79	0.52
3＜Age≤5 年	1	1.86	17.16	-0.0026	1	4.24	36.18	-0.009	64	9.82	129.4	0.27	109	5.20	14.37	-0.014	109	12.32	45.58	0.549
5＜Age≤9 年	260	4.89	29.9	0.00007	275	7.53	47.15	0.392	274	10.37	113.12	0.61	274	5.86	72.73	-0.0096	272	10.11	118.52	0.548
Age＞9 年	1065	3.38	53.48	-0.0006	1059	5.78	77.15	0.397	1032	10.56	202.91	0.63	1017	5.61	73.93	-0.003	1014	9.99	112.75	0.554

数据来源：根据 CCER（2010）数据库计算整理。

① 考虑到上市时间的随机分布并避免结构失衡，本书以每年 6 月 30 日为界，之前属于上一年上市，之后则算作下一年上市。这里的时间结构差异应该包括两层含义：其一是上市时间（Age），即该企业作为上市公司的寿命；其二是企业的成立时间，即企业自成立之日起的公司寿命，考虑到本文的实证检验样本，这里的时间差异是指前者，即分别考察公司上市或 IPO 后 1 年（2009 年 6 月 30 日后上市的，即 Age≤1 的公司）、3 年（2007 年 6 月 30 日后上市的，即 1＜Age≤3）、5 年（2005 年 6 月 30 日后上市的，即 3＜Age≤5 的公司）、9 年（2001 年 6 月 30 日后上市的，即 5＜Age≤9 的）以及 9 年以上（2001 年 6 月 30 日之前上市的，即 Age＞9）的公司分布情况。

表 6-16　我国（A 股）上市公司的多维结构：产权结构差异

	2000	2001	2002	2003	2004	2005	2006	2007	2008	2009	2010
A 股主板市场：											
国有股比重（%）[1]	42.74	50.76	50.58	49.63	47.86	43.19	61.47	62.81	58.37	26.5	21.65
机构性持股：											
—比重（%）	—	1.02	2.54	3.24	5.37	17.08	56.96[2]	34.36	22.26	21.04	7.51
—流通比重（%）[3]	—	0.51	1.26	1.67	2.37	3.28	3.27	5.34	4.53	14.58	7.51
公司法人股：											
—比重（%）	24.22	20.05	19.81	20.19	21.06	19.22	9.98	6.96	5.32	3.71	3.08
N	1059	1138	1206	1266	1324	1317	1320	1335	1331	1338	1361
已流通比重（%）[4]	31.08	28.26	28.61	29.63	30.73	32.64	25.60	27.79	35.65	69.34	73.07
中小板市场：											
国有股比重（%）					10.18	1.62	13.16	14.45	13.51	10.26	6.91
机构性持股：											
—比重（%）					5.96	54.11	67.45	56.1	23.32	23.64	0.20

① 分别指 A 股各板块即主板市场、中小板、创业板中的国有股、法人股、机构持股的比重。

② 持股比例数据分别来自锐思（2010 年）数据库的"主要股东名单和股权结构"和"年股票综合数据"模块，不同模块的统计结果有所差异，可能是导致 A 股主板市场2006 年（56.96%）和2007 年（34.36%）机构性持股比例数据出现歧异结果的原因。

③ 指机构投资者持有无限售流通 A 股的比重（%）＝各板块机构投资者持有（无限售流通）A 股数/各板块 A 股股本总数。

④ 指各板块即主板 A 股、中小板、创业板中的已上市流通股占各板块 A 股总股数的比重。

（续上表）

	2000	2001	2002	2003	2004	2005	2006	2007	2008	2009	2010
—流通比重（%）					2.997	4.56	8.57	9.73	7.19	7.22	—
公司法人股：											
—比重（%）					60.07	6.2	28.02	27.11	23.37	21.34	19.50
N					38	50	102	202	273	327	531
已流通比重（%）					29.74	39.55	39.49	38.3	445.5	51.16	57.8
创业板市场：											
国有股比重（%）										9.92	4.94
机构性持股：											
—比重（%）										10.49	—
—流通比重（%）										0.21	—
公司法人股：											
—比重（%）										15.61	23.54
N										36	153
已流通比重（%）										21.02	30.37

数据来源：锐思（2010）数据库的“主要股东名单和股权结构”和“年股票综合数据”模块。

下编　实证检验结果与主要研究结论

“垄断可能是竞争的结果。”

——张五常（1999）

“我被反垄断法烦透了。假如价格涨了，法官就说是‘垄断定价’；价格跌了，就说是‘掠夺定价’；价格不变，就说是‘勾结定价’。”

——Ronald H. Coase

为使前文的理论分析以及具体假设能够获得真实数据以及制度现状的有力支撑，本编拟以我国上市公司的经验数据为样本，对产品市场竞争或行业竞争结构的“内生互动效应”，即那些可能导致我国上市公司产品市场竞争加剧和公司异质性风险与回报波动显著增加的“四类效应”进行描述与验证，并进一步考察产品市场竞争或行业竞争结构的、显著而积极的“外生独立效应”，即更为集中的行业结构和显著的公司市场势力是否以及何以能够有效缓解公司证券市场的低效率、“规避”剧烈的竞争（风险转嫁）、降低市场冲击或信息不确定性影响（“内部化能力”），并进而显著稳定公司的绩效。作为本书的核心篇章，本编分述本书的实证研究设计、检验思路、实证结果与分析以及本书的主要研究结论。故本书之下编分为三章，分别为第 7 章实证研究设计（基本样本、数据来源与变量界定），第 8 章实证检验与结果分析，以及第 9 章研究结论及其他。

7 实证研究设计

本书的实证研究样本会因具体的可检验假设而异，即对应不同的可检验假设和命题，将涉及不同的样本、数据与（控制）变量，故在此只说明本书的基本样本、数据来源及其筛选原则，并对本书关注的主要变量即产品市场竞争（行业结构、竞争程度）和异质性风险，以及本书实证检验中涉及的所有解释变量（控制变量）等，进行详细的界定和度量。

7.1 基本样本与数据来源

继续秉承本书理论分析的“SICP”范式及其“结构化分析”路径，即基于“结构（竞争）—风险（信息）—绩效”的关联视角，本书拟以2000—2010年我国沪深两市A股上市公司为基本样本，并立足于我国上市公司所在市场的结构化特征，针对不同的检验命题，适时对其进行多元分组，以深入考察公司的产品市场竞争（PMC）动态何以影响其证券市场的效率（SME）。这些

“结构化特征”既包括上市公司所在产品市场（PM）的行业竞争结构特征——行业集中程度、市场竞争程度、公司市场势力对比等，也显然包括其所在的证券资本市场（SM）的多维结构特征——证券市场或上市公司整体的行业/公司构成、所处板块或分类市场（主板与非主板、行业板块等）差异，以及与公司的规模大小（Size）、市场势力强弱（MP）、风险高低或信息不对称性（业绩是否稳定、技术创新依赖的程度即 R&D 水平、机构投资者比例等）、成长机会多少（Growth 或 M/B）、管制便利差异（产权结构或行政性干预等）、资产构成差异（有形资产的比重、成长机会与现有资产的贡献差异等）以及上市的早晚（Age 或 Listing - vintage）等的公司“数量与质量”特征性因素相关联的多个维度。由前章的理论分析，诸多研究已经表明，上述结构性差异因素（Campbell et al.，2001；Fama and French，2004；Brown and Kapadia，2007；Bennett and Sias，2006；Lowry et al.，2010；Chemmanur and He，2009；Chod and Lyandres，2010；Demsetz，1973；Irvine and Pontiff，2009；Kale，2010；Peress，2010；Hoberg and Phillips，2010）正在或者已经与产品市场的行业竞争结构一起，或通过其行业竞争结构而显著决定着（上市）公司的异质性风险及其回报特征。

上市公司所在行业的结构特征及其差异，是本书实证研究的一种重要考量，为保证样本公司的可比性与一致性，本书所有上市公司的行业划分标准均依据我国证监会 2001 年 4 月正式出台的《上市公司行业分类指引》。实证分析的相关数据因其多元，故要综合参考 CSMAR（2010）、CCER（2010）、WIND（2010）、锐思（2010）等数据库，并适时浏览我国证监会、国家统计局、上交所、深交所等官方网站，以及中国上市公司资讯网、财经网（腾讯、搜狐等）、东方财富网等网站的数据统计专栏的最新统计数据信息，以弥补单个数据库有关数据缺失的现状。基本样本的筛选原则如下：①考虑到其组织结构、经营模式及财务数据等特殊性，本书遵循惯例在样本中剔除了金融保险行业（I）公司；②剔除样本公司数太少（少于5家）的行业（如C2）以及样本数据不全甚至缺失严重的行业或年度（如个别指标的2010年数据）。③为避免异常值可能引起的极端影响，从原始样本中剔除了样本期间（曾）被特别处理（ST）和特别转让（PT）的公司，这些公司或处于财务状况异常境况，或已连续亏损两年以上，可能会导致分析结果的偏差。此外，理论上讲，若要专门考察行业差异之影响，还理应剔除跨行业经营的综合类行业上市公司，而且，鉴于我国上市公司主营业务不突出的问题至今仍较为普遍，综合类行业公司较多势必因其行业分类界限模糊而导致实证结果及其解释的偏误，但本书基于“结构化分析”视角考察公司所在的产品市场竞争或行业竞争结构（如公司规模与势力的对比、技术创新的差距、成长性高低等）与其证券市场的公司/行业构成等多维结构特征，对于公司异质性风险或其回报波动的基础性影响，重点并非公司的行业分类特征，故纳入综合类上市公司并不影响本书的结果。经过上述处理，本书的基本样本几乎涉及所有的行业门类及其行业大类。

考虑到本书的主题关切，实证检验的样本划分还将区分基本分组标准和具体分组标准，基本的分组标准主要依据我国资本市场的板块类型差异或其分类机制设计即A股主板市场、中小板和创业板市场，以及公司的规模大小（Size）；并同时检验“竞争结构—风险绩效”（“PMC－SME”）的效率关联分别在企业水平和行业水平的结果及其差异；而具体的样本分组标准则涉及行业集中度的高低、公司市场势力（MP）的强弱、研发投入（R&D）或技术创新水平以及公司/行业的成长性高低（M/B）等八种分组。不同的分组检验样本可能涉及不同的研究期间、数据来源和变量选择等，即样本选择也可能增加新的筛选原则（如某些缺失值或歧异值较严重的年度等），详见后章的实证检验。

我国的沪深A股市场至今已有20年历史，上市公司已近

2000 家，在境内资本市场中更具有代表性；深市 A 股的中小板市场自 2004 年创建至今已有 500 多家上市公司，深市 A 股的创业板市场（2009 年 10 月）成立两年以来也有超过 200 多家上市公司。考虑到样本数据的可得性、完整性、可比性以及可靠性（数据的综合特征以及样本期间的长度）等原则，本书选择了 2000—2010 年间的上市公司财务数据，但在基本影响面的分析——前章的制度背景分析以及后章实证部分的描述性统计与分析等——之中，并不刻意控制样本期间，以尽可能地将更长时期内的相关变量的关联趋势变迁考虑在内，从而为我国上市公司的基本经营环境或行业竞争环境的变迁特征及其风险和回报影响提供更可靠的现实支撑。样本期间稍微滞后于 20 世纪 90 年代末的亚洲金融危机，并横跨我国 2005 年上市公司股权分置改革、2008 年世界金融危机，以及其后我国宏观经济政策的适应性调整和一系列新政取向特征及其“经济后果”等标志性事件和变迁现状，样本内涵较为丰富，涉及期间并不算短，故相对足以支撑本书之逻辑关切的系统理论分析及其实证检验。

7.2 主要的变量

本书关注的主要变量为公司的产品市场竞争（PMC）及其股票回报的异质性风险。对于产品市场竞争（PMC），本书从公司所在的行业聚散结构及其决定的市场竞争程度两个方面予以系统度量，并区分行业内外差异、结构与势力影响、技术创新水平等多维视角，即拟使用市场集中度（HHI、EI）等指标度量公司所在行业的聚散结构，采用市场势力（PCM 与 EPCM）、公司间策略性互动程度（CS）以及公司技术差距或创新程度（NH）等指标衡量其所在产品市场的竞争程度。对于公司股票回报的异质性风险（IR）——作为公司证券市场效率（SME）之集中体现——拟遵循国外主流研究做法，采用资本资产定价模型（CAPM）之回归残差（IR）或其平方和（SSE），并采用不同频率的股票回报数据估算方法进行稳健性检验。在具体的检验过程之中，将适时控制公司规模（Size）、成长性（M/B）、产权性质（Control）、资产构成（Real Assets）、利润边际（Profit Margin）、现金流比率（Cash - flows）、上市年份（Listing - vintage）或上市公司年龄（Age）、信息不确定性（Uncertainty，机构持股比例等）、市场风险 Beta 值以及行业、年度等影响。

7.2.1 产品市场竞争（PMC）

由前章的理论分析，公司市场势力或其竞争优势的进一步发展往往会导致更趋集中的行业结构，而更为集中行业中的大公司亦更易拥有市场势力，公司的产品市场势力与其行业集中程度实质上是"互为因果、一体两翼"，也因此，"完整"的产品市场竞争应该从行业结构及其市场竞争程度两个方面予以系统考量，故本书的产品市场竞争与行业竞争结构同义。

产业组织理论文献最常使用的产品市场竞争指标是行业的市场集中度比率（CR_n）和交叉价格弹性等，但由于集中度比率（CR_n）主要度量的是市场中最大的 n 家企业的产出占行业总产出的比例（如四大公司集中度指标 TOP4），并不能反映企业之间的竞争互动，而交叉价格弹性指标则受制于企业的定价资料，故均不能准确而全面地反映公司的产品市场竞争动态。鉴于此，本书遵循国外最新研究（Gaspar and Massa，2006；Irvine and Pontiff，2009；Kale，2010；Peress，2010）以及国内相关研究（刘志彪等，2003；姜付秀等，2005）的主流做法，主要采用反映市场集中程度的综合指数即赫芬因德—赫希曼指数（HHI），用以度量公司所在的行业聚散结构的变化；采用行业内竞争互动的指标即公司间经营策略敏感度（CS）、反映公司间经营相似程度（即技术创新或行业壁垒影响）指标即自然边界（NH）以及体现公司显著市场势力的指标即价格—成本边际或勒纳指数（PCM 与

EPCM)，用以衡量行业市场的竞争程度。

同时，考虑到上述指标本身的特征及其差异并受 Gaspar and Massa（2006）[①]、Novy - Marx（2009）[②] 及 Haw 等（2008）等已有研究启发，除对结构与势力差异等的考量之外，本书还将对上述行业竞争结构指标“区别内外”——公司间经营策略的敏感度（CS）、公司间经营相似程度（NH）、勒纳指数即价格—成本边际（PCM 与 EPCM）、产品替代性指标（SUB）以及市场规模（Market Size）或行业内公司数量（N）指标均属于衡量行业间竞争态势的指标，而市场集中度（HHI、EI）则属于衡量行业间竞争情形的指标，以求更为准确、全面而多元地反映公司的产品市场竞争效应[③]，即产品市场竞争动态与其绩效变迁对公司异质性风险及其回报特征的系统影响和关联。本书拟采用的主要产品市场竞争指标的度量方式及其解释如下：

（1）赫芬因德指数（HHI）。尽管 Lyandres（2006）对 HHI 的缺陷提出了批评[④]，但学界普遍认为该指数是反映产业市场集中度的相对合理的综合性指数，可以从其结构特征大体反映一个

① Gaspar 和 Massa（2006）关于异质性波动与产品市场竞争的研究运用多种方式度量产品市场竞争，并从行业内和行业间两个方面来考量市场竞争程度。采用行业调整的价格—成本边际指标（Industry - Adjusted Price - Cost Margin）或勒纳指数 PCM（Lerner，1934）衡量行业内公司的市场竞争势力，而对于行业间公司市场势力，则使用行业集中度指标即赫芬因德指数 HHI（Hirschman，1945；Herfindahl，1950）。

② Novy - Marx（2009）认为相对于行业集中度指标 HHI，价格—成本边际 PCM 能更好地刻画公司真实的寡头垄断势力以及相关的配置低效率。

③ 采用多种竞争度量并“区别内外”的目的，其实也是考虑到了行业集中度与竞争程度关联的模糊性（Lyandres，2006；Maksimovic and Zecher，1991；Mackey and Phillips，2005），以及单纯使用行业集中度等外生性指标的缺陷（Karuna，2007；Haushalter et al.，2007）等影响。

④ Lyandres（2006）就对 HHI 的误导性缺陷提出批评：较高的 HHI 也许是因为行业内公司数量较少，因此 HHI 与公司间竞争强度正相关；但这也许是因为行业内公司规模差异分布较大引致的结果（Maksimovic and Zechner，1991；Mackay and Phillips，2003；2004）。

行业的竞争状况，而且，该指标也广为美国、日本等主要发达国家所采用，因该指数赋予大企业一个较大的权重，故尤其适合分析更为集中行业的聚散程度的细微变化[①]。该指数是行业内某公司的销售额（或市场规模等）与所有公司销售额（或市场规模等）比值的平方和，即：

$$HHI = \sum_f \left(X_f / \sum X_f\right)^2$$

其中，X_f为公司f的销售额，本书中采用其主营业务收入代替，当然，HHI 的度量还可以基于公司的总资产，可见 HHI 以行业内每个公司的市场份额作为其权数。一般地，HHI 越大，说明市场的集中度越高、竞争程度越低，反之则表明市场的集中度越低、竞争越为激烈。但在用该指数进行具体分析时还要考虑行业结构分布的具体情形：当行业内可容纳的公司数目一定时，HHI 越小，则行业内规模相近的企业就越多，公司间竞争就越激烈，公司间行为选择的相互影响程度就越大，反之则竞争程度越小，即 HHI 一般与公司间竞争的作用强度负相关。该指标因行业和年度而异。

（2）熵指数（EI）。考虑到我国上市公司所在行业的市场集中度分布状况，本书还采用熵指数指标，这是基于信息理论中熵的概念而提出的，它具有平均信息量的含义。其计算公式为：

$$EI = \sum_{f=1}^{n} S_f \log\left(\frac{1}{S_f}\right)$$

其中，S_f为公司f的市场份额（销售额或增加值等），n 为行

① 与 HHI “相反”，熵指数因其赋予小企业一个较大权重，可更好反映低集中行业之聚散结构的细微变化，故有学者认为熵指数更适合我国行业结构分散（如大多数制造行业）、小企业众多且分布十分广泛的“原子型”市场结构的现状（魏后凯，2002）。但考虑到行业结构的已有变迁以及我国在新时期出台的一系列推动经济结构战略调整或产业结构升级转型的方针政策，用“分散”来笼统概括我国上市公司的行业聚散结构已显然“不合时宜”；而且，赋予大企业较大权重的 HHI 指数，也似乎更适合我国上市公司的产权结构等背景。考虑到与国内外最新研究的可比性以及两指标结果的一致性，本书的分析仍主要基于 HHI 指标。

业内的公司数。与 HHI 指数不同，熵指数对每个企业的市场份额赋予一个 log（1/*Si*）的权数，显然，该指数赋予小企业一个更大的权数，故熵指数的大小与行业集中度相反，EI 值越大，表示集中度越低；反之则表示集中度越高。

（3）价格—成本边际或勒纳指数（PCM）。在产业组织文献中该指标常被用以度量企业边际成本以上进行定价的能力（Lerner，1934），即反映行业内公司的产品市场势力（Product Market Power）或定价能力或定价权优势（Pricing Power），也可反映公司产品的异质性程度（Karuna，2007）。Novy－Marx（2009）等就认为相对于行业的集中度指标 HHI，价格—成本边际（PCM）能够更好地刻画出公司真实的寡头垄断势力以及相关的资源配置低效率。该变量使用公司的营业利润占其销售额的比重来度量，其中，营业利润（Operating Profits）使用折旧及息税前利润替代，销售额仍采用公司的主营业务收入（Sales）指标。

与此相关联的一个指标是基于行业结构差异考量的超额价格—成本边际（Excess PCM），即 EPCM 变量，Gaspar and Massa（2006）用其度量公司的市场势力（MP），并指出平均变动成本能更好地替代边际成本，考虑到不同行业利润率的结构性差异以及其与公司市场势力的无关性，在企业的价格—成本边际中“抽去”其行业平均的价格—成本边际影响，能更好地描述公司定价势力的行业差异。故与 Gaspar and Massa（2006）、Kale（2010）、Peress（2010）等的思想一致，作为公司市场势力的又一度量，本书将其作为公司市场势力的重要替代指标，同时把其与公司的价格—成本边际指标（PCM）加以并列考量，并进行分组检验：目的之一，是为基于行业层面对公司市场势力的影响进行“额外”考量，目的之二亦是为弥补公司层面的价格—成本边际指标

（PCM）的可能缺陷（Carlton and Perloff，1989）[1]。超额价格—成本边际（EPCM）是某公司的营业利润边际（PCM）与其所在行业的营业利润边际均值的差额，分别其权重选择差异，其计量公式分别为：

等权的 EPCM = 公司的 PCM – 行业等权的 PCM 均值；

加权的 EPCM = 公司的 PCM – 行业价值加权的 PCM 均值。

公司及行业层面的价格—成本边际指标（PCM 和 EPCM）会因公司、行业及年度而异，且该指标直接反映公司的市场势力强弱，故与公司的产品市场的竞争程度负相关。

（4）公司间策略敏感度（CS）。该指标反映公司经营行为（如销售策略）对其竞争对手行为的敏感度。尽管其计算方法或模式各异，但该指标的设计思想却广为学界认可，甚至被认为是目前衡量公司间竞争强度的最为合适的替代指标。肖作平（2005）及姜付秀等（2005）曾借鉴 Lyandres（2004，2006）的研究方法，定义并计算了一个反映产品市场竞争强度的指标，即公司销售额对其竞争对手销售额的影响程度——相对于利润指标，来自市场“一线”的销售额更少受到公司操纵，能更好地衡量公司的产品市场业绩表现。与其相一致，并为增强行业内公司的可比性，本书仍用主营业务收入替代，同时定义公司 f 在 $t-1$ 年至 t 年的销售额的非正常变化为 dAX_{ft}，其值为公司主营业务收入的年度变化与其所在行业的平均销售额的年度变化之差。即

$$dAX_{ft} = (X_{ft} - X_{f,t-1}) - \left[\sum_{j=1}^{n} (X_{jt} - X_{j,t-1}) / n\right]$$

其中，n 为 $t-1$ 年至 t 年某行业内的公司数目。一般而言，公司销售额的非正常变化可以归因于公司自身经营行为及其竞争

① 学界对于价格—成本边际指标（PCM）的批评集中在两个方面，其一是该指标未能考虑资本成本；其二是该指标可能仅对从事单一业务线（Operate in a Single Line of Business）的企业或公司近似有效（Carlton and Perloff，1989）。Gaspar and Massa（2006）的研究显示使用不同的价格—成本指标的结果类似。

对手行为的共同影响。现有文献一般使用公司的销售费用和管理费用即 S&A 作为衡量公司竞争行为的替代，由此可以对每个行业分别建立如下的回归模型：

$$dAX_{ft} = \delta_0 + \delta_1 \left(S\&A_{ft} - S\&A_{f,t-1}\right) + \delta_2 \left[\sum_{j=1, j\neq f}^{n} \left(S\&A_{jt} - S\&A_{j,t-1}\right) / n\right] + \varepsilon_{ft}$$

在具体测算每个行业的 dAX_{ft} 时，本书混合了我国深沪两市的上市公司在整个样本期间（2000—2009 年）的横截面数据和时间序列数据，即采用面板数据（Panal）；由于循环影响，本书计算上式第二个变量即行业年度均值时采用 STATA10.0 统计计量软件进行处理。由于相互竞争的作用，公司竞争对手的销售费用与管理费用 S&A 的变化参数 δ_2 一般为负值，即 $\delta_2 < 0$，而公司自身竞争行为的变化参数则 $\delta_1 > 0$，且一般 $\delta_1 > \delta_2$。但如果竞争对手的行为（如广告）对整个行业的需求产生影响，特别是对公司产品的需求产生影响时，则 δ_2 的值可能为正。由于 S&A 对不同行业各公司及其对手市场份额的影响各不相同，现定义行业 i 的公司间竞争反应强度为 $\eta_i = -(\delta_2/\delta_1)$。由于 dAX_{ft} 衡量某公司销售额对竞争对手行为的敏感度，即公司及竞争对手的销售与管理费用的变化所引致的销售额的非正常变化，故公司竞争对手的销售费用与管理费用 S&A 的变化参数 δ_2 的值越大，$\eta_i = -(\delta_2/\delta_1)$ 的值就越大，这表明公司越易受到其竞争对手行为的影响，行业内公司间竞争互动的作用强度就越大，产品市场竞争就越为激烈。可见，该指标与公司产品市场的竞争程度正相关，该指标会因行业和年度而异。

（5）自然边界（NH）。该指标是本书用以考察公司的显著市场势力或其更为集中的行业结构如何可以促进行业内的公司之间在产品技术创新、经营理念共享等方面的战略合作动机或公司间价值依赖的程度。Mackey and Phillips（2005）发展了 Maksimovic 和 Zechner（1991）、Williamson（1995）等关于行业影响的度量，采用资本/劳动化比率（K/L）作为公司/行业技术创新层次的替代，用某行业某年的资本/劳动化比率K/L的中值代表行业核心技术——实务中采用公司的固定资产净值/公司员工数，计算出NH值（Natural Hedge），从而得以衡量公司的核心生产技术（反映其技术创新的动机和水平）与其所在行业的核心技术的差距，而这种差距的大小正好可以反映出行业内公司间经营的相似程度。其计量公式为：

$$NH_{f,i,y} = \frac{|(K/L)_{f,i,y} - median_{i,y,-f}(K/L)|}{range\{|(K/L_{f,i,y} - median_{i,y,-f}(K/L))| \ \forall f \in i,y\}} \in [0,1]$$

其中，f代表公司，i代表行业，y代表年度。越小的NH值意味着公司间经营的相似程度更高，即公司间投资机会的依赖程度更大、产品或经营策略的同质性更高，行业的竞争程度也将更为激烈。所以，NH值与公司产品市场的竞争强度负相关。由于在计算某行业某年的中值时不包括该公司（公式中$-f$的含义），故上式也会出现循环计算，本书同样使用STATA10.0统计计量软件进行处理。公式中的分母部分是对分子再取全距*range*（统计学概念），即求出某行业某公司某年的K/L值与该公司所在行业该年中值的差的绝对值，然后用其最大值减去最小值得出分母的全距。公司间经营相似程度的NH指标将因公司、行业及年度而异。

（6）产品市场竞争（PMC）的其他度量。学术界用以度量产品市场竞争结构（行业集中程度）及其强度（公司市场势力的对比）的其他的直接或间接指标还有：公司的市场份额（Share）的大小（Kale，2010）；资产回报率（ROA）、行业壁垒（Turnover Index）及外国竞争者在国内的行业市场份额（Irvine and Pontiff，2009）、市场规模（Market Size）和进入成本（Entry Costs）（Karuna，2007）——度量公司市场势力；利润边际（Profit Margin）及其波动（Volatility of Profitability）（Brown and

Kapadia，2007）、公司销售额相对行业均值的差异（Campello，2003）——反映产品市场竞争的强度；考虑国内外竞争环境影响的行业管制程度和进口市场份额等指标（Guadalupe，2006；Gaspar and Massa，2006；Irvine and Pontiff，2009），以及将行业的集中度、成长性和规模经济等影响进行交互考量的研究（Gale，1972）。国内的相关研究还借鉴国外有关做法使用销售费用占主营业务收入的比重来度量产品独特性即公司间的产品替代程度（SUB）（Titman et al.，1988；Williamson，1995；Mackey and Phillips，2005；肖作平，2003，2005；刘志彪等，2003；姜付秀等，2005），以及直接使用公司市场份额（Share）、公司规模（Size）、技术创新投入（R&D）等指标度量公司市场势力的相关研究（聂辉华等，2008；朱恒鹏，2006；吴延兵，2006）。这些指标虽较为直观，但在度量方法及其检验结果的解释等方面均凸显出过于粗糙的缺陷。本书虽不把其作为主要的竞争变量，但出于其交叉影响、多维视角及研究对比等考虑，将对其予以适时控制或稳定性检验（如用市场份额 Share 替代公司市场势力 MP），在此不一一赘述。所有的产品市场竞争指标的度量见表 7－1 的变量定义一览表。

此外，考虑到行业结构与公司市场势力（竞争程度）的互动，并结合 Brown 和 Kapadia（2007）、Bennett 和 Sias（2006）与 Irvine 和 Pontiff（2009）等研究结果和预期以及我国特定的制度环境和政策背景特征，对我国上市公司所在行业的聚散程度及其产品市场势力的不同渊源或制度渊源进行纵深分析，可能更为切合我国的行业竞争环境的实际。行业的聚散程度取决于其竞争主体的进入或退出（机制），公司产品市场势力（MP）的进一步发展或公司的相对市场势力会“借助”[①] 一国的产业及金融政策、宏观经济变迁（如大政方针、行业的兴衰变化等）而显然影响其所在的行业聚散结构；而更大的市场份额（Share）或资产规模（Tookes，2008；Kale，2010）、更新的技术工艺或更独特的产品（Hou and Robinson，2006；Gaspar and Massa，2006）、政府管制便利甚至“创租”或企业寻租（赫尔曼等，2009），以及公司显著的经营管理理念或治理水平优势——如在危机或困境来临之前保持更为充裕的现金流（Fresard，2010；Campello et al.，2009；Duchin et al.，2008）等，均可成为公司显著市场势力（MP）的来源。故本书对于公司产品市场竞争效应（即“竞争结构—风险绩效”）的理论及实证考量，将始终围绕公司产品市场势力（MP）与行业集中度即竞争程度与行业结构的互动关联而展开，这才能更为真实、系统地揭示出深受国家政策及自然的市场力量等多因素影响下的公司产品市场竞争的系统影响效应。

7.2.2 异质性风险或其回报波动的度量

学界关于公司股票异质性风险（Idiosyncratic Risk）或其回报波动（Idiosyncratic Return Volatility）的度量多基于资本资产定价模型（CAPM）或其扩展模型。理论及实务界对于证券（股票）预期回报率的估计或定价通常基于两种模型：一种是早期的单因素模型，即传统的资本资产定价模型（CAPM）；另一种是多因素模型，即资本资产定价模型的扩展模型，主要有Ross（1976）的套利定价模型（APT）、Fama和French（1993）的三因素模型以及Carter（1997）的四因素模型等。风险与收益是实时共存的，作为异质性风险的度量，异质性波动如能被定价，则可以预见预期

① 即既可以凭借其自然的竞争实力或依靠政府管制的便利而进一步巩固其市场势力或竞争优势，也可能因市场竞争环境的变迁或政策的更新而被掠夺走其已有的市场份额优势，竞争显然是一把双刃剑。

回报与预期的异质性波动正相关，但鉴于预期回报与预期的异质性风险都不可观察，故实务中常用已实现回报作为截面回归中的替代应变量，他等于预期回报与随机偏误的和（Fu，2009）。关于公司股票预期回报率的异质性风险包含着公司未来收益及其冲击影响的信息，故异质性风险表示的是一种对未来回报不确定性的投资风险（Wei and Zhang，2006），而这正好是传统的单因素模型即资本资产定价模型（CAPM）所不能准确解释、计量或估计的风险或波动部分（即其回归模型的残差部分），同时也是其后续扩展模型的努力方向。因此，在对公司异质性风险进行度量之前，需要对传统的资本资产定价模型及其扩展模型的风险收益估价原理予以必要的介绍和阐释，以凸显公司异质性风险或其回报波动的构成及其相关研究的重要意义。出于对我国证券市场的发展现状以及检验数据的可得性、计量的复杂性等具体考虑，本节主要介绍资本资产定价模型及 Fama 和 French（1993）的三因素模型以及其在我国的适用性。

（1）资本资产定价模型（CAPM）。

Sharpe（1964）和 Lintner（1965）分别在其经典论文中提出资本资产定价模型（CAPM），并从此成为最早、最著名且应用最为广泛的资产定价方法。该模型潜在地认为市场风险是普遍影响资产收益率的唯一因素，其核心预测是投资财富的市场组合在 Markowitz（1959）的意义上是均值方差有效的，而市场组合的有效性意味着资产的预期回报是市场风险的一个正线性函数。CAPM 的结构如下：

$$E(R_i)-R_f=\beta_i^M[E(R_m)-R_f]$$

其中，R_i、R_m分别是股票 i 的收益率与市场上所有股票组合的收益率，R_f是无风险收益率；β_i^M是如下时间序列回归的系数，用以度量市场的系统风险，而回归方程的残差部分 ε_i则表示影响证券投资的预期回报的其他风险因素：

$$R_{it}-R_{ft}=\alpha_i+\beta_{it}^M(R_{mt}-R_{ft})+\varepsilon_i \quad 其中\ t=1,\ \cdots,\ t_0$$

（2）Fama－French 三因素模型。

由上面模型的结构可见，传统的资本资产定价模型（CAPM）简单地假设：证券的预期收益率与市场风险 β 正向线性相关，而且市场风险 β 足以概括证券的预期收益率的截面性质。但其后近30年来的诸多实证研究如 Banz（1981）、Basu（1983）、Rosenberg 等（1985）及 Chan、Hamao 和 Lakonishok（1991）等均发现，股票的平均收益率与公司的规模、账面市值比等因素有关，尤其是反转操作策略（DeBondt and Thaler，1985；1987）以及惯性操作策略（Jegadeesh and Titmann，1993；2001）等异常收益现象，均不能为传统的 CAPM 所解释，这表明市场因素可能不足以完整概括那些影响证券预期收益风险的重要因素。Ross（1976）的套利定价理论（APT）也不认同 CAPM 单因素框架，并指出资产收益率还受到一系列因素的影响，但其并未列明是哪些具体因素。针对单因素模型的估价缺陷并基于以上研究成果，Fama 和 French（1993）提出并构建了著名的三因素资产定价模型，其一系列开创性研究（Fama and French，1992；1993；1995；1996）发现，CAPM 中市场 β 的解释能力很弱，而公司规模（Size）、财务杠杆比率、账面市值比（B/M）、益价比（E/P）等因素，对于股票的风险回报具有显著的解释力。Fama－French 在 CAPM 模型中增加了两个因素，即公司规模因素（SMB）和账面市值比因素（HML），其模型结构如下：

$$E[R_i]-R_f=\beta_i^M(E[R_m]-R_f)+\beta_i^S E(SMB)+\beta_i^v E(HML)$$

其中，$E(R_m)-R_f$、$E(HML)$ 和 $E(SMB)$ 分别是期望收益溢价，R_i、R_m 分别是股票收益率与市场收益率，R_f 是无风险收益率；SMB（Small Minus Big）为发行股票公司的规模的期望市场风险溢价，即因公司规模不同而引致的收益率差异，用小规模股票组合的收益率减去大规模股票组合的收益率；HML（High Minus Low）为账面市值因素的风险溢价，即因公司的账面市值比不同而产生的收益率差异，用高市值股票组合的收益率减去低市值股票组合的收益率；β_i^M、β_i^S和β_i^v分别为下列回归方程的系数，即t时刻第i种股票的市场系统性风险、公司规模因素和账面市值因素的β系数，各参数具体估算方法如下：

$$R_{it}-R_{ft}=\alpha_{t+}\beta_{it}^M(R_{mt}-R_{ft})+\beta_{it}^S SMB_t+\beta_{it}^v HML_t+\varepsilon_{it}\quad 其中\ t=1,\cdots,t_0$$

SMB值和HML值的具体估算步骤在此不再赘述。基于Fama－French三因素模型的诸多实证结果表明，市场风险收益、账面市值比与公司规模基本上可以解释股票预期收益的截面差异，以及除中短期惯性效应（Momentum）以外的所有异常收益现象。

（3）基于公司利润或其基本现金流波动的标准差。

除基于CAPM回归残差的估计方式以外，Irvine和Pontiff（2009）还采用公司利润或其基本现金流（Fundamental Cash Flows）波动的标准差（$V_{Std.}$）等更为直观的指标来替代度量公司的异质性风险。与Gaspar和Massa（2006）、Brown和Kapadia（2007）以及Fu（2009）等大多数研究使用市场风险Beta回归估算异质性风险的度量模式不同，Irvine和Pontiff（2009）等将公司的异质性回报波动（Idiosyncratic Return Volatility）归咎于其基本现金流（每股收益、每股现金流量和每股销售额）的波动，即那些不可预计的现金流冲击部分。据此，Irvine和Pontiff（2009）采用每股收益（EPS）变动、每股现金流（Cash－flows）变动和每股销售额（Sales）变动三类指标，分别对可能导致公司基本现金流变动中的异质性波动部分进行了多维测量①，如前理论所分析的，Irvine和Pontiff（2009）关于异质性回报波动、基本现金流与产品市场竞争的研究结果似乎更具解释力，并且可以“涵盖”Brown和Kapadia（2007）、Fama和French（2004）、Bennett和Sias（2006）等将异质性风险显著增加的趋势归咎于规模更为弱小、风险特征更为明显的小公司或新公司的日益上市的多元解释。

---

① 计量方式详见Irvine和Pontiff（2009），第1154～1155页。

（4）对比与评价：在中国的适应性。

CAPM 及其扩展模型的共同之处在于，它们都使用 β 系数来衡量系统风险，并运用时间序列回归公式估算 β 值，然后对股票期望收益率进行估价。CAPM 与其扩展模型一起，至今仍被广泛运用在证券预期收益估值研究的各个相关领域，且均具有很好的解释力，可谓“各有千秋”。国内对于证券风险收益定价的相关研究仍多运用 CAPM，但很多基于 Fama - French 三因素模型的对比性检验，似乎也已得出“普遍性”结论：三因素模型能够捕捉更多横截面股票平均收益的变动，且能吸收困扰 CAPM 的大部分异常现象，进而可在一定程度上改善 CAPM 对我国股票投资组合收益率的解释力（陈小悦和孙爱军，2000；陈浪南和屈文洲，2000；靳云汇和刘霖，2001；薛华和周宏，2001；陈展辉，2004；饶品贵和姜国华，2008）；与 Fama 和 French（1996）的结论完全一致，我国股市上中小规模公司的收益仍具有相对优势（陶建宏等，2004）。但其缺陷也很明显：三因素模型对于股票收益的惯性与反转投资策略超额收益的解释力亦很有限（陈展辉，2004）。

综合国内外相关结论似可断言：①在股票期望收益率的估价方面，CAPM 及其扩展模型均具有一定的参考价值，但都只能量化股票收益率风险的一小部分，且在实际的估价过程中优缺互见，均需进一步改进；②考虑到新兴、转轨市场经济国家如中国的制度背景特征，其证券市场的发展现状、投资者的投资取向，以及实证研究中相关数据的完备性、可靠性及其研究方法的差异等因素，均会弱化已有结论的统计意义和说服力（陈展辉，2004；陶建宏等，2004[①]），故需要结合制度环境差异综合使用多种计量模型，以求多元考察，相互对照；③Fama - French 三因素

① 无风险收益率的选取可能是影响 Fama - French 模型与 CAPM 对沪市 A 股股票收益率特征的解释力差异的一个重要原因；除三因素之外，还应充分考虑到其他因素如市盈率等的影响。

模型涉及 SMB 和 HML 的详细估算，估算取值的主观性以及烦琐程度等均较 CAPM 更多、更复杂，故相对而言，CAPM 更为简洁、约束条件更少、应用门槛更低，从而可能更适合我国的证券市场发展现状。这亦是绝大多数的国内外相关研究仍然更倾向或优先使用 CAPM 的缘故。④Irvine 和 Pontiff（2009）对于异质性风险的度量模式，其新颖性在于该模式不需要基于资本资产定价模型去估计市场风险的 Beta 值，避免了数据受限以及指标选取等方面的约束和缺陷，故其度量模式显得更为简洁而直观。而且，Campbell 等（2001）的研究表明，这种对于异质性波动的度量结果与基于市场模型的度量结果非常接近。但是，就现有研究来看，除 Kale（2010）使用该模式估计异质性波动以外，尚未见到更多的实证应用，国内研究则从未见使用。

（5）本书对异质性风险的度量。

综合上述的分析对比以及特定的制度环境现状考量——我国股市的短期性、波动性以及相关治理机制的不完善，以及出于与已有研究结果的可比性、计量的简洁与直观性等考虑，本书拟采用以下两种方式度量我国上市公司的异质性风险或其回报波动：

①基于个股月回报的资本资产定价（CAPM）回归残差。作为本书的核心指标和被解释变量，首先基于传统的资本资产定价模型（CAPM）并使用个股的月回报数据来计量我国上市公司的异质性风险（IR），与 Gaspar 和 Massa（2006）、Brown 和 Kapadia（2007）以及 Fu（2009）[①] 等最新研究的指标设计思想相一致，本书亦将异质性风险“归咎于”CAPM 回归模型的残差部分，但在具体的估算中遵循如下程序：首先对样本中的每个上市

① Gaspar 和 Massa（2006）用个股日回报数据回归得到异质性波动（SSE）的月度估计值，而 Brown 和 Kapadia（2007）则直接使用个股月回报数据，具体的计算方法有异，但基本原理相同。受制于数据的可得性及样本容量考虑（沪市缺少个股日、周回报率数据），本书遵循 Gaspar 和 Massa（2006）等的思路但选择个股月回报数据回归估算异质性风险（IR）。

公司或每只股票，将其过去36个月的个股月回报按月对其市场的超额回报（即市场月平均回报率）进行时间序列回归，得出风险的Beta值，然后将其拟合到（fit to）当月的个股月回报之中，从而得到个股月回报与市场月回报的回归残差，最后对这些月残差（按所有月）求绝对值，即可得到异质性风险的月度数据，而将异质性风险的月度值按月求和即可得到异质性风险的年度数据。受制于个股日回报数据的缺失，这与 Gaspar 和 Massa（2006）、Malkiel 和 Xu（2003）的估算方法原理相同但略有差异。

学界普遍认为，对于证券预期收益率以及异质性风险或其回报波动的估算，使用日度、周度等高频数据能使得回报率及其风险的估计更为精确。本书在具体估算时，由于数据限制——CSMAR、CCER、WIND 及锐思（2010）等数据库均缺少沪市（A股）的个股日（周）回报数据，只有深市具备个股日（周）回报数据，故本书在全样本检验时[①]，首先遵循 Gaspar 和 Massa（2006）、Brown 和 Kapadia（2007）、Fu（2009）等的指标设计思想，直接采用沪深A股两市的个股月回报数据（考虑现金红利再投资后的回报率，来自 CSMAR 2010），并选取锐思（2010）数据库的“个股资本资产定价模型”中的“月收益 Beta 的36个月滚动回归数据”的市场风险 Beta 估计值[②]，从而直接得到了 CAPM 的月度回归残差——考虑到风险或回报的波动不应该小于0，本书将其分别取绝对值，这也是 Gaspar 和 Massa（2006）及 Malkiel 和 Xu（2003）等使用个股日回报的残差平方和度量公司异质性回报波动的原因——本书将其作为异质性风险的月度估计值；将

---

① 稳定性检验中可直接以深市A股样本，采用个股的日回报数据按 Gaspar 和 Massa（2006）、Malkiel 和 Xu（2003）等的估算程序得到异质性风险数据。

② 该数据表根据流通市值加权和总市值加权两种方式计算市场的持有期月超额收益和累计超额收益，并以个股的月超额收益对这四种市场超额收益分别进行回归，表中每条数据对应一只股票当月之前36个月超额收益数据与其市场月超额收益数据回归所得的风险 Beta 估计值。

每只股票的月度残差按年加总即可得到异质性风险的年度值。因为涉及四种风险因子 Beta 的估计值（流通市值和总市值加权、持有期收益和累计收益），本书在具体检验时分别选择了持有期流通市值加权和总市值加权的风险 Beta 值，故异质性风险（IR）也将区分为流通市值加权和总市值加权两类。限于篇幅，本书只报告了流通市值加权的检验结果，但采用总市值加权时的检验结果与本书的结果仍然一致。

②基于个股日回报的资本资产定价（CAPM）回归残差。除基于个股月回报的 CAPM 回归残差的估计方式以外，本书还将直接遵循 Gaspar 和 Massa（2006）及 Malkiel 和 Xu（2003）等的思路和程序，采用我国深市（A 股）个股日回报数据来替代估算异质性风险（SSE）[①]。具体的估算程序如下：首先对样本中的每个上市公司或每只股票，将过去 36 个月的个股月回报按月对其市场的超额回报（即市场月平均回报率）进行时间序列回归，得出风险的 Beta 值，然后将其拟合到（fit to）当月的个股日回报之中，从而得到个股日回报与市场日回报的回归残差，最后对这些日残差（按所有天、所有月）求平方和，即可得到异质性风险的月度数据，再将异质性风险的月度值按月求和即可得到异质性风险的年度值（在此用 SSE 以示区别）。在具体检验时，为降低数据的量级，可先取该值的自然对数（Goyal and Santa - Clara, 2003；Malkiel and Xu, 2003）。市场风险的 Beta 值以及个股的日回报数据、市场的日回报等数据的来源同上，最终的异质性风险（*SSE*）检验也将区分为流通市值加权和总市值加权两类，但仍然只报告其流通市值加权的检验结果。

Lowry（2010）、Brown 和 Kapadia（2007）等相关研究指出，

---

① 稳定性检验中还可以参照 Kale（2010）等的做法，直接采用个股日回报标准差 sd. 的自然对数（因此度量了总的回报波动）的残差（若个股日回报数据超过 200 天，残差就用年度值）作为异质性波动的替代度量，数据来源可采用 CSMAR（2010）的深市样本的个股日回报数据。

在用 CAPM 得到个股回报的回归残差以估算异质性波动时，使用周度数据似乎更为合适，因为周度数据既可避免日度数据的市场噪声影响以及年度数据的过于“抽象”，又能兼顾高频数据的精确性。但本书考虑到我国股票市场的历史以及样本容量等的考量，依然选择了日回报数据。

7.2.3 主要控制变量

公司的规模（Size）、已有的收益水平（Profit Margin）或业绩的波动（VOP，包括其产品市场的竞争业绩即销售额以及其证券市场的回报水平）、产权结构（Control）、资产构成（Tangibility）等因素，均会直接或间接影响公司产品市场势力、投融资成本（ECC）或投资者预期等特征，并因而使之相对处于其所在的产品市场（PM）及其证券市场（SM）的某个优势或弱势位置；而公司/行业成长性的高低（M/B）、上市时间（Age）、现金流波动（Cash - flows）以及信息不确定性（Uncertainty）、市场风险 *Beta* 等特征，还可能与上述因素一起“同时”决定或塑造着我国上市公司的异质性风险（IR）乃至整个要素市场（PM、SM）的风险特征，故在考量公司产品市场竞争动态对于其异质性风险及其证券回报特征（集中体现其证券市场的效率 SME）的关联或互动效应时，应该控制上述影响因素[①]。与 Pastor 和 Veronesi（2003）、Malkiel 和 Xu（2003）、Gaspar 和 Massa（2006）、Irvine 和 Pontiff（2009）、Kale（2010）、Haw 等（2008）、Ang 等（2009）、Lowry（2010）等已有相关研究相一致，本书拟控制如下因素，详见表 7 - 1。

表 7 - 1 详细列示了本书实证检验所要使用的主要变量及其

---

① 异质性波动曾被用来度量多种经济效应，如工具变量（Miller，1977）、流动性风险（Spiegel and Wang，2005；Kale，2010），因此在分析中需要控制其他风险因子或风险特征的影响（Ang et al.，2009），如流动性偏差 Liquidity Biases（Hu，2010；Han and Lesmond，2010）。

控制变量的界定和计算方法，每个变量的解释及其使用目的，详见本书的实证分析。

表 7-1 本书涉及的所有变量定义一览表

	变量	代码	度量方法	预期①
产品市场竞争变量（PMC）	行业集中度	HHI	见文中公式	-
	熵指数	EI	见文中公式	+
	价格—成本边际	PCM	折旧及息税前利润/销售额	-
	超额价格—成本边际	EPCM	等权的 EPCM = 公司 PCM - 行业价值等权的 PCM 均值	-
	公司间经营策略敏感度	CS	见文中公式	+
	公司间经营相似程度	NH	见文中公式	-
公司证券市场效率（SME）	异质性风险	IR 或 SSE	基于个股月回报的 CAPM 回归的残差的绝对值（IR）；基于个股日回报的 CAPM 回归的日残差的平方和（SSE）。	
	股权融资成本	ECC	GLS 模型	
控制变量	实物资产	Real Assets	Ln［（固定资产原值 + 存货净额）］	
	现金比率（现金持有量）	Cash Ratio	（现金 + 短期投资净额）/总资产	
	利润边际	Profit Margin	折旧前营业利润/销售收入总额	

① 这里的预期符号是指产品市场竞争（PMC）变量与公司异质性风险（IR、SSE）的关系。

（续上表）

	变量	代码	度量方法	预期
控制变量	成长性	M/B	权益的市值/权益账面值	
	长期杠杆	LD	公司长期负债占总资产的比例	
	权益回报率	ROE	净利润/净资产	
	市场风险	Beta	CAPM 的 Beta 估计值的年度均值	
	成交量	Trading Volume	每月交易股数的均值/总流通股数	
	公司年龄	Age	上市时间的长短	
	公司规模	Size	公司总资产的自然对数	
	固定性费用	FC	三项费用/营业总成本	
	换手率	Turnover	日换手率的自然对数	
	机构性持股	Institutional Ownership	机构投资者持股比例	
	股价	Price	股票的年末收盘价	
	信息不对称	Information Uncertainty	公司规模 Size；机构投资者持股比例或 R&D 投入水平	
虚拟变量	控股股东性质	Control	终极控股股东为国有股时取 1，否则取 0。	
	股利支付	Dividend Dummy	支付普通股或优先股股利时取 1，否则取 0	
	行业	Industry		
	年度	Year		

8 实证检验与结果分析

本书关注公司两大要素市场的关系，即公司产品市场竞争与其证券市场的效率关联或互动。如前理论分析，国外越来越多的研究显示将近几十年来美国乃至全球资本市场上公司异质性风险或其回报波动的显著增加，以及公司产品市场竞争业绩与其证券市场绩效的关联性下滑，直接归咎于经济领域内日趋激烈的竞争。考虑到全球经济一体化背景下各国宏观经济政策乃至制度环境变迁的日益趋同以及中国经济的快速增长，本书结合我国新兴、转轨而多元（地域差异）的市场经济背景以及 2008 年金融危机以来包括美国等发达国家和中国的经济政策均在着意推动行业/产业结构优化（集中趋势）和企业规模化等适应性调整或新政取向特征，重点关注我国的资本市场是否也存在上述现象？其影响程度如何？我国资本市场上的公司异质性风险或其回报波动是否也应归咎于经济领域内日趋激烈的竞争？如伴随着市场化进程的不断推进，行政性管制的放松、跨国竞争的普及、技术革新的渗透、促进有效竞争的相关法规，以及产权制度改革与金融市场发展等的日益深化等。公司产品市场竞争的加剧及其绩效变化是如何传导至其证券市场并引致风险与回报的频繁波动，即公司两大要素市场是否存在效率关联或互动（“PMC－SME”）？我国上市公司所在产品市场的行业竞争结构及其所在证券市场的公司/行业构成等多维结构特征的变迁，在其中是否仍然扮演着基础性作用？行业竞争加剧的后果又有哪些，对于行业竞争加剧及其关联性后果的解释中外有何差异？受产业组织、市场结构、企业战略管理及创造性破坏等理论及国外最新研究启发，本书基于“结构—风险—绩效”的关联视角即公司行业竞争结构之“内生互动效应”和“外生独立效应”正反两种路径及其“七类效应”，对我国上市公司产品市场竞争与其证券市场的效率关联及其影响路径进行实证检验。

8.1 路径与框架

本章实证检验的基本逻辑是：哪些因素或环境的变迁导致了公司产品市场竞争的加剧？竞争加剧的后果又是怎样？（政府干预、市场竞争等多因素导致的）相对或更为集中的行业结构与公司显著的市场势力（MP）是否有助于降低不确定性（随机冲击）、稳定公司的业绩？即其绩效优势何在？本章以我国上市公司的经验数据为样本，并基于行业集中程度、公司规模或市场势力、产权结构、研发投入、成长性以及公司所处证券市场的板块差异（主板、中小板及创业板差异）、上市年份等差异特征，对其样本进行多元分组，分别检验如下命题：

首先，关注公司产品市场竞争或行业竞争结构的“内生互动效应”，即对那些可能导致我国上市公司产品市场竞争加剧的公司特征性因素及其引致的异质性风险或其回报波动显著增加的“四类效应”——“小公司效应”、“新上市效应”、“基本现金流波动效应”及“信息—风险效应”——分别进行验证，主要是针对这些效应的存在、影响程度及其作用路径（即是否显著影响了公司的行业竞争结构）的关联趋势的描述性分析（和时间序列回归）。

其次，产品市场竞争之“外生独立效应”检验。进一步考察产品市场竞争或行业竞争结构的、显著而积极的“外生独立效应”，即分别基于“自然保值或风险转嫁”、“信息传播”及“创新激励”三类效应的分析，以验证相对或更为集中的行业结构与公司显著的市场势力是否以及何以能够在有效缓解公司证券市场的低效率、“规避”剧烈的竞争（风险转嫁）、降低市场随机冲击或信息不确定性影响（“内部化能力”），并进而在显著稳定公司绩效等方面更具能力优势？即结合制度背景分析，着重验证更集中行业中的公司何以利用其更为显著的市场势力而获取持续更高的回报？以及为维护这种优势，行业集中度又何以影响其在位公司的战略选择，更高的行业集中度何以促进信息的有效配置？“创新激励效应”的检验则旨在回答竞争的加剧是否会破坏公司的研发创新等行业内日益重要的战略性协作？即基于 Bunch 和 Smiley（1992）关于“竞争—战略合作”关系的三种解释（“搭便车”问题、协作性战略、进入壁垒），重点关注不同类型公司——所在行业的集中程度及其市场势力（MP）的大小等——的技术创新程度（“创造性破坏”）等战略性选择差异。

最后是稳健性检验，即在上述检验过程之中，针对主要变量，分别采用不同的行业竞争指标作为公司市场势力和市场竞争程度的替代度量，并遵循 Gaspar 和 Massa（2006）、Brown 和 Kapadia（2007）以及 Fu（2009）等的度量模式，基于采用我国深市 A 股个股日回报数据的 CAPM 回归得到日残差平方和作为新的异质性风险（SSE）变量指标，对上述命题进行重新检验。

实证检验的基本框架与路径参见本书第 1 章的全书框架图。

8.2 行业集中结构、公司市场势力（MP）与异质性风险

本章意在考察相对或更为集中的行业结构以及显著的公司市场势力是否有助于缓解市场竞争加剧导致的不确定性，进而稳定上市公司的绩效[①]，即其在为公司的产品市场竞争绩效的“自然保值”（Natural Hedge Effect），以及在降低公司证券资本市场上的异质性风险或回报波动等方面，是否具有显著而积极的正面效应。具体来说，本章的重点就是要检验是否能用本书第4章的理论分析提出的“自然保值或风险转嫁效应”以及“信息传播或集聚效应”和“创新激励效应”等公司行业竞争结构的“三类外生独立效应”来解释我国上市公司的产品市场竞争与其异质性风险或回报波动的关系，并同时验证我国上市公司或其证券资本市场的异质性风险或其回报波动的显著增加是否也应归咎于公司特征性因素的变化即“小公司效应”、“新公司效应”、“基本现金流波动效应”以及“信息—风险效应”等的存在及其关联性影响（关联趋势的存在），从而为本书理论分析部分提出的产品市场竞争之“内生互动效应”以及行业竞争结构变迁在其中扮演的基础性作用提供实证支持[②]；也从而为本书基于行业竞争结构之“内生互动效应”与“外生独立效应”正反两种路径以及“结构—风险—绩效”的关联视角，以验证公司产品市场竞争与其证券市场的效率关联甚或互动（“PMC - SME”）提供多元、系统而纵深的证据。

---

① 也即 Hoberg 和 Phillips（2010）、Novy - Marx（2009）及 Tookes（2008）等所谓的“内部化能力”优势。

② 受制于我国中小板以及创业板上市公司的有效样本容量，对这四类效应的“直接验证”只能提供描述性的关联趋势分析，但在实证检验之中则使用公司规模或市场势力（MP），以及上市时间的长短、成长性与盈利能力的高低、研发投入多少、产权结构等体现公司风险特征的多种因素的多元分组样本，对上述“四类效应”的存在及其影响进行了“替代性”的验证。

8.2.1 样本描述

本书实证检验涉及的数据综合采自 CCER（2010）、CSMAR（2010）、WIND（2010）以及锐思（2010）数据库。由于某些竞争变量（如 CS、ECC 等）的计算涉及当年度数据与年度滞后值的相对变化以及个别年度（如 2010 年）数据的缺失等情形，故导致其基本的有效样本期间为 2001—2009 或 2008 年，涉及股权融资成本变量的检验样本为 2004—2006 年（见表 8 - 11），但这些实证检验样本的差异并不影响在相关的描述性统计与关联趋势的分析之中采用更长的考察期间。为避免歧异值对本书检验结果的影响，本书适时对所有变量在 1% 的水平上予以了 Winsorize 处理，并在此基础之上又在个别的样本检验（如 HHI、CS、NH）中对所有变量适时进行了歧异值处理（排序之后在样本两端再各删去 50 ~ 100 个异常值），以弥补 Winsorize 处理的缺陷[①]。由于本书的实证检验基于面板数据，经过 Hausman 检验，所有模型均采用面板数据模型下的固定效应回归（Fixed - effects Regression）。此外，由于面板数据往往容易存在异方差和自相关问题，本书还采用了 STATA 软件中可以同时纠正模型异方差和自相关问题的“xtscc”命令进行估计；所有模型的回归检验均使用 STATA10. 0 软件进行计量分析，涉及股权融资成本的方程计算求解使用 Matlab 软件。

8.2.2 变量描述与关联趋势分析（图）

（1）产品市场竞争与异质性风险（SSE）：关联趋势图。

图 8 - 1 是对近十年来我国沪深 A 股上市公司板块特征的描述，以表明不断上市的小公司和新兴公司对于我国证券资本市场的结构性影响。由图可见，各板块上市公司数目均出现快速增长

① 使用 Winsorize 处理不改变样本容量但却改变了数据，故对歧异值的处理不具有针对性，即不能有效消除其异常影响。

的趋势，中小板市场自2004年开通以来，至今已经超过530家；而创业板市场的上市公司数量增加亦很迅速，以后甚至会更快（最快时超过每周20家，见第6章表6-11a注）。可以预见，吸纳规模较小、技术依赖等特征更为明显的、弱小的、高风险的公司上市融资的“非主板”市场的持续扩容，也即中小板块（实属于主板）、创业板块上市公司的数量递增，势必会日益影响上市公司整体的风险或回报水平，这既是我国金融政策与改革推动的结果，同时也是我国证券资本市场日益完善的内在要求和必然趋势。

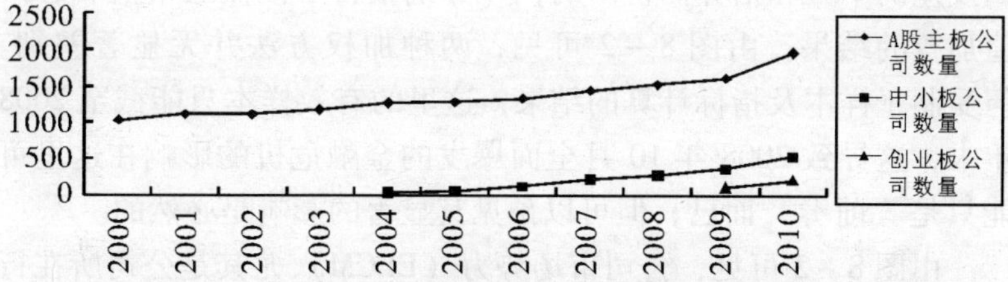

图8-1　2000—2010年我国A股上市公司的数量变化趋势：板块特征

数据来源：根据CCER（2010）等数据库计算得到，参见第六章表6-11a。

图8-2我国制造业（C）上市公司的异质性风险（SSE）与其公司市场势力以及其所在行业的集中度之间的关联趋势[①]——作为对异质性风险变化与公司市场势力关联的时间趋势的“单变

① 考虑到行业结构的显著差异以及本书的逻辑关切，考察公司市场势力与其异质性风险（SSE）的时间关联趋势，应该选择某一典型或代表性行业；而且，某些竞争竞争指标如HHI、EI也只是具有“行业—年度”值，故全行业样本的平均几乎没有对比的意义。此外，考虑到高频数据的可靠性，这里的描述性统计采用了基于日回报数据的CAPM的回归残差估算的异质性风险指标（SSE）。公司市场势力（PCM）与行业集中度（EI）指标的关联趋势与上类似，本书略。

量检验”，可以弥补本书未作时间序列回归的缺憾①，这是西方发达资本市场下异质性风险相关研究所必要考量的方面（Fama and French，2004； Brown and Kapadia，2007；Irvine and Pontiff，2009）。考虑到制造业上市公司的比例超过我国上市公司总数的60%以上，因此，其行业的典型性和作为全样本的代表性意义“毋庸置疑”。因为考察上述关联指标的年度变化趋势，故公司每年的市场势力（EPCM）与其异质性风险（SSE）由其行业内同年之中所有公司或股票的该指标的均值决定，而异质性风险（SSE）是按深市A股的个股及市场日回报数据并基于CAPM回归残差的平方和估算而得出的，并分别报告了按流通市值和总市值加权的结果，由图8-2可见，两种加权方法并无显著差别。但受制于样本及指标计算的结果，这里的有效样本只能截至2008年末，这导致2008年10月全面爆发的金融危机的影响在这里可能只是“前奏”而已，但可以预见其显著的影响是必然的。

由图8-2可见，公司市场势力（EPCM）尤其是公司所在行业的集中程度（HHI）与异质性风险（SSE）的负相关趋势非常显著，我国证券资本市场（A股）中上市公司的异质性风险确实也存在随年显著增加的趋势，虽然风险的整体水平有异且并不高（见表8-1关于主要变量均值、标准差的描述性统计），但这与Gaspar和Massa（2006）、Brown和Kapadia（2007）、Irvine和Pontiff（2009）等关于国外资本市场异质性风险在近几十年中呈现显著增加的现状描述和相关研究结果一致。这表明，无论从行业的结构还是公司的市场势力对比考量，多维视角的度量并未改变上述产品市场竞争变量与公司异质性风险的负向关联趋势，这与本书的理论预期完全一致。

① 相对于西方发达资本市场，我国的证券资本市场尚处于早期，对应检验变量的有效样本数据的“小”和“短”，也是制约时间序列回归可行性的一个重要因素。但随着时间的推移，这方面的研究必定会成为日后相关研究的一个重要方面。

由图8-2还可以看出，我国制造业（C）的分散化特征，似乎还在“加剧”——行业集中度（HHI）逐年明显降低，公司市场势力亦呈下降趋势；由行业结构决定的公司产品市场竞争（PMC）激烈的大局面并未得到有效缓解，这应该是导致公司异质性风险显著增加的一个重要原因和背景。这与本书第6章制度背景分析对我国行业结构的分析和描述性统计基本一致。行业的聚散程度与其市场的竞争程度一般负相关[①]，但市场竞争程度（CS、NH）却并未呈现出与公司异质性风险（SSE）同方向变化且显著增加的趋势，而是呈现出时增时减的波动特征，这显然与制造业内各行业的差异及其中公司的规模分布差异有关，也与上述两种衡量竞争的指标在中国的“有限”适用性有关，尤其是反映公司间经营模式或技术创新水平差异的NH指标。这种不完全对应的描述性统计结果与后文的实证检验之中该指标的显著性不高甚至弱相关的结果亦相一致；但市场竞争程度的波动特征似乎可以“潜在地映射出”我国上市公司的行业竞争结构可能正在日益呈现出优化集中的微弱趋势，这与本书第6章制度背景分析中对于我国个别行业的优化集中趋势的描述和推断亦基本吻合（见表6-7）。此外，由公司市场势力（EPCM）和行业集中度（HHI）的关联趋势图的差异也可以看出，行业的聚散结构与公司的市场势力虽然趋势一致但并不完全吻合，这也是关于产品市场竞争的多维度量的可预期结果。可见，关于产品市场竞争及其关联影响效应的分析，确实必须从行业的聚散结构及其市场的竞争强度（包括公司市场势力的对比）两个层面予以多维考量，且必须与一国的宏观经济政策、产业结构调整乃至国际竞争环境的关联性变迁相挂钩，而这正是该方面学术研究的逻辑需要以及国内外相关研究普遍遵循的路径。

---

① 这是一般的情形，但还要看其行业的具体结构特征，即其行业内公司的规模分布差异。可参见第7章研究设计中关于行业集中度（HHI）指标歧异的讨论。

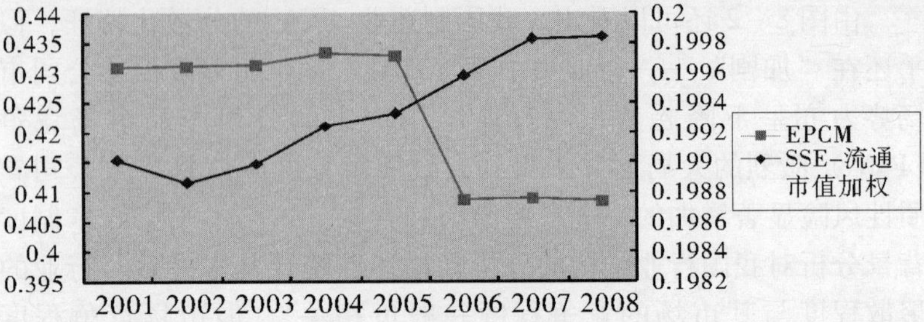

图 8－2a　公司市场势力（EPCM）与异质性风险（SSE）的关联趋势：流通市值加权

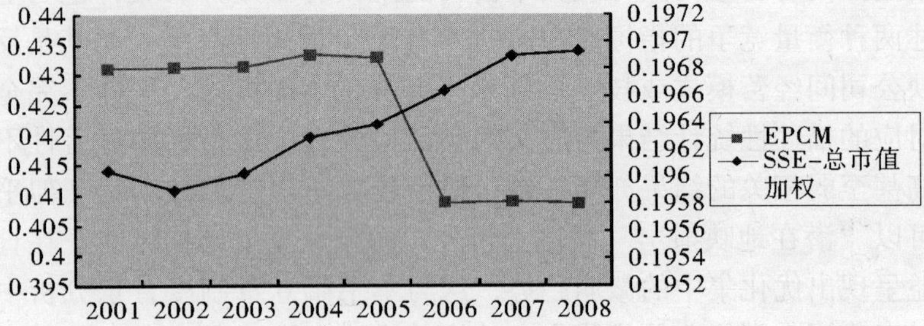

图 8－2b　公司市场势力（EPCM）与异质性风险（SSE）的关联趋势：总市值加权

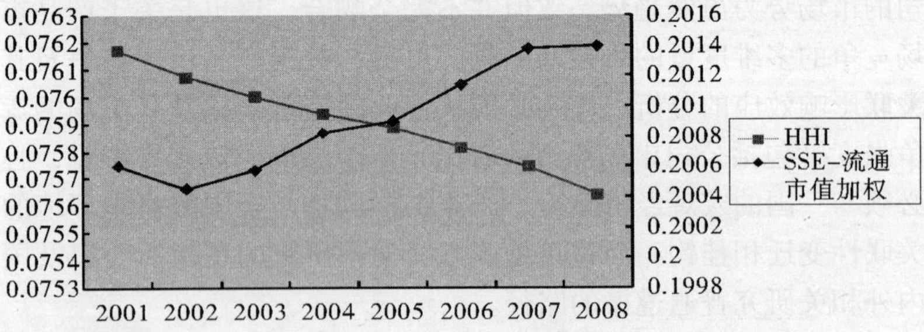

图 8－2c　行业集中程度（HHI）与异质性风险（SSE）的关联趋势：流通市值加权

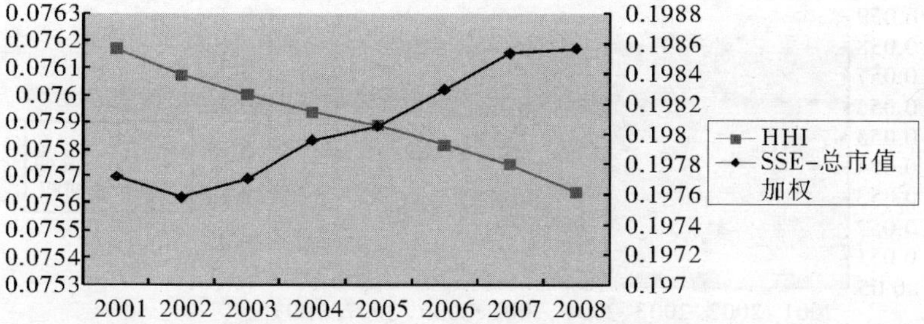

图 8-2d 行业集中程度（HHI）与异质性风险（SSE）的关联趋势：总市值加权

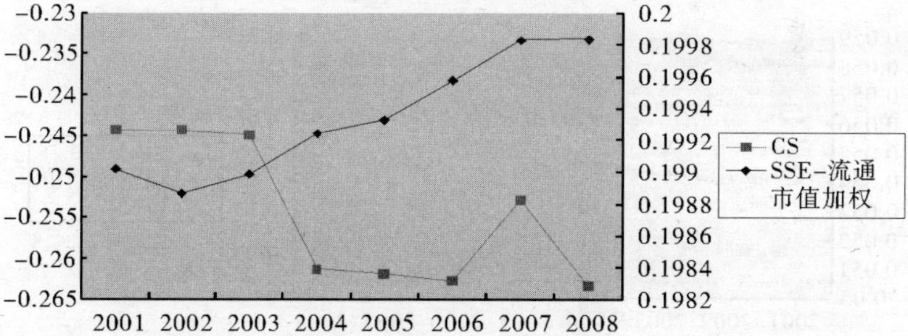

图 8-2e 产品市场竞争强度（CS）与异质性风险（SSE）的关联趋势：流通市值加权

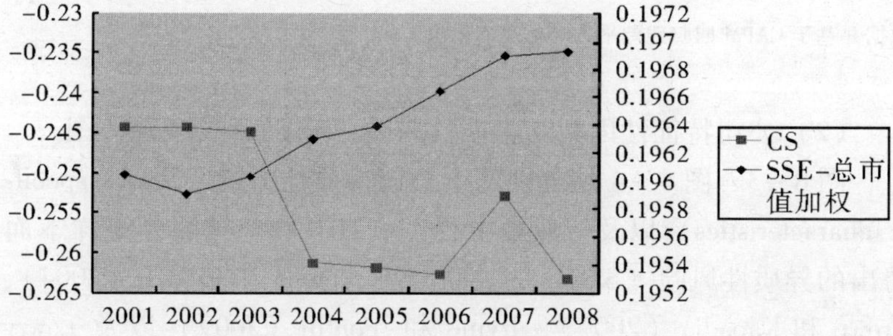

图 8-2f 产品市场竞争强度（CS）与异质性风险（SSE）的关联趋势：总市值加权

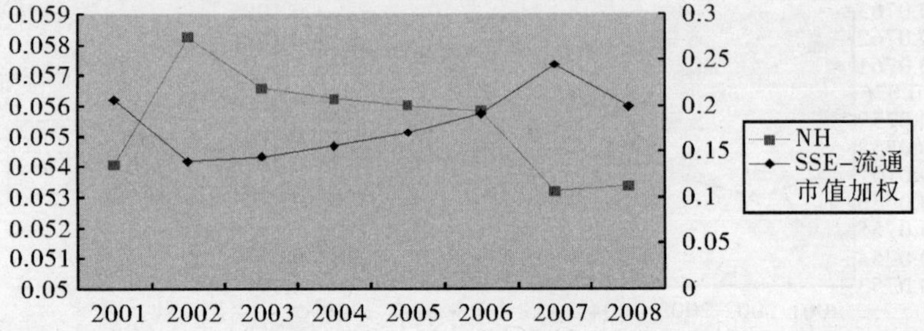

图 8-2g　产品市场竞争强度（NH）与异质性风险（SSE）的关联趋势：流通市值加权

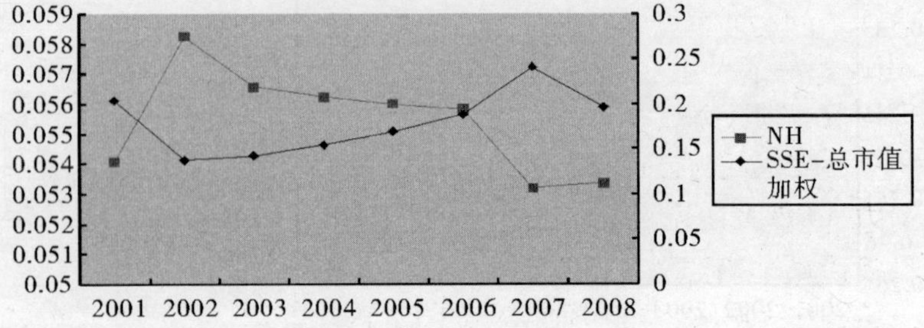

图 8-2h　产品市场竞争强度（NH）与异质性风险（SSE）的关联趋势：总市值加权

注：图 8-2a 至图 8-2h 的异质性风险（SSE）按深市 A 股的个股及市场日回报数据并基于 CAPM 回归残差平方和估算而得出。

（2）公司特征性因素与异质性风险（SSE）：关联趋势图。

图 8-3、图 8-4 是分别基于公司特征性因素（Firm-specific characteristics）以及行业集中程度（HHI）差异的分组样本而得出的异质性风险（SSE）的关联趋势。Fama 和 French（2004）、Brown 和 Kapadia（2007）、Irvine 和 Pontiff（2009）以及 Lowry（2010）等研究表明，公司的规模（Size）、市场势力（MP）、有形资产（Real Assets）的比重、成长性（M/B）以及盈利能力

(Profitable) 的高低等特征性因素与其异质性风险的关联密切，而具有诸如此类相似特征的弱小、高风险公司的上市比重的增加，势必会引致上市公司整体的异质性风险的显著变化（Chemmanur and He，2009；Chod and Lyandres，2010）。这正是本书基于上述五种公司特征性因素分组样本以及行业集中程度（HHI）差异等考察我国上市公司特征因素影响的基本缘起。

由图 8－3 可见，因市场势力（EPCM）的强弱（见图 8－3a）、成长性（M/B）的高低（见图 8－3c）、盈利能力（ROE）的高低（见图 8－3d）等公司特征性差异，我国上市公司的异质性风险（SSE）的关联趋势对比亦较为显著：市场势力更强的公司、成长性更高的公司、盈利能力更高的公司，以及行业集中程度（HHI）更高的公司（见图 8－4），其异质性风险（SSE）的波动幅度以及波动频率（即曲线的缓急变化程度），均较上述特征更弱、更小或更低的公司相对缓和（小）。这与图 8－2 关于公司市场势力（EPCM）以及行业集中程度（HHI）与异质性风险的关联趋势描述基本一致[①]。这表明：首先，在这个层面上，将行业竞争结构作为影响公司异质性风险的“内生互动性因素”（视同公司特征性因素）还是“外生独立变量”，其影响基本类似；其次，更多的弱小、高风险公司的上市，确实会导致上市公司整体的异质性风险的显著增加，而其根本原因想必正在于行业结构的因此变迁及其引致的产品市场竞争的日益加剧。这与 Fama 和

① 对于趋势图中显著变化的年份，还应该到考虑到特定事件或政策背景（如中小板 2004 年上市、创业板的拟上市以及股权分置改革、金融危机等）的可能影响，如图 8－3a 等图中的变化。

French（2004）、Brown 和 Kapadia（2007）[①] 等国外研究结果以及本书的理论预期一致。此外，值得强调的是，成长性和盈利性的影响还需要特别考虑，这既与我国转轨时期的经济快速增长及其上市公司的普遍高成长背景有关，也是国外已有研究予以特别关注的因素（Aguerrevere，2009；Hoberg and Phillips，2010），图 8－3（c、d）的关联趋势差异（相对于公司市场势力 EPCM 和行业集中度 HHI）及其个别年份的显著变化（如 2005 年前后），显然可以证明这种单独的考虑可能是必需的，这也是本书后面的实证检验——尤其是成长性（M/B）、盈利性（ROE）等分组样本——对此予以进一步考察的原因。

公司规模（Size）的大小（见图 8－3b）、实物资产（Real Assets）的多少（见图 8－3e）的关联趋势似乎与上述特征“相反”：规模更小、实物资产更少的公司，其异质性风险（SSE）的波动程度（幅度及其频率）“反而”更小（低）[②]。本书认为原因有二：其一，与公司规模（Size）和其市场势力（EPCM）的“分离”类似，实物或有形资产（Real Assets）也不能作为公司市场势力的有效替代，这与后文的单变量分析（见表 8－2）以及实证检验中的公司规模与实物资产控制变量与异质性风险（IR、SSE）普遍正相关的结果基本一致（见表 8－3、8－5、8－6等）；其二，导致这种在预料之中的“非预期结果”的另一个原因便是公司所在行业的成长性差异影响。Aguerrevere（2009）等的研究表明：因为公司不同资产（现有资产及其成长机会）的风险属性

① 得益于其所在资本市场的完善程度（时间更长、效率更高），Brown 和 Kapadia（2007）的研究基于近四十年样本（1965—2004 年），并按 5 年一个时段分组，对不同的公司特征性因素之下的异质性风险（SSE）的时间趋势进行描述，这显然可以消除个别年份因政策或环境的急剧变迁而导致的指标“歧异值”的影响。这也是本书图 8－2 与图 8－3 直接分年度的描述性结果“波动较大”以及个别年度显著偏离趋势的一个原因。

② 这是否可以作为我国中小规模公司的业绩普遍更好的证据，还有待进一步检验。

差异——在不同的环境下对风险的敏感程度，产品市场竞争（PMC）对于公司绩效（资产的风险回报）的影响将具有“因资产（风险属性）、因时机（行业兴衰、需求高低）、因结构（竞争结构）而异”的动态综合特征；行业竞争结构的优劣及其公司的“价值依赖”（即其价值实现的路径依赖）也会“因时而异”（Hoberg and Phillips，2010）。故上述关联趋势的描述性结果显然还需要进一步的检验。

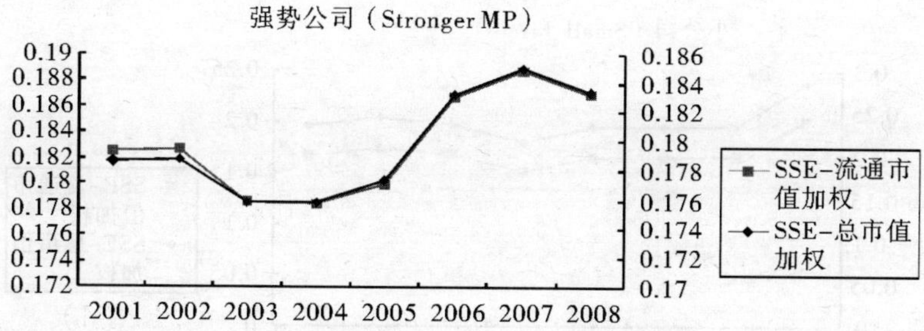

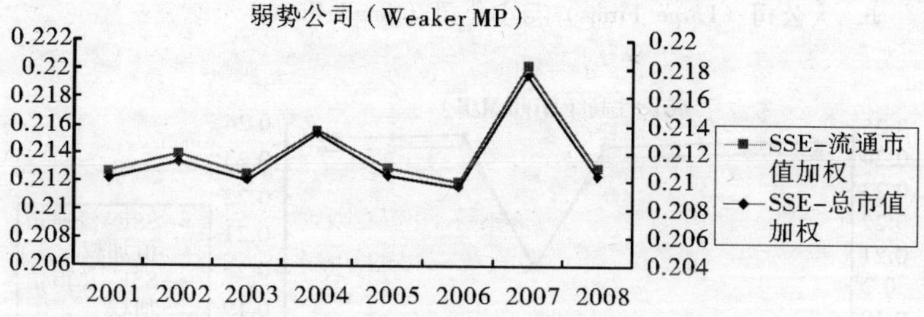

a. 强势公司（Stronger MP）与弱势公司（Weaker MP）

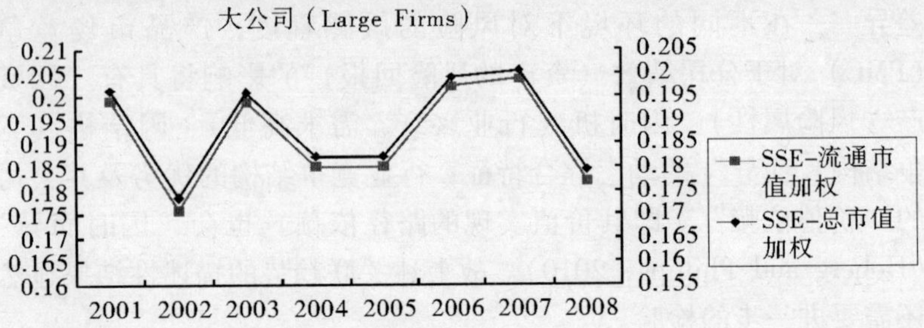

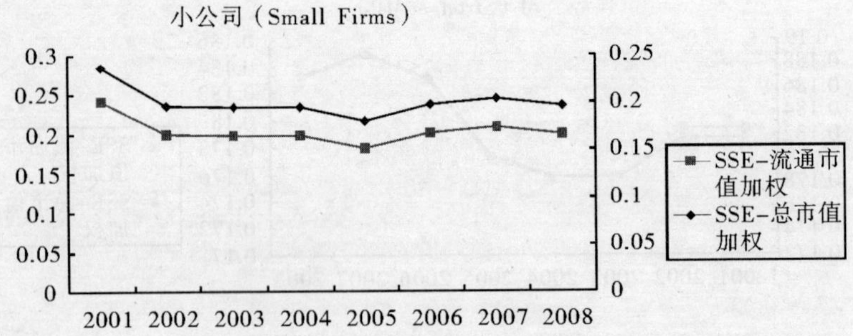

b. 大公司（Large Firms）与小公司（Small Firms）

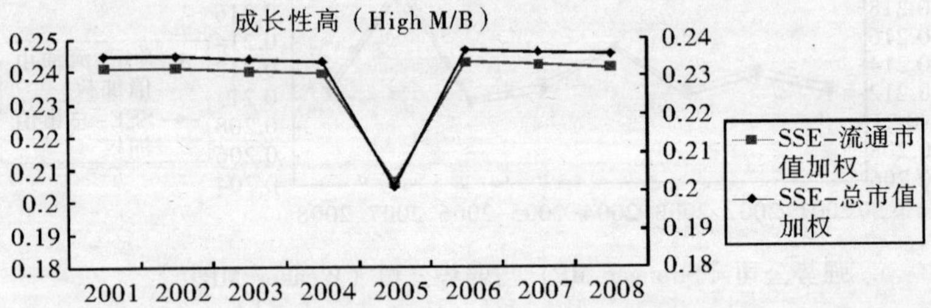

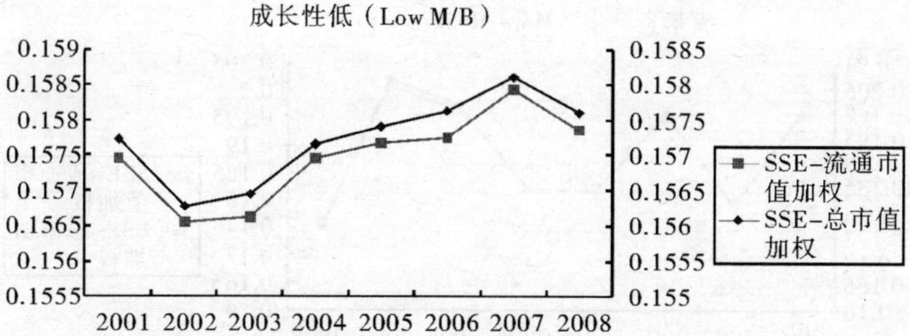

c. 高成长性公司（High M/B）与低成长性公司（Low M/B）

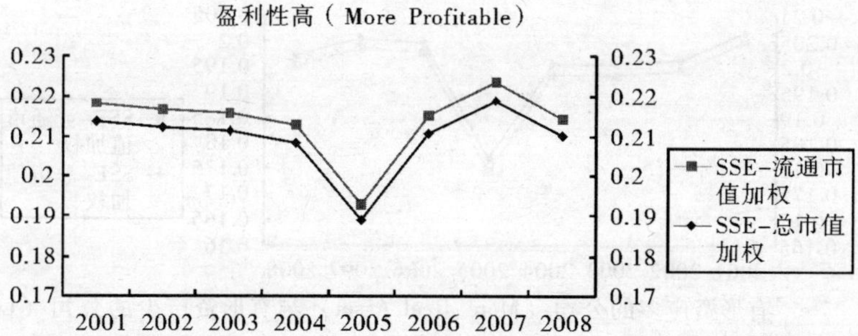

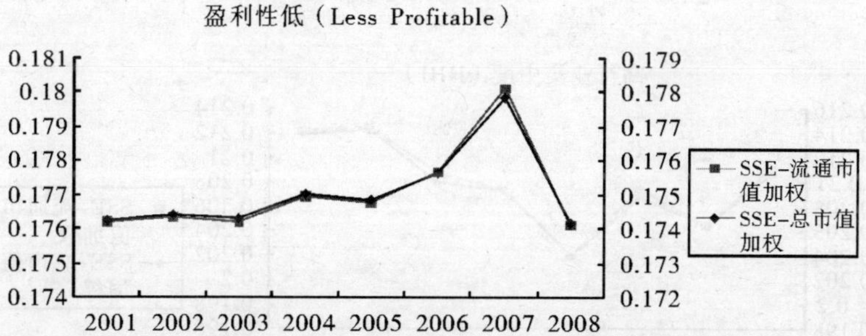

d. 盈利性高的公司（More Profitable）与盈利性低的公司（Less Profitable）

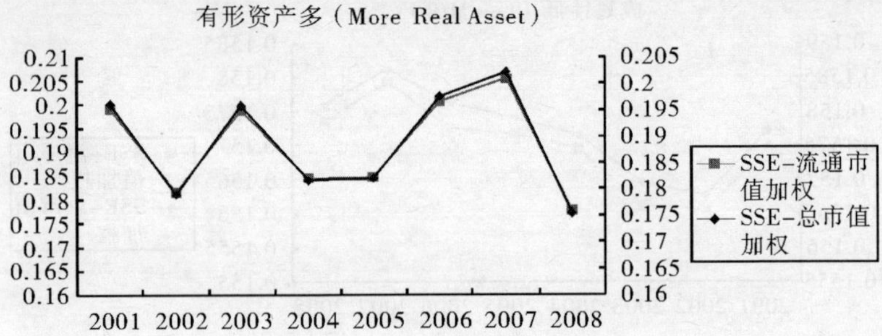

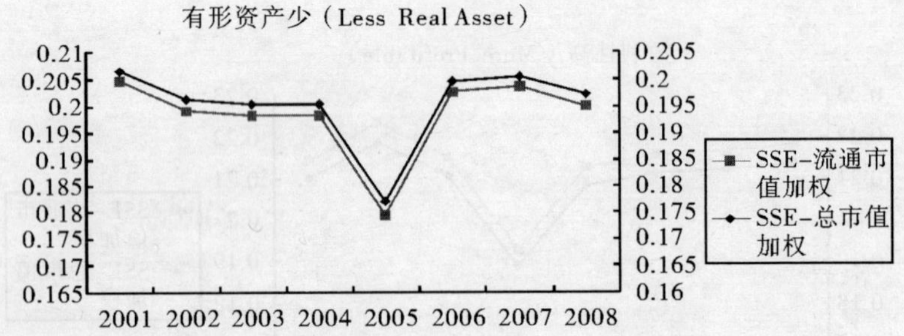

e. 有形资产多的公司（More Real Asset）与有形资产少的公司（Less Real Asset）

图 8-3 我国上市公司异质性风险（SSE）的关联趋势：公司特征差异影响

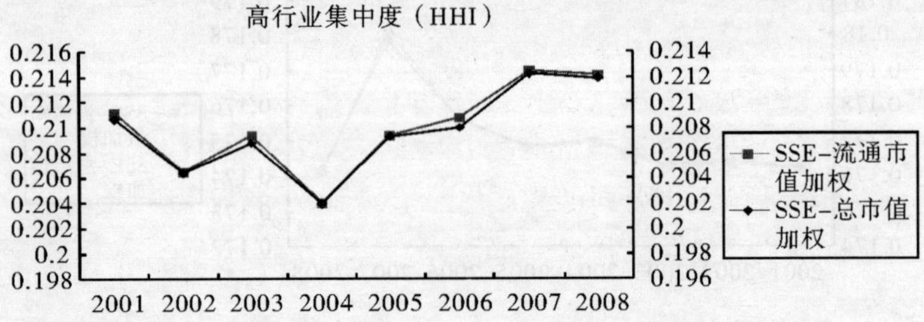

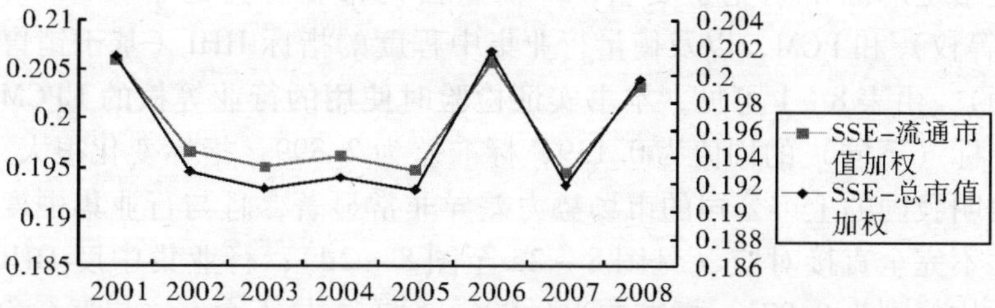

图 8－4　我国上市公司异质性风险的关联趋势：行业集中度差异

注：图 8－3 和图 8－4 中的异质性风险（SSE）是按深市 A 股的个股及市场日回报数据并基于 CAPM 回归残差的平方和估算而得出的，并分别报告了按流通市值加权和总市值加权的结果。

（3）主要变量的描述性统计。

表 8－1 报告了按照我国沪深 A 股市场的个股月回报和市场月回报数据并基于 CAPM 回归残差而估算的异质性风险（IR）与本书主要竞争变量的描述性统计结果。对应上一章对异质性风险（IR）指标的度量，这里还分别列示了使用不同权重之下的异质性风险结果。由于本书随后的实证检验均主要基于流通市值加权的异质性风险（IR），故这里主要针对第一种异质性风险（IR）进行分析。由表 8－1 可见，流通市值加权的异质性风险（IR）的年度均值为 0.272，每年的标准差为 15.1%。这虽然与 Gaspar 和 Massa（2006）、Kale（2010）等基于美国等发达资本市场 40% 以上的异质性风险水平（Mean = 0.425，Std. = 56%）相对较低，但仍然显示我国上市公司的异质性风险（IR）水平并不低，且其逐年增加的趋势显著（图 8－2a 至图 8－2h）[①]。本书的主要解释

① 与美国等发达资本市场上公司异质性风险与其市场风险的"背离"特征的内涵对比分析，详见 8.2.4 节"稳健性检验"中对表 8－12 之描述性结果的分析；这里基于月回报数据的异质性风险（IR），其总市值加权的结果"异常"（均值为 1.237）可能预示着使用基于日回报高频数据的 CAPM 回归残差估算异质性风险应更为可靠。

变量是产品市场竞争变量，即衡量公司市场势力的指标 EPCM（等权）和 PCM，以及衡量行业集中程度的指标 HHI（基于销售额）。由表 8－1 可见，本书实证检验时使用的行业等权的 EPCM 指标（下同）的均值为 0.139，标准差为 2.899，指标变化很大，表明我国的上市公司的市场势力差异非常显著，且与行业集中度并不完全直接对应（见图 8－2a 至图 8－2d）；行业集中度 HHI 的均值则为 0.071，标准差为 0.096，分布差异不大，这与第 6 章制度背景分析对我国行业集中度总体水平偏低、产品市场竞争激烈的基本描述相吻合。总体而言，上述描述性统计结果与 Gaspar 和 Massa（2006）、Kale（2010）等已有研究的结果基本一致，并很好地吻合了本书的理论预期。

表 8－1　主要变量的描述性统计①

	N	Mean	Min	Max	Std.
IR（流通市值加权）	5111	0.272	0.061	0.908	0.151
IR（总市值加权）	5111	1.237	0.099	3.044	0.622
EPCM（等权）	5111	0.139	－13.248	16.231	2.899
PCM	5111	0.345	－1.799	2.119	0.447
HHI	5111	0.071	0.018	0.884	0.096

注：异质性风险（IR）基于沪深 A 股月回报数据的 CAPM 回归残差估算而得，EPCM 采用行业等权计算，HHI 则基于销售额计算得到。

8.2.3　检验结果分析与对比：全行业样本与分组样本

（1）单变量检验。

表 8－2 报告了我国上市公司产品市场竞争（公司市场势力

① 考虑到公司市场势力（EPCM）尤其是异质性风险（IR、SSE）等指标的实际数值大小特征——与国外研究的统计结果类似，本书对该指标的数值均保留到小数点后 3 位以上甚至 5～6 位，如此才能看出这些数据及其关联的趋势变化特征。

与行业结构）与其证券市场效率（异质性风险 IR）的单变量分析结果。表 8－2 基于公司市场势力（EPCM）和行业集中度（HHI）四分位统计，旨在描述：在控制公司规模（Size）时[①]，公司市场势力（EPCM）或其所在行业的集中程度（HHI）的增加，是否会显著缓解公司的异质性风险（IR）？这种二维的结构分布会产生出一个 4×4 的变量组合，使本书得以系统地观察上述关联，并同时得以“洞察”公司规模（Size）与其市场势力的关系。由表 8－2 的 Panel A 的统计结果可见，随着公司市场势力（EPCM）的增加，公司异质性风险（IR）的均值在每一个公司规模的四分位组（Size Quartiles）中均未表现出显著降低的趋势，反而呈现波动的特征——虽然第二个四分位组与最后一个四分位组的均值差异较为显著。可见，市场势力（EPCM）与异质性风险（IR）的关联可能在同时受到公司规模（Size）的“干扰性”影响，本书将其“不显著”的原因归咎于如下三个方面，并适时予以修正：

其一，单变量分析等描述性统计应该基于一手“真实”数据的直接描述，而不应类似于实证检验样本而剔除所谓的“极端或歧异值”；但基于个股和市场月回报数据的 CAPM 估算得到的异质性风险（IR）却存在很多的“极端值”（由该指标的原始数据可以看出），这可能导致基于公司市场势力四分位分组之下的异质性风险（IR）均值分布的“异样”。

其二，同时控制公司规模（Size）也可能导致分布的异样，因为公司规模（Size）往往与其市场势力相“分离”（见图 8－3b），即其并不能直接作为市场势力的表征——这也是相关研究使用价格成本边际（EPCM）、行业集中度（HHI）以及竞争互动程度（NH、CS）等多元指标更可靠度量公司市场势力的原因所在。故此，本书还报告了不控制公司规模（Size）的四分位统计结果，因为基于一维分布结构，此时的变量组合便成为 1×4

① 一般认为公司规模（Size）可以作为其市场势力的一个简单替代，故在此有必要控制其可能的“重叠性或抵消性”影响；本书同时还报告了不控制公司规模（Size）时的四分位统计结果。

矩阵。由表8-2可见，Panel B的结果略有好转，而Panel C的行业集中度（HHI）的结果则显著支持了本书的预期。

其三，基于个股和市场日回报等更高频数据的CAPM回归的日残差平方和估算公司的异质性风险（SSE），可能更为可靠，这也是国外已有相关研究的普遍做法（Gaspar and Massa，2006；Brown and Kapadia，2007）。由表8-13可知，随着公司市场势力（EPCM）和行业集中度（HHI）的增加，公司异质性风险（SSE）的均值均呈现出显著降低的趋势——异质性风险（SSE）的四分位的均值差异 t 检验结果均在1%的水平上显著，完全验证了本书的理论预期。

表8-2 公司市场势力（MP）、行业集中度与异质性风险（IR-流通市值加权）的关联：单变量检验

Panel A：EPCM						
		Market Power Quartiles				
		1（Lowest）	2	3	4（Highest）	Difference：1-4
Size Quartiles	1（Smallest）	0.251	0.281	0.282	0.260	-0.009
	2	0.232	0.269	0.261	0.286	-0.054***
	3	0.239	0.273	0.275	0.269	-0.03**
	4（Largest）	0.247	0.311	0.309	0.298	-0.051***
Panel B：EPCM						
		Market Power Quartiles				
		1（Lowest）	2	3	4（Highest）	Difference：1-4
		0.243	0.285	0.282	0.276	-0.033***
Panel C：HHI						
		Market Power Quartiles				
		1（Lowest）	2	3	4（Highest）	Difference：1-4
		0.304	0.251	0.267	0.287	0.017***

注：异质性风险（IR）基于沪深A股月回报数据的CAPM回归残差估算而得，EPCM采用行业等权计算，HHI则基于销售额计算得到。表中最后一栏为组间均值差异显著性的 t 检验值，***、**、*分别代表1%、5%、10%的显著性水平。

（2）多元回归分析：全行业样本。

本书基于我国上市公司2000—2009年混合面板数据对其产品市场竞争与异质性风险的关系进行多元回归分析，回归检验采用最小二乘法（OLS）并使用STATA10.0软件进行计量分析。基本模型如下：

$$IR_{ft} = \alpha_{ft} + \beta_1' PMC_{ft} + \beta_2'' CONTROLs_{ft} + \varepsilon_{ft}$$

其中，IR_{ft}为公司f在t年的异质性风险，PMC_{ft}代表本书使用的所有的产品市场竞争变量，而$CONTROLs_{ft}$则代表实证检验中需要控制的所有变量。

首先报告基于全行业样本的回归检验结果[①]。以下检验中如不作特别说明，涉及的异质性风险（IR）指标均采用流通市值加权，并基于CAPM使用我国沪深A股市场的个股月回报和市场月回报数据回归得到代表异质性风险的残差值。

表8-3分别基于不同的产品市场竞争指标，考察公司市场势力（MP）与其行业竞争结构如何影响公司的异质性风险（IR），主要竞争变量的检验结果与本书的理论预期以及Gaspar和Massa（2006）、Irvine和Pontiff（2009）、Kale（2010）及Peress（2010）等相关研究的结果完全一致，模型（1）的结果显示，公司的产品市场势力（EPCM）与其异质性风险（IR）水平负相关，且在1%的水平上显著，即公司市场势力越强，其异质性风险将越低，市场势力的增强有助于显著缓解公司面临的异质性风险并稳定其回报水平。由检验结果来看，在对公司市场势力度量可靠方面，结合行业结构差异考量的超额价格—成本边际（Excess PCM），即EPCM变量，相对于PCM指标（检验结果不显著）能更好地描述公司市场势力（定价能力）的行业差异，因为该指标

① 在使用STATA10.0软件进行计量检验时（面板数据下的固定效应回归模型），所有的模型均设定了不报告截距项（Constant）的检验结果，这并不影响对主要变量的分析结果，含截距项的检验结果与此一致。

考虑到不同行业的回报率的结构性差异以及其与公司市场势力的相关性程度[①]，在公司层面的价格—成本边际（PCM）之中“抽去”了其行业平均的价格—成本边际影响，因而可以很好地弥补公司层面的价格—成本边际指标（PCM）的可能缺陷（Carlton and Perloff，1989）[②]。

模型（3）和模型（4）分别为两种行业集中度（HHI、EI）的替代变量的检验结果，其中，赋予行业内更大的公司以更多的权重的行业集中度指标 HHI 与公司异质性风险负相关，结果符合预期却并不显著，但与公司市场势力（EPCM）的检验结果相配合，依然可以表明更为集中的行业结构有助于降低公司的异质性风险，因为主导行业内竞争的大公司的业绩更为稳定（EPCM 的结果显著为负），而且，在更为集中的行业内，公司间竞争的战略合作性动机也将更强（见本书后续关于研发投入 R&D 或技术创新的分组检验结果）。赋予行业内的小公司以更多权重的行业集中度指标 EI 即熵指数与公司异质性风险负相关，结果与预期相反但也并不显著。行业集中度与预期结论的冲突，除与样本本身的选择等问题有关之外，亦同时表明这种指标——至少目前——可能还不太切合转型时期的我国上市公司的整体的行业竞争结构特征，这与本书制度背景分析章对于我国行业结构及其公司分布的描述性统计与分析基本一致，即行业结构的分散化特征尤其是某些行业内公司规模或势力的畸形分布，可能是导致集中度指标度量“失效”的主要原因，这与学术界对 HHI 等市场集中度指标

① Kale（2010）的相关研究就将公司产品市场势力（PCM）分解为与其证券市场流动性相关的部分和无关的残差部分，以更为精确地度量公司市场势力（MP）；基于同样的思想，Haw 等（2008）对行业集中度（HHI）也进行了行业层面的回归以分离行业集中度与公司市场势力的独立效应。

② 学界对于价格—成本边际指标（PCM）的批评集中在两个方面，其一是该指标未能考虑资本成本；其二是该指标可能仅对从事单一业务线（Operate in a single Line of Business）的企业或公司近似有效（Carlton and Perloff，1989）。但 Gaspar 和 Massa（2006）的研究显示使用不同的价格—成本指标的结果类似。

自身缺陷的批评亦“不谋而合”[①]。这也是本书后续研究主要基于市场势力指标（EPCM）并同时结合其他反映行业内及行业间竞争程度的典型指标（如NH、CS），以及基于我国更具代表性的制造业（C）样本重新检验行业集中度（HHI）与公司异质性风险的关系并进行对照分析的目的所在。详见后文。

公司间竞争策略的敏感度即CS指标以及衡量公司间经营策略相似程度的NH指标，均与本书的理论预期完全一致，且均在5%的水平上显著。作为公司产品市场竞争动态的较好替代，这两个指标与公司异质性风险（IR）显著相关的结果一致表明：产品市场上公司间竞争的加剧——可能是经营模式过于相似（NH值较小）的结果——或将诱致公司间频繁的策略性互动乃至掠夺，并进一步加剧公司产品市场的竞争；而产品市场上的竞争动态又会进一步传导到公司的证券市场上，并最终引致更高的异质性风险或回报的剧烈波动。

除个别变量（Trading Volume，Size，Control）与预期“不太相符”（不显著）以外[②]，主要控制变量的结果与Gaspar和Massa（2006）、Irvine和Pontiff（2009）、Kale（2010）等已有研究的结果基本一致。充裕的现金持有（Cash Rate）可以显著缓解公司的异质性风险（正相关），这与国内外很多上市公司（如思科公司、我国大多数的国有上市公司）因为之前战略性地持有了更为充裕

---

① 参见Lyandres（2006）等对赫芬因德指数HHI的自身歧义等缺陷的批评：较高的HHI也许是因为行业内公司数量较少，因此HHI与公司间竞争互动强度正相关；但这也许是因为行业内公司规模的显著差异引致的结果。此时，就必须结合我国行业结构的具体分布特征：如有些行业由其一二巨头导致的高市场集中度，并不能准确反映行业内众多中小公司间的激烈竞争；而对于公司规模分布均匀或差异不大的行业，集中程度较低（不会太高）时一定表明竞争激烈。

② 成交量（Trading Volume）虽然为负但均不显著；终级控制人性质（Control）尤其是公司规模（Size）与异质性风险正相关但不显著（后者在HHI模型中显著）结果与本文的预期有所出入。详细的分析可参见后续基于公司市场势力与其规模、产权性质的交叉变量的检验结果。

的现金，从而得以幸免于2008年全球金融危机之巨大冲击的现状相符（Fresard，2010），也符合我国国资委及时强调和推动“现金为王”战略从而较好地渡过危机负面影响的现实；公司的战略性现金持有（Cash - holdings）确实可以成为成功“规避”竞争负面冲击的有效的公司势力（MP），本书后续实证检验中该控制变量与公司异质性风险（IR/SSE）普遍显著为负的结果充分证明了这一论点。考虑到我国上市公司普遍面临高成长机会的新兴、转轨的市场经济背景，更高的成长性（M/B）将“加剧”公司的风险（正相关），且在此影响之下，实物资产（Real Asset）的风险获利能力将“大打折扣”（见图8 - 3e）——除模型（3）外均与异质性风险显著正相关（Aguerrevere，2009；Hoberg and Phillips，2010）[①]。作为公司盈利能力甚或市场势力（MP）的较好替代，公司利润边际（Profit Margin）的增加必将显著降低其异质性风险（显著负相关）。

作为公司大股东持股比重变化的替代指标（Gaspar and Massa，2006；Wurgler and Zhuravskaya，2002；Barberis，Shleifer and Wurgler，2005），市场风险因子Beta与所有模型之下的异质性风

① 分析资产回报差异时还须结合其成长性或行业兴衰变化等背景。可参见本书文献述评和理论分析部分中Aguerrevere（2009）、Hoberg和Phillips（2010）等关于产品市场竞争、行业兴衰（市场需求）变化与公司不同类型资产（现有资产与成长机会）的风险与价值贡献差异的相关研究，这里的检验结果与其基本一致；但在后续的检验结果中该变量的不同结果可能正是因为成长性差异影响所致（具体可见表8 - 8的成长性分组结果），故实物资产变量还须与成长性（M/B）以及市场风险因子（Beta）等变量结合起来进行分析。

险均显著负相关[①]，这表明大股东或机构投资者[②]对于公司股票的"巩固性"持有——即不会频繁抛售甚至会增持——可以帮助公司有效稳定其风险或绩效的波动；公司的异质性风险或其回报波动确实也可以作为股票间可替代性（风险）的一种有效度量（Wurgler and Zhuravskaya，2002）。这与换手率（Turnover）与公司异质性风险的显著正相关结果亦保持一致。公司的股价（Price）变量是为了控制市场的噪音（Microstructure Noise）对低价股票的异质性风险的可能影响（Caspar and Massa，2006），其在所有模型中均显著正相关的结果表明，我国上市公司的股价收益与其异质性风险高低"密切挂钩"——与换手率（Turnover）以及公司的盈利能力（ROE）的结果相配合，证券市场的投机性特征显然较欧美发达资本市场更为明显[③]。上市时间越久的公司（Age）其异质性风险的水平一般会更低——模型（3）显著；而公司及时的股利支付（Dividends）将显著降低其异质性风险或回报波动，因为这样的公司其信息不对称程度更低，而投资回报的支付亦同时反映出公司的获利能力及其相对更为稳定的业绩。

机构性持股（Institutional Ownership）的检验结果虽然普遍

① 这与 Gaspar 和 Massa（2006）的结果相反，故还要看其具体内涵：一般而言，异质性风险应该与市场风险同涨同落，且在西方更为完善的资本市场之中，这种符合理论逻辑的关联趋势应更显著；但也可能发生背离，尤其是在新兴、转轨的证券资本市场之中——异质性风险增加而公司回报降低的现象在世界范围内并不鲜见（Fu，2010）。Gaspar 和 Massa（2006）将 Beta 系数作为大股东或机构性持股比重变化的替代指标，虽然可以部分代表市场风险，但在更大程度上却使之"演变"成为公司可以控制或分散掉的非系统性风险了，这可能是导致本书结果与其相反的一个原因；但在逻辑上讲，我国资本市场的新兴特征以及上市公司的产权结构背景（机构性持股比重偏低、转换频繁）似确实更容易导致市场风险与公司异质性风险，以及风险与其回报的更多背离。

② 机构性持股（Institutional Ownership）对于公司异质性风险及其信息不对称的影响作用尚能确定，见后文分析。

③ Gaspar 和 Massa（2006）等的结果显著为负，还可参见本书第 6 章制度背景分析中表 6－15 等的相关描述性统计结果。

不显著（除 HHI 模型外），但一致为正相关的结果却值得关注。机构性持股对于公司异质性风险及其信息不对称的影响作用尚不能确定。一般认为，机构性持股作为占据信息优势的主要投资者，是市场理性的一致替代，可以起到稳定公司的风险或其回报波动的积极作用（West，1998；Szewczyk，1992；Bartov，2000；Brennan，1995；Faugere and Shawky，2003；Badrinath，Gay and Kale，1989；Lang and Loundholm，1993；Healy，Hutton and Palepv，1999；姚颐和刘志远，2008；胡大春和金赛男，2007）。但也可能因为"羊群效应"（Froot，1992；Wermer，1999；施东晖，2001；宋军和吴冲锋，2001；董志勇和韩旭，2007）、换手率效应（Karpoff，1987；Dennis and Strickland，2003）、正反馈交易策略（DeLong et al.，1999；Nofsinger and Sias，1999）以及高风险偏好（Kothare and Laux，1995；Sias，1996）而加剧股价的波动。本书的结果似乎刚好一致印证后者，机构性持股反而成为公司风险及其信息不确定性的正向反映，这与本书第 6 章制度背景分析对于我国上市公司的板块结构特征以及产权结构特征（国有股权、机构性持股的比重变化）的描述性分析（见表 6 - 16）一致，我国机构性持股的偏低水平及其频繁转换（可能导致 Beta 变量的结果显著为负，见第 230 页页下注①），可能是主导"加剧论"的一个现实背景。

本书的逻辑关切即对公司产品市场竞争与其异质性风险或回报波动关联的检验，正是基于公司所在的行业竞争结构及其所在证券市场的风险结构特征进行考量的，故公司所在行业的差异以及风险回报波动的时间趋势特征无疑将很显著，本书控制行业（Industry）及年度（Year）的固定效应的检验结果，显著印证了这种特征。

表 8－3　产品市场竞争（PMC）与异质性风险（IR－流通市值加权）：全行业样本

	(1)	(2)	(3)	(4)	(5)	(6)
EPCM	-0.00111***					
	(-3.438)					
PCM		0.0397				
		(1.125)				
HHI			-0.0218			
			(-0.835)			
EI				-0.00789		
				(-0.966)		
CS					0.000851**	
					(2.276)	
NH						-0.0110**
						(-2.032)
Real Asset	0.00568*	0.00784*	-0.0210***	0.00571*	0.00542**	0.00668**
	(1.863)	(1.911)	(-4.074)	(1.861)	(1.984)	(2.119)
Cash Rate	-0.0588***	-0.0448***	-0.123***	-0.0654***	-0.0552***	-0.0646***
	(-9.355)	(-4.321)	(-11.26)	(-7.251)	(-10.61)	(-7.331)
Profit Margin	-0.0130**	-0.0578**	-0.0405***	-0.0160***	-0.0150***	-0.0164***
	(-2.506)	(-2.367)	(-2.709)	(-3.316)	(-3.211)	(-6.436)
M/B	0.00376	0.0146***	0.0210***	0.00741	0.00457	0.00928*

（续上表）

	(1)	(2)	(3)	(4)	(5)	(6)
	(1.026)	(2.667)	(2.986)	(1.559)	(1.192)	(1.900)
Leverage	0.211	0.854	-0.926	0.145	2.118**	0.174
	(0.233)	(0.637)	(-1.455)	(0.172)	(2.133)	(0.217)
ROE	0.00344	0.00928	0.0176**	0.0119**	0.00194	0.00809*
	(1.011)	(0.777)	(2.400)	(1.971)	(0.673)	(1.656)
Beta	-0.00156***	-0.00168***	-0.00200***	-0.00172***	-0.00198***	-0.00166***
	(-3.842)	(-3.187)	(-4.549)	(-3.858)	(-5.092)	(-3.777)
Trading volume	-0.000	-0.000	0.000***	-0.000	-0.000	-0.000
	(-0.684)	(-0.213)	(2.638)	(-0.523)	(-1.609)	(-0.940)
Turnover	0.0157***	0.0155***	0.0189***	0.0153***	0.0159***	0.0154***
	(9.796)	(13.03)	(7.360)	(8.532)	(9.998)	(7.755)
Age	-0.00671	-0.00944	-0.0558***	0.000182	-0.00326	0.00203
	(-0.795)	(-1.243)	(-2.915)	(0.0176)	(-0.361)	(0.180)
Control	0.000533	0.000199	0.00110	0.000490	0.000312	-0.00134
	(1.039)	(0.518)	(1.489)	(0.937)	(0.593)	(-0.361)
Dividends	-0.0155***	-0.00956*	-0.0238***	-0.0157***	-0.0140***	-0.0137***
	(-2.765)	(-1.692)	(-2.923)	(-2.894)	(-3.091)	(-2.819)
Size	0.00857	0.00939*	0.0620***	0.00536	0.00720	0.00227
	(1.493)	(1.694)	(4.100)	(0.778)	(1.114)	(0.332)

（续上表）

	(1)	(2)	(3)	(4)	(5)	(6)
Price	0. 00379***	0. 00429***	0. 000948	0. 00353**	0. 00376***	0. 00341**
	(2. 693)	(3. 514)	(0. 730)	(2. 459)	(2. 589)	(2. 447)
FC	0. 00361	—	-0. 00495	0. 000905	0. 00332	-0. 000
	(0. 545)		(-0. 689)	(0. 176)	(0. 536)	(-1. 354)
Institutional Ownership	0. 00798	—	0. 0526***	0. 0105	0. 00724	0. 0160
	(0. 815)		(4. 713)	(1. 000)	(0. 843)	(1. 476)
Industry	控制	控制	控制	控制	控制	控制
Year	控制	控制	控制	控制	控制	控制
Observations	4734	4711	4865	4865	4494	4566
Adj - R^2	0. 577	0. 536	0. 528	0. 574	0. 578	0. 581

注：t - statistics in parentheses，*** $p<0.01$，** $p<0.05$，* $p<0.1$。

（3）多元回归分析：全行业与制造业（C）样本。

本书的“SICP”范式主要基于“结构化分析”视角对我国上市公司的“结构—风险—绩效”的系统关联进行分析。考虑到行业结构与公司产品市场势力（MP）的互动，以及我国上市公司所在行业的分散化结构及其行业内公司规模分布差异巨大等现实结构特征，为避免单个指标的度量缺陷以及全行业样本的平均化问题等，本书在变量的界定以及样本的选取等方面均力求基于多维视角，即采用多种竞争指标和多元分组样本。由表 8－3 的结果可知，行业集中度 HHI 与 EI 的结果均不显著，即全行业样本下的“行业集中度效应”似乎并不显著，与公司市场势力（EPCM）以及产品市场竞争程度（CS、NH）的影响效应不能完全对应。但是，在对公司的异质性风险或其回报波动的缓解方面，已经被国外诸多研究证实了的“行业集中度效应”（Demsetz，1973；Hou and Robinson，2006；Haw et al.，2008；Hoberg and Phillips，2010），何以在我国的证券资本市场之中并不显著？行业集中度对于我国上市公司的异质性风险的作用及其解释力是否真的很有限？除了变量界定或样本选取等影响之外，这种不显著乃至与本书的理论预期相反（EI）的结果，是否应该归咎于我国上市公司所在产品市场的行业竞争结构及其证券市场的公司/行业构成等多维结构特征？即是否是本书第 6 章制度背景分析所描述的我国上市公司所在行业的分散化结构及其行业内公司规模分布的巨大差异等现实结构特征，导致了这种“非预期结果”？

消除国内外分歧并进行实证检验的路径有三：一是使用更好的替代度量指标（如本书中的 EI），以实现优缺互补；二是“换个视角”予以解释，因为行业集中程度一般与市场竞争程度负相关，故可以使用与其“相反”的竞争程度进行多维检验；三是选取更为典型的行业样本，例如我国的制造业（C）、垄断程度显著（如电力行业、石油天然气行业、铁路等交通运输业、能源或资源型行业）或分散特征明显的行业（如家电、食品行业）等。前两种路径本书都已做了相关考量，且结果显著符合预期，本节基于我国制造业（C）样本——拥有60%以上的上市公司，且行业的聚散结构明显，因而更具有代表性，且对我国上市公司的行业集中度（HHI）与其异质性风险或回报波动的关系进行重新检验。检验结果见表8－4。

表8－4的检验结果显著支持了本书关于行业集中度（HHI）与公司异质性风险（IR）显著负相关的理论预期，且年度差异显著，这与我国近些年持续推进经济结构调整和产业结构转型升级背景下的、上市公司所在行业的竞争结构也随之发生较大变迁的现状相吻合。检验结果表明：我国上市公司的“行业集中度效应”亦很显著（显著性水平 $t=-3.971$），且与公司市场势力（EPCM）以及产品市场竞争程度（CS、NH）的影响效应能够完全对应（见表8－3）。我国上市公司更为显著的市场势力确实更易引致更为集中的行业结构，而相对集中的行业结构亦更易形成显著的公司市场势力对比格局。这与国外诸多关于“竞争—绩效”关联的“行业集中度效应”的研究结果一致（Demsetz，1973；Hou and Robinson，2006；Haw et al.，2008；Hoberg and Phillips，2010），且与 Gaspar 和 Massa（2006）、Irvine 和 Pontiff（2009）、Kale（2010）等关于产品市场竞争与异质性风险或其回报波动关系的检验结果亦相一致。尽管我国上市公司所在行业的普遍分散化结构及其行业内公司规模分布的巨大差异等现实结构特征，很可能导致某种“非预期结果”，但行业的聚散程度对于我国上市公司异质性风险或其回报波动的解释力度却依然显著，这亦间接反映出我国产业结构升级转型已经在逐步催生出积极的经济结果。

表 8-4　产品市场竞争（PMC）与异质性风险（IR-流通市值加权）：全行业与制造业样本（分年度）

	(1)	(2)	(3)	(4)	(5)	(6)	(7)	(8)	(9)	(10)	(11)
	All	C	C2001	C2002	C2003	C2004	C2005	C2006	C2007	C2008	C2009
HHI	-0.0218	-0.143***	-0.0302	-0.0457	-0.0574*	-0.0574*	-0.0508	-0.0840**	0.00657	0.0712*	-0.0408
	(-0.835)	(-3.971)	(-0.727)	(-1.303)	(-1.867)	(-1.867)	(-1.520)	(-2.386)	(0.144)	(1.662)	(-0.723)
Real Asset	-0.0210***	-0.0269**	-0.0308***	-0.0310***	-0.0302***	-0.0302***	-0.0327***	-0.0317***	-0.0283***	-0.0279***	-0.0331***
	(-4.074)	(-2.417)	(-7.753)	(-7.865)	(-7.714)	(-7.714)	(-8.294)	(-7.722)	(-8.191)	(-9.517)	(-7.946)
Cash Rate	-0.123***	-0.128***	-0.122***	-0.122***	-0.122***	-0.122***	-0.122***	-0.121***	-0.134***	-0.117***	-0.131***
	(-11.26)	(-5.007)	(-5.702)	(-5.776)	(-5.914)	(-5.914)	(-5.852)	(-5.581)	(-6.011)	(-5.665)	(-5.832)
Profit Margin	-0.0405***	-0.0412**	-0.0220***	-0.0189***	-0.0189***	-0.0189***	-0.0205***	-0.0241***	-0.0289***	-0.0328***	-0.0229***
	(-2.709)	(-2.036)	(-3.832)	(-3.405)	(-3.519)	(-3.519)	(-3.754)	(-4.320)	(-4.588)	(-5.633)	(-3.654)
M/B	0.0210***	0.0234***	0.0140***	0.0149***	0.0133***	0.0133***	0.0126***	0.0117**	0.0144***	0.0181***	0.0129***
	(2.986)	(3.261)	(2.974)	(3.187)	(2.862)	(2.862)	(2.683)	(2.409)	(3.105)	(3.850)	(2.611)
Leverage	-0.926	-0.701	-1.577	-0.539	-1.763	-1.763	-1.376	-1.792	-1.533	-1.847	-1.453
	(-1.455)	(-0.394)	(-1.146)	(-0.405)	(-1.401)	(-1.401)	(-1.108)	(-1.386)	(-1.003)	(-1.283)	(-1.007)
ROE	0.0176**	0.0197***	0.00235	-0.00408	-0.00191	-0.00191	0.00467	-0.00493	0.00451	0.00208	-0.00104
	(2.400)	(3.158)	(0.285)	(-0.498)	(-0.234)	(-0.234)	(0.600)	(-0.585)	(0.510)	(0.251)	(-0.121)
Beta	-0.00200***	-0.00223***	-0.00216***	-0.00203***	-0.00211***	-0.00211***	-0.00214***	-0.00211***	-0.00251***	-0.00188***	-0.00213***
	(-4.549)	(-7.039)	(-9.560)	(-9.411)	(-9.631)	(-9.631)	(-9.559)	(-9.024)	(-10.93)	(-8.569)	(-9.324)
Trading Volume	0.000***	0.000**	0.000	0.000	0.000**	0.000**	0.000*	0.000**	0.000	0.000*	0.000*
	(2.638)	(2.411)	(1.618)	(1.587)	(2.140)	(2.140)	(1.749)	(2.008)	(1.179)	(1.724)	(1.698)

（续上表）

	(1)	(2)	(3)	(4)	(5)	(6)	(7)	(8)	(9)	(10)	(11)
Turnover	0.0189***	0.0179***	0.0202***	0.0202***	0.0203***	0.0203***	0.0200***	0.0194***	0.0196***	0.0193***	0.0197***
	(7.360)	(5.531)	(24.22)	(24.45)	(24.76)	(24.76)	(24.57)	(23.07)	(23.97)	(24.13)	(22.98)
Age	-0.0558***	-0.0655**	0.000322	0.000561	0.000331	0.000331	0.000716	0.000555	0.00118	0.000457	0.000392
	(-2.915)	(-2.385)	(0.389)	(0.685)	(0.411)	(0.411)	(0.887)	(0.666)	(1.383)	(0.571)	(0.453)
Control	0.00110	0.00136	0.000223	0.000109	2.51e-05	2.51e-05	0.000160	-0.000165	8.26e-05	-1.17e-05	7.15e-05
	(1.489)	(1.592)	(0.222)	(0.109)	(0.0252)	(0.0252)	(0.159)	(-0.158)	(0.0761)	(-0.0115)	(0.0692)
Dividends	-0.0238***	-0.0270***	-0.0321***	-0.0333***	-0.0322***	-0.0322***	-0.0326***	-0.0375***	-0.0348***	-0.0331***	-0.0342***
	(-2.923)	(-2.782)	(-7.170)	(-7.514)	(-7.352)	(-7.352)	(-7.319)	(-8.113)	(-7.313)	(-7.435)	(-7.280)
Size	0.0620***	0.0732***	0.0383***	0.0385***	0.0349***	0.0349***	0.0379***	0.0366***	0.0350***	0.0358***	0.0392***
	(4.100)	(3.102)	(7.516)	(7.673)	(7.021)	(7.021)	(7.557)	(6.973)	(7.268)	(8.582)	(7.354)
Price	0.000948	0.000282	0.00121***	0.00133***	0.00142***	0.00142***	0.00154***	0.00203***	0.00218***	0.00122***	0.00160***
	(0.730)	(0.220)	(2.629)	(2.890)	(3.089)	(3.089)	(3.334)	(4.315)	(4.786)	(2.642)	(3.306)
FC	-0.00495	-0.00568	0.000441	-0.00158	-0.00219	-0.00219	-0.00400	-0.00476	-0.00523	-0.00556	-0.00378
	(-0.689)	(-0.588)	(0.116)	(-0.436)	(-0.597)	(-0.597)	(-1.065)	(-1.280)	(-1.249)	(-1.453)	(-0.894)
Institutional Ownership	0.0526***	0.0696***	0.0569***	0.0565***	0.0587***	0.0587***	0.0514***	0.0505***	0.0521***	0.0551***	0.0557***
	(4.713)	(4.319)	(5.824)	(5.836)	(6.120)	(6.120)	(5.550)	(5.408)	(5.119)	(5.848)	(5.566)
Industry	控制	—	—	—	—	—	—	—	—	—	—
Year	控制	—	—	—	—	—	—	—	—	—	—
Observations	4865	2863	3044	3077	3132	3132	3111	3122	3126	3150	2863
$Adj-R^2$	0.528	0.525	0.484	0.487	0.494	0.494	0.481	0.456	0.504	0.472	0.484

注：t - statistics in parentheses，*** $p<0.01$，** $p<0.05$，* $p<0.1$。

大部分控制变量的结果与表 8 - 3 一致。有形资产（Real Asset）和公司规模（Size）的结果仍然符合预期，并与表 8 - 3 的 HHI 模型下的显著负相关结果保持一致，且年度结果普遍显著。我国制造业上市公司占全部上市公司的 60% 以上，检验结果的一致并不奇怪。

表 8 - 5 基于公司市场势力（EPCM）与其规模（Size）、产权性质（Control）等交叉变量的检验结果与表 8 - 3、表 8 - 4 仍基本一致，公司市场势力（EPCM）的结果依然显著为负（$t = -3.438$），但交叉变量 EPCM × Size 的结果却不再显著（$t = -0.824$），可见，与图 8 - 3b 一致，公司规模（Size）在很大程度上确会弱化公司真正的市场势力（如定价权优势、抵御风险的能力），这与公司规模（Size）控制变量的显著正相关影响亦相一致（见表 8 - 3 的 HHI 模型以及表 8 - 4 等）。与一般性预期相反的是，交叉变量 EPCM × Control 的结果却显著为正（$t = 2.758$），即公司终级控制人的国有性质会在更大程度上弱化公司的市场势力，以及其对于异质性风险或回报波动的有效缓解效应，公司产权性质（Control）的结果亦普遍显示为不显著的正相关[①]，这为国有企业的产权和公司治理改革的背景提供了"直接证据"：国有上市公司代理成本尤其是大小股东之间的代理冲突很可能已经成为公司绩效的"最大"威胁[②]。这与于良春等

① 但表 8 - 7 基于公司市场势力（Share 大于 1% 的）以及表 8 - 8 基于成长性高低（低成长样本）和上市时间（5 ~ 9 年）的分组样本中，产权性质（Control）控制变量的结果却显著为负，表明国有性产权对于公司市场势力的强化及其对异质性风险的缓解作用亦很显著。这可能应该归咎于样本的分组特征。但在行业的"结构化分析"视角之下关注产品市场竞争与公司异质性风险或回报波动之关联或互动的后续研究当中，将产权结构作为重要的考量因素，也非常符合我国的制度背景及其未来的政策取向特征。

② 一般来说，国有产权应该是公司优势力量的体现，如在融资、税收等方面的便利和优惠，但本书的全样本检验普遍不显著（但正相关）的结果似乎更多表明其负面影响，这有待深入的研究。

(2008, 2010)、余东华 (2007)、江伟和史晋川 (2005) 关于国有企业和垄断行业的低效率，以及绝大多数关注我国上市公司投资效率、盈余管理和公司价值影响因素等方面的研究结果基本一致。

上市时间 (Age) 更长的公司其异质性风险水平应该显著更低（表8-3的HHI模型以及表8-4等后续检验的结果均普遍呈现为显著或不显著的负相关），但这里的交叉变量EPCM×Age的结果却变得不再显著且方向相反，可见，上市时间或公司年龄 (Age) 与其市场势力 (EPCM) 也可能发生“分离”，这可能应该归咎于（潜在）投资者对于公司做强尤其是做大之后的“创新惰性”、成长性压力，以及其内部代理冲突递增等因素的考量、猜测甚或担忧而导致的负面评价。这可以参照表8-8、表8-9等基于产权性质 (Control)、研发水平 (R&D)、成长性 (M/B)、公司年龄 (Age) 等的分组检验结果及其相应的解释。

可见，“世易时移”，公司规模 (Size)、产权性质 (Control) 等这些在一般性逻辑之下似乎成立的“绝对性”指标，可能已经不再是公司市场势力的可靠替代。虽然不是本书关注的主要变量，但诸如公司规模 (Size)、产权性质 (Control)、上市时间 (Age) 以及“可抵押性更高”的实物资产 (Real Assets) 等控制变量与公司异质性风险 (IR、SSE) 及其市场势力 (EPCM、HHI) 等的关联结果，却似乎“更有趣”，因为这可以作为本书关注公司市场势力与行业集中度的一般、传统的主要来源或其制度渊源，提供“侧面”的证据，也为进一步验证其影响变迁以及公司市场势力的可靠度量提供了有益的启示，这显然与本书的逻辑关切即对公司产品市场竞争与其异质性风险关联的深入考察密切相关。表8-6、表8-7与表8-8等基于市场类型或板块差异、公司规模或势力 (Share) 与成长性 (M/B) 的分组样本，以及信息不对称检验（见表8-10）和基于日回报数据的稳健性考量（见表8-11）等后续检验，均显示了与此基本一致的结果

(Age、Control 略有差异)；而且，上述结果与本书对于规模(Size)、市场势力（EPCM）等公司特征性差异与其异质性风险(SSE）关联趋势（图 8－3a、b、e)，以及其单变量检验（见表8－2）等描述性统计结果亦基本对应。可见，无论在经济意义方面还是在统计意义上，上述结果均得到显著的支持。

表 8－5　产品市场竞争（PMC）与异质性风险
(IR－流通市值加权)：交叉变量

	(1)	(2)	(3)	(4)
	全样本	—	—	—
EPCM	−0.00111***	−0.00136	0.00500	−0.00206***
	(−3.438)	(−1.016)	(0.690)	(−5.245)
EPCM × Age		2.00e−05		
		(0.200)		
EPCM × Size			−0.000286	
			(−0.824)	
EPCM × Control				0.00224***
				(2.758)
Real Asset	0.00568*	0.00567*	0.00567*	0.00534*
	(1.863)	(1.868)	(1.866)	(1.709)
Cash Rate	−0.0588***	−0.0588***	−0.0590***	−0.0586***
	(−9.355)	(−9.417)	(−9.411)	(−9.645)
Profit Margin	−0.0130**	−0.0131**	−0.0133**	−0.0137**
	(−2.506)	(−2.576)	(−2.573)	(−2.367)
M/B	0.00376	0.00376	0.00373	0.00394
	(1.026)	(1.024)	(1.017)	(1.003)
Leverage	0.211	0.211	0.187	0.190
	(0.233)	(0.232)	(0.207)	(0.220)
ROE	0.00344	0.00347	0.00383	0.00379
	(1.011)	(1.047)	(1.168)	(1.070)

（续上表）

	(1)	(2)	(3)	(4)
	全样本	—	—	—
Beta	−0.00156***	−0.00156***	−0.00156***	−0.00157***
	(−3.842)	(−3.837)	(−3.842)	(−3.849)
Trading volume	−0.000	−0.000	−0.000	−0.000
	(−0.684)	(−0.691)	(−0.700)	(−0.710)
Turnover	0.0157***	0.0157***	0.0157***	0.0157***
	(9.796)	(9.781)	(9.697)	(9.943)
Age	−0.00671	−0.00671	−0.00685	−0.00691
	(−0.795)	(−0.794)	(−0.802)	(−0.777)
Control	0.000533	0.000532	0.000529	−0.000212
	(1.039)	(1.030)	(1.027)	(−0.651)
Dividends	−0.0155***	−0.0155***	−0.0155***	−0.0156***
	(−2.765)	(−2.760)	(−2.760)	(−2.746)
Size	0.00857	0.00857	0.00867	0.00904
	(1.493)	(1.495)	(1.505)	(1.499)
Price	0.00379***	0.00379***	0.00380***	0.00378***
	(2.693)	(2.697)	(2.698)	(2.717)
Institutional Ownership	0.00798	0.00796	0.00774	0.00827
	(0.815)	(0.811)	(0.805)	(0.829)
FC	0.00361	0.00362	0.00388	0.00414
	(0.545)	(0.543)	(0.572)	(0.625)
Industry	控制	控制	控制	控制
Year	控制	控制	控制	控制
Observations	4734	4734	4734	4734
Adj − R^2	0.577	0.577	0.577	0.577

注：t − statistics in parentheses，*** $p<0.01$，** $p<0.05$，* $p<0.1$。

（4）多元回归分析：基于八种结构特征的分组样本。

本节立足于我国上市公司所在市场（PM、SM）的结构化特征，针对“结构（竞争）—风险—绩效”关联的基本命题，对其进行多元分组，以深入考察公司的产品市场竞争动态何以影响其证券市场的效率，即行业集中结构和公司市场势力与异质性风险或其回报波动的关联，在不同的环境之中是否依然符合本书的理论预期。这些作为分组标准的“结构化特征”既包括上市公司所在产品市场的行业竞争结构特征——行业集中程度、市场竞争程度、公司规模大小（Size）或市场势力强弱的对比等；也显然包括其所在的证券资本市场中上市公司的行业构成及其多维结构特征，如所处的板块或分类市场（主板与非主板等）差异、公司风险与盈利能力的高低以及信息不对称性（业绩是否稳定、技术创新依赖 R&D 的程度、机构投资者比例等）、成长机会多少（Growth 或 M/B）、管制便利差异（产权结构、行政性干预等）、资产构成差异（有形资产的比重、成长机会与现有资产的贡献差异等）以及上市的早晚（Age 或 Listing - vintage）等与公司“数量与质量”特征性因素相关联的多个维度。正如本书的理论分析所表明的，这些结构性差异因素（Campbell et al.，2001；Fama and French，2004；Brown and Kapadia，2007；Bennett and Sias，2006；Lowry et al.，2010；Chemmanur and He，2009；Chod and Lyandres，2010；Demsetz，1973；Irvine and Pontiff，2009；Kale，2010；Peress，2010；Hoberg and Phillips，2010）“正在或者已经”与产品市场（PM）的行业竞争结构一起，或正通过其行业竞争结构而显著地决定着上市公司的异质性风险及其回报特征。本书第 4 章理论分析中涉及的产品市场竞争之“内生互动影响”的“四类效应”如“小公司效应”、“新上市效应”以及“基本现金流波动效应”等，均可以在上述的分组检验，如市场份额（M - Share）分组、上市时间（Age）分组以及盈利能力（ROE）和研发投入（R&D）分组等中得到不同程度的验证。

以下是本书基于上述八种结构特征的分组样本的检验结果。考虑到公司市场势力与其行业聚散结构的互动关联，本书的分组样本检验均只报告了基于公司市场势力（EPCM）的检验结果——也为节省篇幅，但其他竞争变量的结果与此基本一致。这也是本书最为关注的产品市场竞争变量——因为该指标可以更好地反映公司的市场势力以及其与行业结构的系统关联（见第7章研究设计）。

A. 基于板块差异和市场类型的分组。表8-6是基于板块差异和市场类型的分组样本。其中，中小板公司（2004年6月以后上市）以及创业板公司（2009年10月后上市）的样本，在计算主要变量（EPCM、IR）和区分三大板块之后因为公司数量太少——尤其是考虑行业差异之后——而不得不弃用甚至“消失”（创业板公司），故基于板块差异的分组样本只剩下A股主板（不含中小板）公司[1]，由检验结果可见，公司市场势力（EPCM）等主要变量的检验结果与全样本及制造业的回归结果几乎全部一致[表8-6的模型（1）和（2）]，符合本书的理论预期。表8-6中基于市场类型差异（沪A/深A）的分组样本[模型（3）和（4）]的检验结果，也只是在显著性水平上略有差异而已（沪A样本的主要变量即公司市场势力EPCM的结果更为显著），方向完全一致。

表8-6与全样本结果的“无差异”结果，当在预料之中，因为我国中小板尤其是创业板上市公司的数量还太少，实在还不足以对整个资本市场的风险水平产生显著的影响——至少目前如此。

① 这导致本书不能如Brown和Kapadia（2007）、Lowry（2010）及Fama和French（2004）、Bennett和Sias（2006）等一般，可以研究基于板块结构差异而直接关注更多弱小的、高风险特征的公司的日益上市是如何影响了上市公司整体的异质性风险或回报波动水平？但样本和数据的限制，并不会因此否认公司的规模、风险回报等特征性差异与其异质性风险乃至整个资本市场风险水平的关联性变化。

表 8-6　产品市场竞争（PMC）与异质性风险

（IR-流通市值加权）：按市场类型分组

	(1) 全样本	(2) A 股主板	(3) 沪市 A	(4) 深市 A
EPCM	-0.00111***	-0.00114***	-0.00201***	-0.000825*
	(-3.438)	(-3.605)	(-7.435)	(-1.836)
Real Asset	0.00568*	0.00578*	0.00890*	0.00397
	(1.863)	(1.908)	(1.803)	(1.228)
Cash Rate	-0.0588***	-0.0550***	-0.0509**	-0.0527***
	(-9.355)	(-7.669)	(-2.006)	(-4.178)
Profit Margin	-0.0130**	-0.0136**	-0.0321***	-0.00623
	(-2.506)	(-2.436)	(-4.738)	(-1.481)
M/B	0.00376	0.00569	0.000718	0.00848**
	(1.026)	(1.302)	(0.139)	(2.160)
Leverage	0.211	0.212	-2.819***	1.687
	(0.233)	(0.234)	(-3.336)	(1.380)
ROE	0.00344	0.00283	0.0420***	-0.00665
	(1.011)	(0.882)	(3.489)	(-1.264)
Beta	-0.00156***	-0.00157***	-0.00251***	-0.00122***
	(-3.842)	(-3.822)	(-6.924)	(-3.105)
Trading Volume	-0.000	-0.000	-0.000	-0.000
	(-0.684)	(-1.043)	(0.217)	(-0.843)
Turnover	0.0157***	0.0157***	0.0108***	0.0182***
	(9.796)	(9.697)	(9.975)	(8.726)
Age	-0.00671	-0.00726	-0.0193	-0.00632
	(-0.795)	(-0.839)	(-0.754)	(-1.282)
Control	0.000533	0.000550	0.00357	0.000417
	(1.039)	(1.033)	(1.108)	(0.946)
Dividends	-0.0155***	-0.0145***	-0.0242***	-0.0129**
	(-2.765)	(-2.843)	(-3.024)	(-1.965)

(续上表)

	(1) 全样本	(2) A 股主板	(3) 沪市 A	(4) 深市 A
Size	0.00857	0.00850	0.00798	0.0116*
	(1.493)	(1.472)	(0.830)	(1.886)
Price	0.00379***	0.00377***	0.00449***	0.00317**
	(2.693)	(2.602)	(3.305)	(2.278)
Institutional Ownership	0.00798	0.00798	0.0211	0.00318
	(0.815)	(0.807)	(1.004)	(1.187)
FC	0.00361	0.00367	0.00640	0.00317
	(0.545)	(0.568)	(0.467)	(0.592)
Industry	控制	控制	控制	控制
Year	控制	控制	控制	控制
Observations	4734	4650	1410	3324
Adj - R^2	0.577	0.583	0.591	0.578

注：t - statistics in parentheses，*** $p<0.01$，** $p<0.05$，* $p<0.1$。

B. 基于公司市场规模或市场势力的分组。为检验公司市场势力或规模的变化如何影响其与异质性风险的关系，本书将公司的市场份额（Market Share）作为公司市场规模或市场势力的“直接替代”——市场份额可以作为公司市场势力（MP）的有效替代（Kale，2010；Peress，2010），以考察随着市场份额的增大，公司市场势力（EPCM）与其异质性风险（IR）的关联将呈现怎样的变化，即更多的小规模上市公司是否会显著增加整个资本市场的异质性风险水平以及本书理论分析中所谓的“小公司效应”（Small List）是否存在。

依据数据的分布特征和实证样本容量的考虑，本书选择 1% 和 10% 作为分界点将全样本分为三组，如表 8 - 7 所示。由检验结果可见，在市场份额更小的公司样本中，公司市场势力（EPCM）对于其异质性风险（IR）或降低回报波动水平的缓解作用更为显著，可见，市场规模更小的公司（份额更低）更需要着意培育市场势力（如促进创新），小公司拥有一定的市场势力有助于其有效应对市场的激烈竞争或大公司对其的挤占（朱恒鹏，2006；聂辉华、谭松涛和王宇锋，2008；李春涛和宋敏，2010）——这与表8－9基于产权性质（Control）的分组结果一致。但随着市场份额的增大——模型（3），公司市场势力（EPCM）对于其异质性风险（IR）的弱化作用便不再显著，这虽然与样本公司数太少有关（Observations＝122个，仅占全样本的2.58%）有关，但亦与图8－3（b、e）以及表8－2中公司的总资产规模（包括实物资产）与公司市场势力（EPCM）相“分离”的描述性结果相暗合——公司“做大”之后其创新动机的弱化、更大的成长性压力以及其内部代理冲突的加剧等因素，均会导致公司规模（包括其市场规模即份额）与其市场势力（MP）的分离。与之相对照，分组样本尤其是市场份额小于1%的样本公司最多（Observations占全部样本的67.41%），亦可“直接验证”我国上市公司的行业分散化特征和市场竞争激烈的现状，这符合本书第6章制度背景分析中对于我国行业结构分布特征的描述（见表6－7、表6－8、表6－9等）。

各分组样本的主要控制变量如实物资产（Real Assets）、现金持有量（Cash Rate）、成长性（M/B）、盈利性（ROE）、上市时间（Age）以及公司规模（Size）等结果的组间差异亦较为明显，这与样本的变更有关，但亦可证明样本分组的效用，在此不一一说明，可参见表8－3和8－4的相关解释，以及后续的分组样本检验结果（见表8－8）。产权性质（Control）的影响较为“微妙”，其似乎与公司的市场势力（EPCM和M－share）呈现出某种类似“替代”的关系，确需进一步检验（见表8－9基于产权性质的分组结果）。

表 8-7 产品市场竞争（PMC）与异质性风险（IR-流通市值加权）：按市场份额分组

	(1) M-share<1	(2) 1≤M-share≤10	(3) M-share>10
EPCM	-0.000757**	-0.00273***	0.00192
	(-2.513)	(-12.00)	(0.931)
Real Asset	-0.00188	0.0104***	0.0137
	(-0.376)	(3.487)	(1.291)
Cash Rate	-0.0511***	-0.0915***	0.220***
	(-4.227)	(-5.152)	(4.466)
Profit Margin	-0.0185**	0.0171*	0.0431**
	(-2.480)	(1.878)	(2.091)
M/B	0.00301	0.00698	-0.0597***
	(1.139)	(0.825)	(-7.399)
Leverage	0.871	-0.672	-5.262***
	(0.944)	(-0.581)	(-4.883)
ROE	0.00141	-0.0421*	-0.0464
	(0.187)	(-1.962)	(-1.432)
Beta	-0.00125***	-0.00127*	-0.00606***
	(-2.979)	(-1.776)	(-23.31)
Trading Volume	-0.000***	0.000	0.000***
	(-2.725)	(0.186)	(2.793)
Turnover	0.0160***	0.0169***	-0.0113***
	(7.629)	(18.60)	(-3.470)
Age	0.00215	-0.0479***	0.0742
	(0.218)	(-5.006)	(1.092)
Control	0.000770	-0.00522**	-0.0458***
	(1.390)	(-2.578)	(-3.195)
Dividends	-0.0177**	-0.00757	0.0290
	(-2.217)	(-1.638)	(1.205)

（续上表）

	(1) M - share < 1	(2) 1≤M - share≤10	(3) M - share > 10
Size	0.0102**	0.0245***	-0.0458
	(2.207)	(3.563)	(-1.345)
Price	0.00442***	0.00262***	0.00238**
	(2.732)	(2.969)	(2.322)
Institutional Ownership	-0.00835	0.0518***	-0.00287
	(-1.159)	(3.823)	(-0.0858)
FC	-0.00170	0.0172	-0.0202
	(-0.258)	(1.150)	(-0.292)
Industry	控制	控制	控制
Year	控制	控制	控制
Observations	3191	1421	122
Adj - R^2	0.565	0.591	0.823

注：t - statistics in parentheses，$***p<0.01$，$**p<0.05$，$*p<0.1$。

C. 基于公司成长性（M/B）和上市时间（Age）的分组。表8-8基于成长性（M/B）高低以及上市时间（Age）长短差异的分组样本，进一步印证了应该纵深关注公司成长性及行业兴衰变迁之差异影响的必要性。首先，本书将样本按成长性（M/B）的中值分为两组［模型（1）和模型（2）］，考察成长性高低差异是否影响公司市场势力与其异质性风险的关系（或其显著性）。由检验结果可见，成长性高低差异的影响显著，低成长样本（中值及其以下）中所有变量的结果普遍较高成长样本（高于中值）更为显著（除成长性M/B控制变量外）。主要变量即公司市场势力（EPCM）显著为负（$t=-2.371$），而在高成长样本中则不显著，这表明，公司面临较少的成长机会时，将更加依赖（或更需要培育）其市场势力（EPCM），公司的市场势力可以有效稳定其业绩，更少的成长机会将增加公司的风险。然而，成长性的高低与公司（投资）风险的关系并不明确，更高的成长性也可能预示着更高的风险，因为更多的成长机会将引致更多的公司进入市场并进而加剧市场的竞争，而在本书逻辑关切的主流预期之下又进而会增加公司的风险概率，此时，若要获得预期回报，似乎更需要公司市场势力的“自然保值”（Natural Hedge）功效或其“内部化能力”（Internalizing）优势。但是，相对于更少投资机会的低成长企业而言，更多的成长机会在可能增加公司的绩效威胁的同时（Baker，1993；Gul，1999；Hutchinson and Gul，2004）[①]，更多的成长机会将加剧公司的代理冲突（Jensen and Meckling，1976；Dey，2008）[②]，仍然更可能成为公司治理效率更高的公司的一种“获利保障”，尤其是在新兴、转轨的市场经济背景之下，得益于制度环境的便利、投资者的“盲从”以及管理层的“激进”，更多的成长机会显然有利于投资机会的优选及其绩效保障（“保底”）[③]。本书解释变量即公司市场势力（EPCM）的结果显然支持后者，但成长性（M/B）控制变量的结果［模型（2）］却显示，高成长会显著增加（$t=2.184$）公司的异质性风险，这又与主要变量即公司市场势力（EPCM）的结果及其解释相反，

① 与以往研究不同的是，考虑到诸多内生性问题（公司治理与企业绩效可能相互影响），Hutchinson 和 Gul（2004）的模型并未假定公司治理变量与企业绩效存在某种先验性的基本关系，但预期成长机会等外生环境变量与企业绩效负相关（Baker，1993；Gul，1999），并进而考察哪些公司治理变量影响该关系。Hutchinson 和 Gul（2004）的研究检验，因为有更多的非执行董事（NEDs）以及更高的管理层所有权和薪酬/激励水平，（进而）代理成本较低公司的绩效与其成长机会的负向关系是否更弱。研究发现，在其他条件不变时，其研究中涉及的每一个公司治理变量在更高成长机会的公司中更加有效，因为相对于（更依赖）现有资产更多的低成长公司，高成长公司更难监控，其公司治理机制也就更加重要。

② 诸多研究表明，成长性企业具有更高的管理层激励补偿（Higher Compensation），并更多地运用股票期权（Collins et al.，1995；Gaver and Gaver，1993；Smith and Watts，1992），倾向于采用替代的会计业绩指标（Bushman et al.，1996；Skinner，1993）和报告（Bradbury，1992），故投资机会的增加会降低管理层行为的可观测性（Smith and Watts，1992），从而导致更高的监控成本（Anderson et al.，1993）。

③ 参见杨兴全和吴昊旻《成长性、代理冲突及其制度渊源与公司投资》一文的详尽分析，见《会计研究》2011 年第 8 期。

本书认为这恰恰反映出成长性差异影响的重要性以及本书样本分组标准选择的显著效力。

除了成长性差异与公司风险关系的“不确定”性以外，公司间成长机会的显著差异以及公司在不同的市场竞争环境之下运用其拥有资产的获利能力，也是影响成长性与本书之逻辑关切即公司产品市场竞争与其异质性风险（IR）关系的重要因素。这又要回到 Aguerrevere（2009）、Hoberg 和 Phillips（2010）等关于公司成长性、行业兴衰变迁等“外生”环境变量何以影响产品市场竞争之于公司资产回报关系的讨论上来。Myers（1977）将企业价值分为两个部分，即现有资产的价值（Assets - in place）——其价值独立于未来投资机会；以及成长机会（Growth Options）的价值——其价值依赖于企业未来的投资决策选择（Discretionary），是企业未来投资机会的现值。Aguerrevere（2009）等的研究指出，因为公司不同资产（现有资产及其成长机会）的风险属性差异在不同的竞争环境下对市场风险的敏感程度，产品市场竞争对于公司资产风险回报的影响将具有“因资产（其风险属性）、因时机（行业兴衰、需求高低）、因结构（竞争结构）”而异的动态综合特征，行业竞争结构的优劣及其公司的“价值依赖”——即其价值实现的路径——也会“因时而异”（Hoberg and Phillips, 2010）。表 8 - 8 中公司市场势力（EPCM）主要变量以及公司规模（Size）、实物资产（Real Assets）以及成长性（M/B）等控制变量的结果，与图 8 - 3（b、e、c）的关联趋势描述结果一起，为行业/公司的成长性差异之于产品市场竞争与公司异质性风险或回报波动系统关联的重要影响及其后续研究，提供了一个证据，同时也为 Aguerrevere（2009）、Hoberg 和 Phillips（2010）等的研究提供了一个“注脚”[①]。

---

① 此外，成长机会与公司投资行为（如产出扩张、证券投资等）及其绩效的关系，还要考虑公司（自由）现金流、公司治理效率以及行业兴衰变迁等因素的综合影响，且学界至今尚无定论，这意味着至少在本文的逻辑关切之下，成长性的影响也确实应该成为——尤其是新兴、转轨市场经济背景下——公司财务研究的一个重要考量。

表8-8 产品市场竞争（PMC）与异质性风险（IR-流通市值加权）：按成长性和上市时间分组

	(1) M/B≤中值	(2) M/B>中值	(3) 5≤Age≤9	(4) Age>9
EPCM	-0.000525**	-0.00122	-0.00119	-0.00106***
	(-2.371)	(-1.643)	(-1.196)	(-3.162)
Real Asset	0.0216***	-0.00781*	0.0101	0.00565**
	(19.93)	(-1.802)	(0.738)	(2.106)
Cash Rate	-0.0553***	-0.0875***	-0.0545	-0.0585***
	(-4.800)	(-3.578)	(-0.451)	(-6.786)
Profit Margin	-0.0167***	-0.0120**	-0.0525***	-0.0131**
	(-3.085)	(-2.582)	(-6.421)	(-2.292)
M/B	-0.0468	0.0110**	-0.00177	0.00541
	(-1.198)	(2.184)	(-0.174)	(1.327)
Leverage	0.372	1.210	-15.35***	0.660
	(0.522)	(0.543)	(-10.51)	(0.571)
ROE	0.00755	0.00359	0.141**	-0.000584
	(1.137)	(0.447)	(3.087)	(-0.155)
Beta	-0.000958***	-0.00172***	-0.00220**	-0.00150***
	(-2.873)	(-3.532)	(-2.487)	(-3.528)
Trading Volume	0.000***	-0.000***	0.000***	-0.000
	(5.925)	(-2.725)	(3.957)	(-1.186)
Turnover	0.0122***	0.0144***	0.00655***	0.0163***
	(3.865)	(8.425)	(6.463)	(9.983)
Age	-0.0128***	-0.0121	—	—
	(-3.327)	(-1.014)	—	—
Control	-0.000405*	0.000627	-0.0402**	0.000498
	(-1.823)	(0.325)	(-2.490)	(0.975)
Dividends	-0.0107**	-0.0234***	-0.0492***	-0.0125**
	(-2.417)	(-4.010)	(-2.987)	(-2.449)

（续上表）

	(1) M/B≤中值	(2) M/B＞中值	(3) 5≤Age≤9	(4) Age＞9
Size	-0.00179	0.0229***	0.0424***	0.00793
	(-0.283)	(4.122)	(2.725)	(1.414)
Price	0.00837***	0.00195**	0.00536***	0.00357**
	(3.400)	(2.369)	(14.30)	(2.420)
Institutional Ownership	-0.00456	0.0144*	0.0359	0.00754
	(-0.436)	(1.727)	(0.759)	(1.012)
FC	0.00808*	0.00314	-0.0169**	0.00407
	(1.751)	(0.545)	(-2.339)	(0.662)
Industry	控制	控制	控制	控制
Year	控制	控制	控制	控制
Observations	2520	2214	362	4372
$Adj-R^2$	0.559	0.589	0.472	0.589

注：t-statistics in parentheses，$***p<0.01$，$**p<0.05$，$*p<0.1$。

受 Fama 和 French（2004）、Brown 和 Kapadia（2007）、Bennett 和 Sias（2006）、Lowry 等（2010）以及 Chemmanur 和 He（2009）、Chod 和 Lyandres（2010）等最新研究启发，为考察“新”上市公司的异质性风险是否更加显著，及其是否会显著增加上市公司整体的异质性风险水平（即本书理论分析中所谓的“新上市效应”），即随着上市时间（Age）的增加，其异质性风险如何变化，而公司市场势力之于其异质性风险的弱化作用又是否会显著变化等，表 8-8 还列示了基于上市时间长短即上市公司年龄（Age）大小的分组检验结果（具体分组的标准见第 6 章表 6-15 页下注①）。结合本书第 6 章制度背景分析的描述性统计结果（见表 6-15），这里的有效检验样本只剩下 5~9 年以及

9年以上的两组公司样本[①]。由检验结果可见，上市时间（Age）差异的影响亦很显著：上市时间越长（Age>9）的样本［模型（4）］，公司市场势力（EPCM）对于异质性风险（IR）的缓解效应越显著（$t=-3.162$）；可见此时，公司的上市时间（Age）以及实物资产（Real Assets）、公司规模（Size）乃至产权性质（Control）等公司势力的一般性替代，与公司真正的市场势力（EPCM）的“分离”似乎更其明显——相对于较年轻的样本公司（5≤Age≤9）即模型（3）中后两者显著的结果。这与本书第6章制度背景分析（见表6-15）中关于我国沪深A股上市公司的不同年龄结构之下的公司数量（N）、换手率（Turnover）、市盈率（P/E）及回报率（Return）等的描述统计结果基本一致，上市时间（Age）更长的公司其回报水平甚至更差，这与发达资本市场的公司情形“迥异”（Fama and French，2004；Brown and Kapadia，2007）。

D. 基于公司产权性质（Control）、盈利能力及研发水平（R&D）的分组。表8-9中的模型（1）和模型（2）是基于产权性质（Control）分组[②]的结果，可见其分组差异显著：非国有或民营上市公司样本中，公司市场势力（EPCM）对于其异质性风险（IR）的缓解作用更为显著（$t=-4.126$），民营企业拥有一定的市场势力显然有助于其有效应对竞争加剧引致的风险以及更大的或国有上市公司的挤占（朱恒鹏，2006；聂辉华、谭松涛和王宇锋，2008；李春涛和宋敏，2010），这与表8-7基于市场

① 我国资本市场的新兴特征以及其上市公司年龄（Age）或寿命的偏短，看来已经是普遍的事实，这也在一定程度上反映出我国资本市场的“投机性”特征（见表6-15），而公司治理效率的“偏低”以及战略性经营理念（如创新与创造）的有待提升，势必导致上市公司异质性风险水平的显著增加趋势，而这已经反映在本文的统计结果之中了（见图8-2）。

② 这里的产权性质（Control）是按终极（最终）控制人的性质划分的，控制变量中的产权性质与此同义。数据来自CCER（2010）数据库。

规模或份额（Share）分组的结果一致；终极人国有样本［模型(2)］中，公司市场势力（EPCM）变量的结果不显著且方向相反，进一步证明了产权性质（Control）、实物资产（Real Assets）及公司规模（Size）等公司势力的一般性替代与公司真正市场势力（EPCM）的“分离”。

基于盈利能力（ROE）的分组结果，并无显著差异，可见盈利能力可以作为公司势力的一种有效替代（Irvine and Pontiff，2009；Brown and Kapadia，2007；Campello，2003），盈利能力（ROE）更高的样本公司［模型（4）］其异质性风险（*IR*）更低，符合预期。表8－9中基于公司研发投入或创新水平（R&D）的分组结果值得进一步关注。公司的研发投入（R&D）可以作为其创新动力或实际技术水平的一个“直接替代”，并认为其具有信息含量进而会影响公司的业绩或其资产回报的波动（Woolridge，1988；Woolridge and Snow，1990；Eberhart et al.，2004；Karjalainen，2008；Kothari et al.，2002；Xu and Zhang，2004；Darrough and Ye，2007；Oswald and Zarowin，2007；Wu et al.，2010；Amir et al.，2007），但更多或更高水平的创新也往往预示着更高的异质性风险（IR），且几乎只与公司本身有关，而公司内外信息的不对称、金融市场相关治理机制的不完善（如R&D信息的非强制性披露、机构性持股偏低及其非理性等）以及激烈的市场竞争等环境因素，均会显著加剧公司创新与创造带来的风险，（更大）公司的“创造性破坏”动力确实面临着无奈的现实困境。由表8－9可见，研发投入差异的分组结果差异显著：研发投入更高的样本［模型（6）］，公司市场势力（EPCM）对于其异质性风险（IR）的缓解作用更为显著（$t=-6.545$），高成长性（M/B）、机构性持股（Institutional Ownership）均将加剧公司的异质性风险，呈显著正相关，而研发水平低于中值的样本［模型（5）］，公司市场势力（EPCM）对于其异质性风险（IR）并无显著弱化作用（$t=-1.319$）。分组差异的显著结果进一步证实研发对于公司自身风险的影响，同时亦映射出公司的市场势力对于其异质性风险的影响效应①。这也与表 8 - 3 的公司间经营相似度指标 NH［模型（6）］显著负相关（$t = -2.032$）的结果相一致。自然边界（NH）指标同时也可以作为公司间技术水平差距的度量指标（Mackey and Phillips，2005；Maksimovic and Zechner，1991；Williamson，1995），该指标越大，表明公司与行业平均技术水平的距离越远②，行业内公司间经营模式的显著差异将大大弱化市场的竞争强度，进而显著降低公司的异质性风险（IR）。

表 8 - 9　产品市场竞争（PMC）与异质性风险（IR - 流通市值加权）：按产权性质、盈利能力及研发投入分组

	(1) 非国有	(2) 终极人国有	(3) ROE≤中值	(4) ROE>中值	(5) R&D≤中值	(6) R&D>中值
EPCM	-0.00201***	0.000315	-0.000758**	-0.000980**	-0.000662	-0.00170***
	(-4.126)	(0.813)	(-2.143)	(-2.380)	(-1.319)	(-6.545)
Real Asset	0.00865***	0.00732	0.000231	0.0115**	0.00753***	0.00301
	(2.775)	(1.233)	(0.107)	(2.419)	(4.288)	(0.785)
Cash Rate	-0.0682***	-0.0419	-0.0725***	-0.00463	-0.0564***	-0.0389**
	(-6.878)	(-1.235)	(-3.829)	(-0.189)	(-4.946)	(-2.533)
Profit Margin	-0.0136	-0.0140**	-0.00892	-0.0283***	-0.0101***	-0.0233***
	(-1.163)	(-2.417)	(-1.364)	(-2.791)	(-3.421)	(-2.920)
M/B	0.00392	-0.00238	-0.0103	0.00692	0.00550	0.00912***
	(0.851)	(-0.512)	(-1.392)	(1.083)	(0.902)	(3.735)

① 但在逻辑上也可能引起如下的质疑，即公司面临的风险越高，其市场势力（MP）对于其风险的缓解作用也自然会越显著，公司市场势力对于其异质性风险的缓解效应是否存在“内生性问题”，似乎还有待进一步的检验。

② 这不一定说明公司的技术创新因此更少或更多，而只是表明公司与其行业均值水平的差距，故还要看具体的行业间差异，如高新技术行业等。

（续上表）

	(1) 非国有	(2) 终极人国有	(3) ROE≤中值	(4) ROE>中值	(5) R&D≤中值	(6) R&D>中值
Leverage	-0.591	3.225**	0.370	-1.516*	0.426	0.762
	(-0.555)	(2.173)	(0.237)	(-1.912)	(0.393)	(0.483)
Beta	-0.00150***	-0.00134***	-0.00149***	-0.00155**	-0.00171***	-0.00161***
	(-3.583)	(-2.653)	(-4.458)	(-2.268)	(-14.60)	(-2.829)
Trading Volume	0.000	-0.000	-0.000	0.000**	-0.000	0.000
	(0.565)	(-0.0744)	(-1.151)	(2.114)	(-0.975)	(0.717)
Turnover	0.0152***	0.0174***	0.0184***	0.0129***	0.0146***	0.0191***
	(10.54)	(7.314)	(7.309)	(8.398)	(8.918)	(20.23)
Age	-0.00669	-0.00415	0.00763	0.00530	-0.0173*	-0.0170
	(-0.668)	(-0.182)	(1.139)	(0.779)	(-1.813)	(-1.256)
ROE	-0.0118*	0.0240*	—	—	0.00968***	-0.0335**
	(-1.751)	(1.939)	—	—	(2.723)	(-2.406)
Dividends	-0.0160**	-0.00639**	-0.0166*	-0.0143***	-0.00543	-0.0128***
	(-2.535)	(-2.118)	(-1.901)	(-4.681)	(-1.341)	(-4.992)
Size	0.00861	0.000851	-0.000116	-0.00112	0.0148***	0.0106
	(1.134)	(0.0897)	(-0.0389)	(-0.357)	(3.692)	(1.409)
Price	0.00422***	0.00266	0.00638*	0.00232*	-0.00195***	0.00677***
	(3.182)	(1.298)	(1.838)	(1.916)	(-2.764)	(6.581)
Institutional Ownership	-0.000662	0.0484***	0.00119	0.0207***	-0.00824	0.0299*
	(-0.0561)	(5.092)	(0.294)	(3.305)	(-1.182)	(1.865)
FC	0.00313	0.00641	-0.00218	0.00890	0.00758***	-0.0185
	(0.551)	(0.949)	(-0.367)	(0.572)	(5.414)	(-1.152)
Control	—	—	—	—	-5.09e-05	0.000684
	—	—	—	—	(-0.290)	(0.272)
Industry	控制	控制	控制	控制	控制	控制
Year	控制	控制	控制	控制	控制	控制
Observations	3411	1119	2433	2301	2553	2181
Adj-R^2	0.586	0.518	0.572	0.569	0.657	0.571

注：t-statistics in parentheses，*** $p<0.01$，** $p<0.05$，* $p<0.1$。

8.2.4 公司市场势力（MP）与信息不对称

本书第4章的理论分析表明，行业的聚散结构会影响行业内的信息传播及其投资者对于公司未来回报可预期性（Haw et al.，2008），即如本书的理论分析所言，行业集中度具有“信息传播或集聚效应”，更集中的行业能显著强化行业公开信息以及竞争性信息的传播效应，从而促进相关信息的有效配置，降低投资者对企业未来盈余预期的不确定性（Cheng，2005a；Kale，2010），进而有助于提升行业内公司间的战略互动程度，使得竞争对手间的公司价值依赖度更强（Piotroski and Roulstone，2004；Kim，Lacina and Park，2008；Verrecchia and Weber，2006；Guo et al.,2004）；而这种更强的战略互动性又会反过来“放大”行业内信息传播的“竞争性效应”（Massa，Rehman，and Vermaelen，2007；Lang and Stulz，1992；Chen，Ho，and Ik，2005），从而有助于形成一种良性的循环。

本节验证显著的公司市场势力（MP）或相对集中的行业结构[①]是否在有效降低信息不对称，稳定公司业绩等方面更具能力优势。信息不对称性的度量一直是公司财务学界的主要难题之一，至今仍然没有更好的度量指标。借鉴Bharath、Pasquariello和Wu（2009）、Aboody和Lev（2000）以及Kale（2010）等关于信息不对称的度量模式[②]，本书选择公司规模（Size）和机构性持股比例（Institutional Ownership）两个指标作为信息不对称的替代度量。一般地，随着公司规模的增大，其信息不对称将趋于降

① 显著的公司市场势力往往更易导致相对集中的行业结构，两者互为因果，故本节只关注公司的市场势力。

② 分析师的跟踪数量及其评价可以更好地度量公司的信息不对称（Brennan and Subrahmanyam，1995；Chang，Dasgupta and Hilary，2006；Gaspar and Massa，2006；Kale，2010），但受制于我国上市公司相关数据披露的不足以及与本书样本的匹配性，本书未予以采用。

低，更强、更大的公司其治理结构相对更为完善，受到的关注和监督也更多，故信息不对称与公司的规模（Size）和市场势力（MP）负相关。在完善的资本市场上，机构投资者持股比例（Institutional Ownership）一般是信息不对称的负向表征，即其有助于信息的充分披露并进而稳定公司的股价波动；但正如前文的分析（见表8-3），国内外的证据均一致显示，机构性持股对于股价波动的影响尚不明确，本书中一系列检验中机构性持股控制变量普遍为正的结果亦可表明，机构性持股很可能是加剧公司异质性风险的一个因素，故其应与公司的信息不对称正相关。表8-10的结果显示，以公司规模（Size）和机构性持股比例（Institutional Ownership）度量信息不对称的两个模型中，主要变量公司市场势力（EPCM）的结果均呈现出与预期相符的负相关关系，即其有助于弱化公司的信息不对称（Peress，2010；Kale，2010），但并不显著（t 值分别为 -1.13 和 -0.89）。究其原因，当在于两种度量指标的“过于抽象”或粗放，公司规模（Size）与其市场势力（EPCM）的“分离”（与前结果一致），以及我国的机构投资者（Institutional Ownership）尚未发挥其应有作用等，这还有待进一步的研究和检验。

公司的研发投入水平（R&D）也可以作为信息不对称的替代度量（Kale，2010），且其一般与信息不对称正相关。由于研发活动的专有性质（Proprietary Nature）使得公司的内部人相对于外部投资者可以享有更大的信息优势（Aboody and Lev，2000），并因此得以“侵占”甚或“掠夺”外部投资者的利益，这正是控制权私利的体现，而这样的“内部人”（Insiders）应当还包括公司的大股东以及机构投资者。可见，除了研发创新本身的风险，如研发失败导致成本难以收回、技术信息泄露、产品成本的可能上升等，公司更多的研发投入还会诱致严重的代理冲突并进而加剧信息不对称，故其对于公司异质性风险（IR）的影响显著。这与表8-9研发投入更高（R&D > 中值）的分组样本下［模型

(6)] 机构性持股比例 (Institutional Ownership) 的显著正相关结果一致。但受制于我国研发投入水平的信息披露现状①，导致有效样本数太少 (全样本 125 个)，不足以检验，故未报告。

作为对本书的逻辑关切即产品市场竞争与公司异质性风险的关联或互动关系之系统考察的一个必要补充，本节只是一个简单的检验，对于更高的行业集中度何以促进信息的有效配置及其具体的影响路径，以及信息不对称是否并如何影响我国上市公司的产品市场竞争与其异质性风险的关系等相关命题，本书只作了理论分析，尚未及实证检验，这有待后续研究的进一步深入。

表 8-10 公司市场势力 (EPCM) 与信息不对称：全行业样本

	Size	Institutional Ownership
EPCM	-0.0015 (-1.13)	-0.0006 (-0.89)
Size	—	0.023 (0.64)
Real Asset	0.236*** (4.47)	-0.014*** (-3.35)
Cash Ratio	0.383*** (4.75)	0.079*** (5.32)
Profit Margin	0.039 (0.79)	-0.006 (-0.83)
M/B	-0.283*** (-8.50)	0.003 (0.13)
Leverage	-0.392 (-0.25)	3.646** (1.84)

① 目前，我国上市公司的 R&D 的数据仍属于非强制性披露信息，CSMAR (2010) 数据库里只有 2007—2009 年的数据，且披露不够精确 (里面还包括了开发支出等"非 R&D"项目)，缺失值也较严重。

（续上表）

	Size	Institutional Ownership
ROE	0.016 (1.04)	0.041*** (3.31)
Beta	-0.0014*** (-4.24)	0.00004 (0.28)
Trading Volume	0.000*** (4.48)	-0.000*** (-3.10)
Turnover	-0.011*** (-2.74)	0.0076*** (3.76)
Age	1.273*** (15.95)	-0.019 (-0.30)
Price	0.027*** (14.44)	0.0048*** (3.57)
FC	-0.0079 (-0.45)	-0.0046*** (-2.93)
Institutional Ownership	0.057 (0.66)	—
Control	-0.0018* (-1.57)	-0.002* (-2.22)
Dividend	0.078*** (4.37)	0.025*** (3.20)
Industry	控制	控制
Year	控制	控制
Adj-R^2	0.579	0.553
Observations	4734	4734

注：t-statistics in parentheses，$***p<0.01$，$**p<0.05$，$*p<0.1$。

8.3 融资便利、产品市场竞争与异质性风险（SSE）：互动效应

Fama 和 French（2004）基于其基本面波动（Fundamentals）

与公司存活率（Survival Rates）而考察新上市企业（New Lists）的风险回报特征的研究指出：正是因为股权融资成本（ECC）的降低使得更多弱小、高风险（收益预期更远）的公司得以上市融资，从而导致了新上市公司的盈余波动和淘汰率（退市或破产）特征，并进而重塑了整个资本市场或上市公司的风险回报特征。那么，又是什么导致了股权融资成本（ECC）的降低呢？是上市公司异质性风险（IR）水平的显著降低还是市场竞争的弱化？三者的关系又如何？作为本书逻辑关切即上市公司的产品市场竞争与其证券市场的效率关联与互动（“PMC－SME”）的自然延伸，并对其进行一个“简单而综合”的验证，本节拟考察融资便利或融资约束的放松——股权融资成本（ECC）降低——是否会加剧公司的产品市场竞争，并进而引致公司异质性风险或回报波动（IR）的显著增加？而作为证券市场效率的集中体现，异质性风险（IR）与股权融资成本（ECC）的“内生性”似乎显而易见：异质性风险的缓解有助于降低公司的股权融资成本，而股权融资成本的降低则可能加剧上市公司的异质性风险水平——因为更多弱小、高风险公司的得以上市融资并参与市场竞争，故对于两大变量内生性的检验也是本节的重点。鉴于此，本书构造如下的联立方程，并使用两阶段最小二乘法（2LS）予以检验：

$$SSE_{ft} = \alpha_{ft} + \beta_0 ECC_t + \beta_1' PMC_{ft} + \beta_2'' CONTROLs_{ft} + \varepsilon_{1ft}$$

$$ECC_t = \alpha_{ft} + \beta_0 SSE_{ft} + \beta_1' PMC_{ft} + \beta_2'' CONTROLs_{ft} + \varepsilon_{2ft}$$

其中，SSE_{ft}为公司f在t年的异质性风险，鉴于日回报高频数据更为可靠的特征，这里的异质性风险（SSE）是按照深市A股的个股日回报和市场日回报数据并基于CAPM回归的日残差平方和而估算的；ECC_t代表t年股权融资成本（为简洁起见，下面计量公式中的股权融资成本则用K_{GLS}可表示），PMC_{ft}代表本书使用的所有的产品市场竞争变量，而$CONTROLs_{ft}$则代表实证检验中需要控制的所有变量。

对于股权融资成本（ECC）的计量，国际上较为通用的模型有“GLS 模型”（Gebhardt et al.，2001）、“OJ 模型”（Ohlson and Juettner - Nauroth，2005）、“ES 模型”（Easton，2004）以及“CT 模型”（Claus and Thomas，2001），本书选用“GLS 模型”估算股权融资成本。根据“GLS 模型”的思想，公司的股权融资成本 K_{GLS} 可由下式计算得到①：

$$P_t = B_t + \sum_{t=1}^{\infty} \frac{E_t\left[(ROE_{t+i} - K_{GLS})\ B_{t+i-1}\right]}{(1+K_{GLS})^i}$$

其中：P_t = 公司 t 期的股票价格；B_t = 公司 t 期的账面价值；E_t（.）为期望函数；ROE_{t+i} 为第 $t+i$ 期的净资产收益率；K_{GLS} 为股权融资成本。

由表 8 - 11（a、b）的结果可见：解释变量异质性风险（SSE）在所有的产品市场竞争变量模型之中［模型（2）、（4）、（6）］，均与股权融资成本（ECC）显著正相关，即异质性波动（SSE）会显著增加公司的股权融资成本，这符合本书的理论预期，公司风险的增加自然影响资金提供者（如银行）以及潜在投资者对于公司绩效预期的波动，融资门槛的提高或投资者要求更高的预期回报即在情理之中。例如，作为影响融资门槛的重要指针即央行存款准备金率以及存贷款利率的调整均会直接导致证券市场的风险与回报波动，参见本书第 6 章制度背景分析中关于央行存款准备金率（见图 6 - 7）以及存贷款利率的调整（见图 6 - 8）引起的股市（股指）反应。而解释变量股权融资成本（ECC）亦与异质性风险（SSE）显著正相关的结果［模型（1）、（3）、（5）］，则与 Fama 和 French（2004）的研究结论以及本书的“结构化影响”预期“相反”：本书对于公司“SSE - ECC”之内生性关系以及其与产品市场竞争关联的分析，预期是要从股权融资

① 由于国内无法获得完整的预测数据，沿用叶康涛和陆正飞（2004）的做法，GLS 模型前 3 期以实际净资产收益率（ROE）替代，根据该模型的估算要求，涉及股权融资成本（ECC）的最终样本为 2004—2006 年。

成本（ECC）的降低将会引致更多弱小、高风险特征的新公司的不断上市进而导致整个产品市场（PM）与证券市场（SM）的公司/行业构成特征的变化分析入手，系统考察我国上市公司的行业竞争结构的因此变化如何加剧了市场的竞争，并最终导致公司异质性风险水平的显著增加，这才符合本书的逻辑关切及其负相关预期。然而，一致显著的正相关结果也并非完全出乎意料，因为上述预期只是“SSE－ECC”之关联关系的其中一种结果，股权融资成本（ECC）的提高确实也会增加公司的异质性风险（SSE），这亦符合现状，而且从现有的理论模型上看，这其实是本书基于 CAPM 回归残差而估算公司异质性风险的一个必然结果，因为 CAPM 就是为了解决证券资产的定价问题，对资本成本的估量自然最为重要，而风险正是决定投资者预期回报水平也即公司资本成本的最核心变量。这种非预期的正相关关系是否仍然是通过行业竞争结构的影响，还需要进行专门的研究设计并予以进一步的具体验证。

但是，公司所在产品市场与证券市场的行业竞争结构是否就因此而不具有本书逻辑框架所谓的“基础性影响”了呢？这还要看本书的关键变量即产品市场竞争的影响。由表 8－11a 可见，公司的市场势力（EPCM）显然有助于降低其异质性风险（SSE）以及股权融资成本（ECC）——其结果持续稳健，但另一个公司市场势力指标（PCM）只在模型（6）中显著，且均在 1% 的水平上显著，这符合本书的预期，即公司市场势力（MP）的提升有助于“规避”剧烈市场竞争的负面冲击，并将其予以充分的“内部化”（Gaspar and Massa，2006；Irvine and Pontiff，2009；Kale，2010；Hoberg and Phillips，2010），稳定的公司业绩自然有助于降低其资本成本（Peress，2010）。这与表 8－11b 中市场竞争强度变量即公司间竞争策略的敏感度 CS［模型（1）］以及赋予小公司更多权重的行业集中度指标 EI［模型（6）］的显著正相关结果一致。但行业集中度（HHI）——在模型（4）中方向一致但不显著、公司间经营相似度或公司创新水平（NH）等变量的结果却未得到验证，这应该与该指标的特征及其缺陷以及我国的行业竞争结构现状有关。

主要控制变量的结果与先前的检验一致。值得注意的是，市场风险 Beta 在所有的异质性风险（SSE）模型之下均显著正相关，这与 Gaspar 和 Massa（2006）的结果完全一致——使用同样的异质性风险指标（SSE），但与本书前面的检验结果相反，这与市场风险 Beta 的多元内涵有关［参见前文对表 8－3 中控制变量结果的解释（实物资产 Real Assets）及其脚注 1］，而且，市场风险 Beta 变量在所有的资本成本（ECC）模型之下全部负相关［在表 8－11a 的模型（4）以及表 8－11b 的模型（6）中显著］的结果也与本书的预期完全相符：市场风险的加剧会导致融资便利的"收紧"（见第 6 章表 6－8 利率调整对股市的影响）以及投资者预期的波动，资本成本的上升自是必然的结果。由此看来，表 8－11（a、b）中解释变量权益资本成本（ECC）与异质性风险（SSE）的一致正相关的结果，似乎也可以从这个角度或路径予以解释：即市场风险（Beta）的加剧会导致资本成本（ECC）的上升，并可能同时或进而引致异质性风险（SSE）的同步增加——符合 Gaspar 和 Massa（2006）的正相关预期以及市场的一般性规律，但是否是通过权益资本成本（ECC）这个路径，还有待进一步检验。

表 8－11a　产品市场竞争（PMC）、异质性风险（SSE－lw）与股权融资成本（ECC）：全行业样本

	(1) SSE－lw	(2) ECC	(3) SSE－lw	(4) ECC	(5) SSE－lw	(6) ECC
ECC	0.309*		0.298**		0.330*	
	(1.723)		(2.063)		(1.856)	
SSE－lw		0.00517**		0.00507***		0.00551***
		(2.427)		(3.201)		(2.688)

(续上表)

	(1) SSE - lw	(2) ECC	(3) SSE - lw	(4) ECC	(5) SSE - lw	(6) ECC
EPCM	-0.000750***	-0.000143***				
	(-4.477)	(-5.818)				
HHI			0.463***	-0.0433		
			(4.034)	(-1.433)		
PCM					0.00377***	-0.000644***
					(4.848)	(-4.659)
Real Asset	0.00347	-0.00230	0.00970***	-0.00274	0.00601	-0.00236
	(0.718)	(-1.316)	(3.561)	(-1.442)	(1.265)	(-1.268)
Cash Rate	-0.0202***	0.00557**	-0.00928	0.00607***	-0.0178***	0.00609***
	(-2.760)	(2.353)	(-1.395)	(2.991)	(-2.701)	(2.673)
Profit Margin	-0.0130***	0.00876***	-0.0111***	0.00450**	-0.0222***	0.00988***
	(-2.622)	(5.817)	(-4.170)	(2.191)	(-3.757)	(5.192)
M/B	0.0375***	-0.00625***	0.0217***	-0.00757***	0.0377***	-0.00650***
	(3.507)	(-7.961)	(5.697)	(-9.935)	(3.668)	(-8.280)
Leverage	-1.543***	0.351***	-1.559***	0.436***	-1.376***	0.357***
	(-4.972)	(21.86)	(-4.741)	(17.11)	(-4.862)	(22.91)
ROE	0.00345	-0.00354***	0.0111*	-0.00347***	0.00704	-0.00410***
	(0.462)	(-3.443)	(1.775)	(-7.340)	(0.956)	(-3.510)
Beta	0.000878***	-2.00e-05	0.000714***	-3.00e-05***	0.000891***	-1.62e-05
	(3.437)	(-0.219)	(7.812)	(-2.652)	(3.455)	(-0.176)
Trading Volume	-0.000**	0.000***	-0.000	0.000***	-0.000*	0.000***
	(-2.234)	(2.920)	(-0.870)	(3.404)	(-1.882)	(2.931)
Turnover	0.0208***	-0.000223*	0.0206***	-0.000152	0.0208***	-0.000241*
	(23.29)	(-1.796)	(28.46)	(-1.109)	(23.16)	(-1.916)
Age	0.00830	-0.000836	0.0118	-0.000491	0.0118	-0.00164
	(0.588)	(-0.357)	(0.986)	(-0.320)	(0.876)	(-0.841)

（续上表）

	(1) SSE - lw	(2) ECC	(3) SSE - lw	(4) ECC	(5) SSE - lw	(6) ECC
Control	-0.00987***	-0.000963	-0.0104***	-0.000815	-0.00967***	-0.00102
	(-3.942)	(-0.962)	(-4.027)	(-0.802)	(-3.862)	(-0.996)
Dividends	-0.00240	-0.00142***	-0.00183	-0.00132***	-0.00180	-0.00134***
	(-0.597)	(-9.492)	(-0.429)	(-6.980)	(-0.464)	(-11.22)
Size	-0.00726	0.00494***	-0.0157*	0.00534***	-0.0118*	0.00546***
	(-1.051)	(10.55)	(-1.944)	(3.602)	(-1.775)	(6.808)
Price	0.00935***	0.000569***	0.0103***	0.000715***	0.00947***	0.000584***
	(6.993)	(14.72)	(6.695)	(9.240)	(7.030)	(13.89)
FC	-0***	0	0.00393*	-0.000354	-0***	0
	(-43.85)	(1.420)	(1.897)	(-0.321)	(-43.30)	(0.772)
Institutional Ownership	0.0331***	0.00201***	0.0312***	0.00299***	0.0320***	0.00188***
	(4.524)	(13.19)	(3.675)	(13.34)	(4.442)	(11.55)
Industry	控制	控制	控制	控制	控制	控制
Year	控制	控制	控制	控制	控制	控制
Observations	1604	1604	1631	1631	1604	1604
Adj - R^2	0.413	0.091 6	0.409	0.103	0.413	0.091 7

注：*t* - statistics in parentheses，*** $p<0.01$，** $p<0.05$，* $p<0.1$。异质性风险（SSE）是基于深市 A 股日回报数据的 CAPM 回归残差平方和计算得出的，且按流通市值加权计算（SSE - lw）。

表 8 - 11b　产品市场竞争（PMC）、异质性风险（SSE - lw）与股权融资成本（ECC）：全行业样本

	(1) SSE - lw	(2) ECC	(3) SSE - lw	(4) ECC	(5) SSE - lw	(6) ECC
ECC	0.494***		0.240**		0.295**	
	(2.770)		(2.401)		(2.003)	
SSE - lw		0.00859***		0.00446***		0.00500***
		(5.938)		(3.227)		(3.069)

（续上表）

	(1) SSE - lw	(2) ECC	(3) SSE - lw	(4) ECC	(5) SSE - lw	(6) ECC
CS	0.00224 **	-0.000302				
	(2.121)	(-1.313)				
NH			0.00724	0.00532		
			(0.522)	(1.628)		
EI					-0.0152	0.00936 ***
					(-1.232)	(5.597)
Real Asset	0.00619	-0.00188	0.0238 ***	-0.00298 *	0.0100 ***	-0.00284
	(1.332)	(-1.151)	(8.928)	(-1.785)	(3.750)	(-1.475)
Cash Rate	-0.00759	0.00361 ***	0.0209 ***	0.00446 **	-0.0100	0.00625 ***
	(-0.960)	(2.794)	(2.756)	(2.117)	(-1.435)	(3.152)
Profit margin	-0.000564	0.00603 ***	-0.00934 ***	0.00428 ***	-0.0100 ***	0.00464 **
	(-0.116)	(5.218)	(-2.818)	(2.844)	(-3.474)	(2.290)
M/B	0.0390 ***	-0.00522 ***	0.0268 ***	-0.00969 ***	0.0213 ***	-0.00762 ***
	(3.965)	(-16.38)	(22.00)	(-19.55)	(6.459)	(-9.733)
Leverage	-1.744	0.365 ***	-2.371 ***	0.382 ***	-1.505 ***	0.436 ***
	(-0.716)	(2.651)	(-4.052)	(10.98)	(-5.738)	(14.03)
ROE	-0.00744	-0.00156	0.00553	-0.00352 ***	0.0111 *	-0.00346 ***
	(-0.732)	(-1.468)	(0.586)	(-9.617)	(1.836)	(-7.519)
Beta	0.000905 ***	-3.30e-05	0.000548 ***	-2.62e-05 *	0.000685 ***	-3.02e-05 ***
	(4.175)	(-0.379)	(4.546)	(-1.961)	(7.270)	(-2.649)
Trading Volume	0.000	0.000 ***	-0.000	0.000 ***	-0.000	0.000 ***
	(1.397)	(3.550)	(-0.613)	(3.945)	(-0.134)	(3.603)
Turnover	0.0198 ***	-0.000112	0.0205 ***	-0.000209	0.0206 ***	-0.000172
	(26.10)	(-1.439)	(39.74)	(-1.444)	(28.99)	(-1.231)
Age	0.0272	0.000172	0.0317 ***	-0.000936	0.0173	-0.00304 ***
	(1.626)	(0.0619)	(4.304)	(-0.680)	(1.200)	(-2.782)

（续上表）

	(1) SSE - lw	(2) ECC	(3) SSE - lw	(4) ECC	(5) SSE - lw	(6) ECC
Control	-0.0132***	-0.000609	0.0155***	0.00318**	-0.0103***	-0.000769
	(-6.285)	(-0.798)	(2.866)	(2.321)	(-3.843)	(-0.752)
Dividends	-0.00836*	-0.000815***	0.00310	-0.00137***	-0.00138	-0.00128***
	(-1.780)	(-3.110)	(0.809)	(-3.906)	(-0.337)	(-9.509)
Size	-0.0203***	0.00389***	-0.0405***	0.00568***	-0.0160*	0.00542***
	(-2.890)	(21.16)	(-5.732)	(5.750)	(-1.872)	(3.629)
Price	0.0101***	0.000526***	0.0105***	0.000770***	0.0104***	0.000724***
	(9.196)	(6.093)	(7.345)	(9.108)	(6.419)	(8.113)
FC	-0***	0***	0.00646*	-0.00155	0.00437*	-0.000229
	(-55.01)	(8.576)	(1.726)	(-1.345)	(1.921)	(-0.223)
Institutional Ownership	0.0317***	0.00117***	0.0371***	0.00277***	0.0318***	0.00306***
	(3.843)	(2.726)	(3.583)	(5.259)	(3.711)	(13.84)
Industry	控制	控制	控制	控制	控制	控制
Year	控制	控制	控制	控制	控制	控制
Observations	1503	1503	1528	1528	1631	1631
Adj - R^2	0.430	0.0716	0.412	0.115	0.408	0.105

注：t - statistics in parentheses，$***p<0.01$，$**p<0.05$，$*p<0.1$。异质性风险（SSE）是基于深市 A 股日回报数据的 CAPM 回归残差平方和计算得出的，且按流通市值加权计算（SSE - lw）。

8.4 产品市场竞争与异质性风险：稳健性检验

本书基于行业结构、市场势力、竞争强度以及行业内外差异等视角，对产品市场竞争（PMC）进行了多维度量，实际上已充分考虑和验证了该变量的稳定性，故本节的稳健性检验主要针对异质性风险。在资产定价方面，除了 CAPM 单因素模型外，其多因素扩展模型如 Fama - French 三素模型等也已经被很多研究证实在中国资本市场具有较好的适用性（陈展辉，2004）。出于稳健性考虑，本书又采用了基于个股及市场日回报高频数据的 CAPM 回归残差的平方和（SSE）、CAPM 的改进模型即市场模型（Market Model）以及 CAPM 和 Fama - French 三因素模型的回归残差的标准差等四种方式，替代估算了我国上市公司的股票异质性风险。

8.4.1 产品市场竞争与异质性风险：基于 CAPM 回归日残差的平方和

采用更高频的日回报或周回报数据来估算 CAPM 的回归残差，并用之度量公司或股票的异质性风险或其回报波动，在理论上讲应该更为精确（Lowry，2010；Brown and Kapadia，2007）。但受制于现有的数据库对我国沪深 A 股市场的个股日回报以及周回报数据的披露缺陷，不能采用更为完整、容量更大的样本进行估计。故此，在基于个股月回报的 CAPM 回归残差估计方式之外，本书还将直接遵循 Gaspar 和 Massa（2006）及 Malkiel 和 Xu（2003）等的思路和程序，采用我国深市 A 股的个股日回报和市场日回报数据来替代估算公司的异质性风险（在此用 SSE 以示区别）。具体的估算程序如下：首先对样本中的每个上市公司或每只股票，将过去 36 个月的个股月回报按月对其市场的超额回报（即市场月平均回报率）进行时间序列回归，得出风险的 Beta 值；然后将其拟合到（fit to）当月的个股日回报之中，从而得到个股日回报与市场日回报的回归残差；最后对这些日残差（按所有天、所有月）求平方和，即可得到异质性风险（SSE）的月度数据；再将异质性风险的月度值按月求和即可得到异质性风险的年度值（SSE）。市场风险的 Beta 值以及个股的日回报数据、市场的日回报等数据的来源见第 7 章研究设计。最终的异质性风险（SSE）检验也将区分为流通市值加权和总市值加权两类，但仍然只报告其流通市值加权的检验结果，总市值加权的结果与其类似。

（1）变量描述及单变量检验。

如下两表是对主要变量的描述性统计结果。表 8-12 是按照我国深市 A 股的个股日回报和市场日回报数据并基于 CAPM 回归残差而估算的年度异质性风险（SSE）变量描述性统计结果。由表 8-12 可见，流通市值加权的异质性风险（SSE）的年度均值为 0.148，每年的标准差为 25.4%，这与前文表 8-1 的基于月回报数据的描述结果相比又略低[①]：上市公司的异质性风险（SSE）虽然相对较低，远低于美国等发达国家甚至超过 40% 的水平（Gaspar and Massa, 2006; Brown and Kapadia, 2007; Fama and French, 2004; Kale, 2010），却呈现逐年显著增加的趋势（见图 8-2）。按 Gaspar 和 Massa（2006）的做法，表 8-12 还增列了一个"新指标"即"系统性波动的份额"（Share of Systematic Volatility）的统计结果，该指标由 1 减去上述 CAPM 月度回归模型（估算异质性风险的月度值）的 R^2 得到，顾名思义，该指标反映市场的系统性风险的水平，其均值高达 0.64（Std. = 19.86%），远远高于 Gaspar 和 Massa（2006）基于美国资本市场的统计结果（Mean = 0.189，Std. = 15.4%）。可见，我国上市公司的异质性风险（SSE）尚未超过其市场风险的水平（0.64），这与 Gaspar 和 Massa（2006）、Irvine 和 Pontiff（2009）等对于美国等发达资本市场的公司异质性风险显著高于其市场风险的现状有别，但其逐年显著增加的趋势却很显著（见图 8-2），故分析其内涵有二：

① 鉴于这里的异质性风险（SSE）是基于公司日回报高频数据的 CAPM 回归残差而估算的，且其与 Gaspar 和 Massa（2006）、Brown 和 Kapadia（2007）及 Fu（2010）等国外研究的估算程序一致，故本书认为这里的异质性风险（SSE）水平可能较月回报数据更为可靠，这也是本书前面的关联趋势分析（见表 8-2）以及后文的"ECC-SSE-PMC"互动效应检验（见表 8-11）和稳健性检验（见表 8-14）中使用日回报的异质性风险（SSE）的原因。

其一，我国上市公司的异质性风险（SSE）水平虽然还相对还很低，且尚未超过我国资本市场的系统性风险水平，但其增加趋势显著，理应引起及早的关注。

其二，我国证券资本市场的市场风险水平显然远高于美国等发达国家，上市公司异质性风险与市场系统性风险的背离程度，虽与发达国家一样明显，但其背离的性质却显著不同：我国上市公司的股价或回报波动仍更多受制于宏观政策或基本面的波动——新兴、转轨市场经济国家的普遍特征——而与其公司自身的“效率”（经营治理效率及获利能力等）特征的关联仍处在偏低水平①，我国证券资本市场（SM）的“政策市”和“投机市”的特征仍较为显著，上市公司的整体绩效及其价值创造能力仍有待改进。这与本书第六章制度背景分析中对于我国上市公司的股票回报、换手率及市盈率等的描述性统计结果（见表6－11b）基本一致。

由前文的分析，基于个股及市场日回报等高频数据的CAPM回归的日残差平方和而估算出的公司异质性风险（SSE），可能更为可靠，这也是国外已有相关研究的普遍做法（Gaspar and Massa，2006；Brown and Kapadia，2007；Kale，2010）。由表8－13可见，随着公司市场势力（EPCM）和行业集中度（HHI）的增加，公司异质性风险（SSE）的均值均呈现出显著降低的趋势——异质性风险（SSE）的四分位的均值差异 t 检验结果均在1%的水平上显著，与表8－2未控制公司规模（Size）影响的结果一致，基于个股及市场日回报高频数据和月回报数据的单变量检验结果，显著地验证了本书的预期。

---

① 一般地，公司的绩效若更多取决于其所在国家（地区）的宏观政策或基本面的波动，则其所在证券资本市场（SM）的投机性特征便更为明显；与之相反，健全的资本市场下公司的绩效则更多取决于其自身的价值创造能力。这也是本书深入关注公司真正的市场势力（MP）——在其资产规模（Size、Real Assets）、产权性质（Control）以及上市时间（Age）等一般性替代之上——差异及其影响效应的目的所在。

表 8-12 异质性风险（SSE-流通市值加权）的描述性统计

Variables	N	Mean	Std.	Min	Max
Panel-A					
SSE-流通市值加权	4473	0.147717	0.254144	0.001148	7.30114
SSE-总市值加权	4473	0.141142	0.249757	0.001131	7.302954
$1-R^2$（流通市值加权）	4473	0.64003	0.198554	0.095974	0.9995
Panel-B					
第一种方法（CAPM 残差标准差）	4566	0.0963	0.0562	0.0092	0.3484
第二种方法（Market model）	4869	0.0222	0.0084	0.0092	0.0472
第三种方法（F-F 三因素模型）	4806	0.1295	0.0549	0.0144	0.2468

注：异质性风险（SSE）基于深市 A 股日回报数据的 CAPM 回归的日残差平方和估算而得。

表 8-13 公司市场势力（MP）、行业集中度与异质性风险（SSE-流通市值加权）的关联：单变量检验

Panel A：EPCM				
Market Power Quartiles				Difference：1-4
1（Lowest）	2	3	4（Highest）	
0.242	0.197	0.193	0.167	0.075***
Panel B：HHI				
Market Power Quartiles				Difference：1-4
1（Lowest）	2	3	4（Highest）	
0.240	0.199	0.189	0.173	0.067***

注：异质性风险（SSE）基于深市 A 股日回报数据的 CAPM 回归的日残差平方和估算而得。表中最后一栏为组间差异显著性的 t 检验值，***、**、*分别代表 1%、5%、10% 的显著性水平。

（2）多元回归分析：产品市场竞争与异质性风险（SSE）。

表8-14是采用我国深市A股的个股日回报和市场日回报数据并基于CAPM回归的日残差平方和而估算的异质性风险（SSE），与公司产品市场竞争多维变量的多元回归检验结果。由表8-14可见，除公司间经营策略相似度指标（NH）以及公司市场势力的辅助性指标价格—成本边际指标（PCM）的结果不显著（但方向与预期一致）以外，几乎所有的产品市场竞争变量，均与全样本和制造业（C）之下的，以及基于八种结构特征的分组样本的检验结果一致，且均在5%及其以上的水平显著。除市场风险（Beta）与股价（Price）以外，其他主要控制变量的检验结果亦与前文保持一致。但由于异质性风险（SSE）基于相同的估算原理，表8-14中的市场风险（Beta）与股价（Price）控制变量的检验结果又与Gaspar和Massa（2006）等的结果完全一致。稳健性检验的结果很好地验证了本书的理论预期。

表8-14　产品市场竞争(PMC)与异质性风险(SSE-流通市值加权):全行业样本

	(1)	(2)	(3)	(4)	(5)	(6)
EPCM	-0.00192*					
	(-1.755)					
PCM		-0.0283				
		(-1.186)				
HHI			-0.584***			
			(-3.590)			
EI				0.215***		
				(3.417)		
CS					0.00389***	
					(2.840)	
NH						-0.0213
						(-1.356)

（续上表）

	(1)	(2)	(3)	(4)	(5)	(6)
Real Asset	0.0142	0.0150	0.0117	0.0103	0.0188	-0.00541
	(1.029)	(1.042)	(0.815)	(0.742)	(1.177)	(-1.181)
Cash Rate	-0.144***	-0.146**	-0.175***	-0.195***	-0.145***	-0.0945***
	(-3.018)	(-2.380)	(-5.534)	(-4.447)	(-2.882)	(-4.044)
Profit Margin	-0.0379*	-0.00382	-0.0408*	-0.0363*	-0.0403**	0.00456
	(-1.802)	(-0.173)	(-1.789)	(-1.697)	(-2.312)	(1.564)
M/B	-0.0411	-0.0496	-0.0231	-0.0231	-0.0502	0.00921***
	(-0.847)	(-0.981)	(-0.737)	(-0.726)	(-0.978)	(2.852)
Leverage	6.349*	5.148*	4.720**	4.652**	5.094*	1.215*
	(1.764)	(1.701)	(2.365)	(2.360)	(1.883)	(1.678)
ROE	0.0419	0.0368	0.0276	0.0309	0.0361	-0.0136**
	(0.809)	(0.914)	(0.881)	(1.012)	(0.763)	(-2.036)
Beta	0.00182***	0.00173***	0.00213***	0.00242***	0.00171***	0.000925***
	(2.777)	(2.811)	(3.862)	(3.809)	(3.598)	(4.698)
Trading Volume	-0.000	-0.000*	-0.000*	-0.000**	-0.000	0.000***
	(-1.404)	(-1.707)	(-1.789)	(-1.999)	(-0.585)	(2.771)
Turnover	-0.00752	-0.00580	-0.00519	-0.00540	-0.00862	0.0144***
	(-0.788)	(-0.577)	(-0.547)	(-0.578)	(-0.842)	(11.83)
Age	0.0389	0.0297	0.0289	-0.0156	0.0405	-0.0197
	(0.749)	(0.571)	(0.673)	(-0.451)	(0.708)	(-1.394)
Control	0.0291**	0.0193*	0.0339*	0.0339*	0.0305**	-0.0173
	(2.354)	(1.722)	(1.976)	(1.961)	(2.581)	(-1.662)
Dividends	-0.0165*	-0.0111	-0.0141*	-0.0160**	-0.0163**	-0.0150**
	(-1.868)	(-1.228)	(-1.866)	(-2.124)	(-2.123)	(-2.099)
Size	-0.0215	-0.0139	-0.0101	-0.0172	-0.0275	0.0298**
	(-0.455)	(-0.319)	(-0.246)	(-0.385)	(-0.516)	(2.422)
Price	-0.00485*	-0.00362	-0.00479*	-0.00424	-0.00502	0.00264***
	(-1.677)	(-1.457)	(-1.671)	(-1.413)	(-1.653)	(3.113)

（续上表）

	(1)	(2)	(3)	(4)	(5)	(6)
FC	-0.00313	—	-0.00742	-0.00591	-0.00281	-0.00157
	(-0.576)		(-1.354)	(-1.206)	(-0.350)	(-0.411)
Institutional Ownership	—	—	0.131*	0.119	0.120*	-0.000510
			(1.774)	(1.593)	(1.810)	(-0.0328)
Industry	控制	控制	控制	控制	控制	控制
Year	控制	控制	控制	控制	控制	控制
Observations	550	611	572	572	545	500
Adj-R^2	0.128	0.124	0.132	0.139	0.133	0.695

注：t-statistics in parentheses，$***p<0.01$，$**p<0.05$，$*p<0.1$。

8.4.2 产品市场竞争与异质性风险：基于其他三种度量方式

除上述方式之外，借鉴国外主流研究的做法，本书还使用了CAPM回归日残差的标准差、CAPM的改进模型即市场模型（Market Model）以及Fama-French三因素模型回归残差的标准差等三种方式（均使用日回报高频数据），替代度量了公司股票的异质性风险。限于篇幅，本书并未报告这三种替代度量方式及其检验结果，但主要竞争变量如公司产品市场势力（EPCM）等，均与前文结果及本书的理论预期基本一致。基于CAPM日残差平方和估算的异质性风险（SSE）及采用上述三种方式估算的异质性风险的变量描述性统计结果分别见表8-12中的Panel-A和Panel-B，统计结果显示，不同度量方式之下的异质性风险水平与本书基于CAPM日残差平方和估算的异质性风险水平（SSE）接近，均在10%左右（市场模型下因不考虑无风险利率，故其水平略低，参见第199页页下注①）。

此外，结合我国上市公司所在的行业竞争现状，还应该考虑到我国资本市场发展是一个渐进的过程，很多行业的很多年份中，其主要公司可能尚未上市或上市时间尚很短，故其也可能导致产品市场竞争（PMC）度量的偏误。实际上，本书的表8－7和表8－8基于原始数据之描述性统计特征，分别按照公司市场势力大小（M－share）和上市时间长短（Age）的分组检验结果（两种分组下主要变量的结果仍保持一致），可以为上述考量提供一个近似的稳健性检验结果。因此，可以说，在考虑了上述影响以及我国公司上市的门槛等因素，本书的最终样本实际上已基本涵盖那些主要公司都已上市的行业。当然，这仍然不能完全涵盖到那些行业外的大型或对行业具有潜在较大影响的非上市企业，故还需纵深检验。

9 研究结论及其他

9.1 研究结论与启示

本书关注我国上市公司异质性风险的显著增加，以及公司产品市场竞争绩效（PMC）与其证券市场效率（SME）的关联性下滑，是否也应该直接归咎于经济领域内日趋激烈的竞争；我国上市公司的产品市场竞争是如何传导至其证券市场并引致其异质性风险或回报的波动。结合产业组织、市场结构、战略管理及创造性破坏等理论及国外最新成果，本书立足上市公司所在产品市场的行业竞争结构及其证券市场的公司/行业构成等多维结构特征即“结构—风险—绩效”的关联视角，基于产品市场竞争之“内生互动效应”和“外生独立效应”正反两种路径及其“七类效应”，对我国上市公司的产品市场竞争与其证券市场的效率关联（“PMC - SME”）或互动（“ECC - SSE - PMC”）及其作用路径，进行系统的逻辑分析、理论建模与实证检验。

本书基于全行业样本、制造业（C）样本以及公司所在产品市场（PM）及其证券市场（SM）的风险结构差异特征之多元分组样本的实证研究结果，显著支持了本书的理论预期，研究结果表明：我国上市公司至少近十年来的异质性风险呈现出显著增加的趋势（见表8-2），异质性风险与其市场系统性风险的明显“背离”虽国内外皆然，但其背离的“性质”却显著不同（见表8-12）；异质性风险的显著增加亦确应主要归咎于我国上市公司产品市场竞争（PMC）的加剧；过于分散的行业结构以及日趋激烈的市场竞争，将有损公司的整体绩效或风险回报；相对集中的行业结构与显著的公司市场势力（MP）有助于缓解公司证券市场的低效率（SME）并进而提升公司的整体绩效。这与Demsetz（1973）、Gale（1972）、Campbell等（2001）、Fama和French（2004）等早期经典研究，以及Gaspar和Massa（2006）、Hou和Robinson（2006）、Brown和Kapadia（2007）、Irvine和Pontiff（2009）与Kale（2010）、Peress（2010）、Hoberg和Phillips（2010）等最新研究结论完全一致。

结合本书的理论分析及其实证检验结果，其主要的研究结论与启示如下：

（1）本书基于“结构化分析”视角和逻辑的理论分析表明，由传统的“SCP”范式扩展而来的“结构—制度—行为—绩效”的“SICP”范式，可以很好地适应我国特定制度背景影响之下的公司绩效研究，并能为系统考察我国上市公司的产品市场竞争与其证券市场的效率关联或互动（“PMC-SME”），提供可行的逻辑框架和考察路径。而且，对于上市公司整体绩效或回报水平的考察，确实应该从其两大要素市场即其产品市场（PM）与证券市场（SM）的系统关联入手，并应该基于“行业聚散结构”与“市场竞争强度”两大层面，纵深关注产品市场竞争动态及其与公司风险或回报变迁的系统性关联。

（2）结合产业组织理论、市场的效率结构理论以及战略管理和创造性破坏等理论的多元启示，并基于国外最新研究成果的精心梳理和概观，本书认为：公司特征性因素（Firm - specific Characteristics）对其异质性风险或回报波动的影响可以概括为“四类效应”，即“小公司效应”、“新上市效应”、“基本现金流波动效应”和“信息—风险效应”，而其作用的路径或渊源正是行业竞争结构的内在变迁，鉴于现有研究多将其与公司特征性因素并列考量，故本书将其界定为产品市场竞争（PMC）之“内生互动效应”；而产品市场竞争还自有其“外生独立效应”，即正是公司所在产品市场及其证券市场之行业竞争结构的变迁，受政府管制、竞争法规、产权结构等制度背景或公司基本经营环境的变迁推动，基础性地影响着公司间竞争的格局，并进而决定着公司的产品市场竞争及其证券市场的风险与绩效（“PMC - SME”）；而相对集中的行业结构与显著的公司市场势力（MP）可以有效缓解上市公司的异质性风险或其回报波动、稳定公司业绩并显著降低权益资本成本（ECC）及其信息不确定性影响。本书将产品市场竞争（PMC）的这种积极的“外生独立效应”概括为“三类效应”，即其“自然保值或风险转嫁效应”、“信息的传播或集聚效应”，以及有利于推动竞争公司间战略性合作的“创新激励效应”。

（3）本书的理论建模旨在验证“剧烈的竞争是否有损公司绩效”的基本命题，本书将是否面临融资约束作为公司在行业竞争中面对的最重要的约束之一，系统考察了公司的产品市场竞争决策在不受融资约束的一般情形，以及面临（债务）融资约束的现实情形之下，产品市场竞争的加剧如何影响其公司的整体绩效。本书基于产品市场竞争结构与（债务）融资合约相关假设的数理模型的分析结果表明：产品市场竞争的加剧将有损公司的绩效，尤其是当公司证券市场（SM）的竞争性资本约束（融资条件）与其产品市场（PM）的竞争性产出约束（产品或服务的品质）这两类要素性约束相叠加时，便更是如此。

（4）由表8－12的结果可见，我国上市公司的异质性风险（SSE）虽然相对较低［年度均值为0.148，Std. =25.4%，远低于美国等发达国家甚至超过40%的异质性风险水平（Gaspar and Massa，2006；Irvine and Pontiff，2009）］，且尚未超过其市场风险水平（均值为0.64，Std. =19.86%），但其逐年增加的趋势却很显著（见图8－2），理应引起及早的关注；上市公司异质性风险与其市场系统性风险的明“显背”离虽国内外皆然——Gaspar和Massa（2006）基于美国资本市场的市场风险水平（均值为0.189，Std. =15.4%），但其背离的“性质”却显著不同：我国资本市场的系统性风险水平的显著更高，说明我国上市公司的股价或回报波动仍更多受制于宏观政策或基本面波动——新兴、转轨市场经济国家的普遍特征——而与其公司自身“效率”（经营治理效率及获利能力等）特征的关联仍处在偏低水平，我国证券资本市场（SM）的“政策市”和“投机市”的特征仍较为显著，上市公司的整体绩效及其价值创造能力仍有待改进。

（5）本书基于产品市场竞争之“内生互动效应”与“外生独立效应”正反两种路径及其多种效应的描述性分析和实证检验结果，均显著支持本书的理论预期。由本书图8－2、图8－3等的关联趋势描述结果来看，我国上市公司的异质性风险确实呈现出显著增加的趋势，而这种显著增加的趋势亦确与我国上市公司所在产品市场竞争的加剧密切相关；公司的规模大小（Size）、市场势力强弱（MP）、成长性差异（M/B）、盈利性高低（ROE）以及“可抵押”实物资产（Real Assets）的多少等公司特征性因素（Firm－specific Characteristics）与其异质性风险的关联趋势显著——这与Brown和Kapadia（2007）、Fama和French（2004）等关于公司特征性因素与其异质性风险的时间关联趋势的研究结果一致，亦完全吻合本书预期。本书理论分析提出的“小公司效应”（见表8－7）、“新上市效应”（见表8－8）等产品市场竞争之“内生互动效应”，及其“自然保值或风险转嫁效应”、“信息传播或集聚效应”等“外生独立效应”均较为显著，研究结果表明：规模或势力更为弱小、高风险特征更为明显（如技术创新依赖、上市时间更短、产权结构特征等）的小公司或新公司的日益上市，会显著地影响上市公司整体的异质性风险或其回报波动水平；而相对集中的行业结构与公司显著的市场势力可以有效缓解上市公司的异质性风险或其回报波动、稳定公司业绩（见表8－3至表8－9）并显著降低股权资本成本ECC（见表8－11）及其信息不确定性影响（见表8－10）；公司所在的产品市场竞争确实可以传导到其证券市场并引致其风险或绩效的显著波动，故在资本资产定价模型之中，确实还应引入产品市场竞争因素之系统影响（Aguerrevere，2009；Hoberg and Phillips，2010），从而为上市公司资产回报之决策模式提供更为可靠的依据。

如同美国等发达资本市场下公司“结构（竞争）—风险—绩效”的关联现状及其相关研究结论，我国上市公司异质性风险的显著增加在很大程度上也应归咎于产品市场竞争（PMC）的加剧。国内外证券资本市场的这种类似的风险特征，与全球经济一体化背景之下我国的经济发展与欧美发达国家经济模式的日益趋同有关，而我国在新时期——自加入WTO尤其是2008年金融危机以后——持续着意于经济结构的战略性调整、逐步放松传统垄断性行业的禁入限制、加快推动产业结构转型升级与企业规模的做大做强等适应性调整和新政取向特征，以及美国等发达国家自危机之后逐步放松管制、强化金融市场监管、实施贸易壁垒以弱化国际竞争并同时推动其公司行业结构的优化集中等背景变迁，均在一定程度上印证了上述“关联性下滑”的经济结果及其适应性调整的战略意义。

（6）虽然不是本书关注的主要变量——见表8－5的分析，但诸如公司规模（Size，普遍为显著的正相关）、产权性质（Control，普遍为不显著或显著的正相关）以及“可抵押性更高”的实物资产（Real Asset，受成长性差异影响）、机构性持股比重

(Institutional Ownership）以及市场风险（Beta）等控制变量与公司异质性风险（IR、SSE）及其市场势力和行业竞争结构(EPCM、HHI）等的关联结果却似乎“更有趣”：公司的资产规模（Size、Real Assets)、产权性质与结构（Control、Institutional Ownership）以及上市时间（Age）等这些在一般性逻辑之下似乎成立的“绝对性”指标，可能已经不再是公司市场势力（MP）或其稳定业绩的可靠替代（见图8-3b、e)，而这正好可以为本书关注公司市场势力与行业集中度之一般、传统的主要来源或其制度渊源提供“侧面”的证据，也可为进一步验证其影响变迁以及公司市场势力的可靠度量提供有益启示。

(7）考虑到——尤其是2008年全球金融危机之后——世界经济的变迁大势特别是美国、欧洲等发达国家和地区借危机而重启贸易壁垒以弱化国际竞争、放松出口管制并同时着力推动其国内公司的行业优化重组、强化金融监管等适应性调整趋势，再结合经济一体化背景之下的我国亦适时出台一系列意在推动经济结构战略性调整和产业结构转型升级等新政的政策取向特征，本书关于产品市场竞争与公司异质性风险关系（“PMC-SME”）的上述显著结果，应该部分“得益于”这种制度背景或基本经营环境的“良性变迁”，也因为上述变迁背景，本书关于公司产品市场竞争与其证券市场之效率关联与互动的尝试性研究，显然可以作为推进后续纵深研究之逻辑框架或其考察路径的一个“可靠基础”，其理论及应用价值不言而喻。

9.2 特色与创新之处

本书研究的特色体现在：着力突出规范研究的系统性特征，强调系统的理论分析与可靠的实证检验至少应该具备的“对等价值”；同时还着意体现制度背景的关联性分析与实证检验中的描述性统计及其检验结果的“遥相呼应”，以突出本书待检验之基本命题的经济意义与其计量/统计意义的“高度”一致。本书围绕主题关切的逻辑分析与理论建模的层层推演，以及制度背景描述、关联趋势分析和多元分组样本检验的多维验证，很好地体现了这一特色，也因此或可成为与本书主题相关之研究的一个可行“范例”。

结合本书第3章对于国内外研究及其不足的综合评价，本书的创新之处主要体现在如下几个方面：

（1）结合产业组织、市场的效率结构、企业战略管理及创造性破坏等相关理论以及相关研究的精心梳理，基于行业竞争结构（PMC）之“内生互动效应”和“外生独立效应”正反两种路径及其“七类效应”的多维视角，系统搭建了公司产品市场竞争与其证券市场效率关联或互动（“PMC－SME”）的逻辑框架，并能切合我国的制度背景特征提出整合其理论分析并对应经验视角的“SICP”分析范式，理论基础较为厚实，逻辑体系可堪严密。

（2）针对已有模型的“理想化”缺陷，并基于理论架构之一般分析，进一步构建了公司是否面临现实的投融资约束条件之下的、行业竞争与公司绩效关联的分类数理模型，这或可为考察公司产品市场竞争与其证券市场效率的关联或互动（“PMC－SME”）的相关研究提供一种可行模式，并可弥补现有之“分离”研究的不足，具有基础理论意义。

（3）结合我国特定的制度背景，并基于我国产品市场竞争以及证券市场的多元分类样本，通过对行业结构、市场竞争程度、公司市场势力（MP）及其异质性风险的多维度量，在验证——关联趋势分析及其“替代性”检验（见9.3节）——行业竞争结构之四类“内生互动效应”基础之上，重点考察了产品市场竞争（PMC）的“外生独立效应”，而其“集中的行业结构和显著的公司市场势力（MP）有助于缓解异质性风险、稳定公司业绩及降低信息不确定性”等研究结果，不仅与国外最新研究相一致，也符合我国的制度环境特征，视角新颖、检验系统、国内鲜见，故可弥补国内现有研究之不足。

（4）国外基于面板数据的已有研究如 Gaspar 和 Massa（2006）、Irvine 和 Pontiff（2009）、Kale（2010）等，均着意于考察产品市场（PM）的竞争之于公司异质性风险或回报波动的系统性影响，却并未区分其证券市场（SM）的风险结构差异特征及其影响；而 Brown 和 Kapadia（2007）、Fama 和 French（2004）等基于证券市场（SM）多元结构特征之影响的研究却只限于时间序列特征（Time Trends）的分析，其结果在很大程度上要归功于其所自陈的"样本差异"（Sampling Problem），故其各自的局限似乎"显而易见"；本书受其启发并结合我国的制度背景，综合使用产品市场竞争（PMC）的多维度量（区分行业内外差异、结构与势力影响、竞争程度与创新关联等）并基于公司产品市场（PM）的竞争结构及其证券市场（SM）的风险结构差异特征的多元分组样本，从产品市场竞争（PMC）影响之正反两大路径及其"结构—风险—绩效"的系统关联视角，将上述两类研究相结合，故其检验相对更为全面而系统。

9.3 研究不足与展望

除了书中已经陈述的不足和后续研究方向之外，本书尚有如下不足有待改进并需要做进一步的研究：

（1）样本约束问题。本书基于"SICP"扩展范式的"结构（竞争）—风险（信息）—绩效（回报）"关联的"结构化分析"视角，对于行业竞争结构的分析，在"逻辑"上显然亦包括上市公司所在证券资本市场（SM）的多维结构特征，但受制于我国股票市场的历史（中小板尤其是创业板的时间更短）、数据有效性等现状，本书对于我国上市公司所在证券资本市场（SM）的公司/行业构成等多维结构特征及其影响效应的实证检验还不够充分，即未能充分验证本书理论分析提出的所有命题，对于公司产品市场竞争（PMC）之四类“内生互动效应”（尤其是“基本现金流波动效应”和“信息—风险效应”）的检验，未能像国外最新研究（Brown and Kapadia，2007；Fama and French，2004；Irvine and Pontiff，2009）那样，提供出更为系统而独立的描述以及时间序列检验——分别选取样本并分别进行面板数据与时间序列数据的双重检验会更好，这自然会限制本书研究结果的应用价值。虽然从国内市场经验看，创业板乃至中小板尚不会对主板市场形成实质性冲击，其影响基本为中性，但随着我国证券资本市场（尤其是“非主板”市场）的纵深发展，上述结构变迁及其影响势必会成为后续研究的重要命题。

（2）度量指标的选取和适用性问题。本书对产品市场竞争（PMC）的度量采用了区分行业内外差异、公司势力强弱差异，以及竞争程度与创新关联的差异等多维指标，但个别指标未能显著验证预期（如 PCM、NH 等），这既受制于指标本身的缺陷，还应考虑到我国上市公司的行业结构及其公司的规模分布差异等具体特征；而对于异质性风险（IR、SSE）的度量均基于传统的CAPM 方法及其改进模型（如市场模型 Market Mode）和扩展模型（Fama - French，三因素模型），还未及提供 Carter（1997）四因素模型以及 Irvine 和 Pontiff（2009）等基于基本现金流波动指标的对照性检验结果，这反映出本书稳健性检验的不足，并可能导致本书相关命题的检验未能显著验证其理论预期：例如，我国上市公司的“行业集中度效应”虽然显著（见表 8 - 4、表 8 - 14），但对于已有研究（Haw et al. 2008；Hou and Robinson，2006；Hoberg and Phillips，2010；Peress，2010；Kale，2010）指出的行业集中度之于信息分布的影响即本书提出的“信息传播或集聚效应”，并未像理论预期以及国外的研究结果那样显著，公司市场势力（EPCM）对于信息不对称的弱化效应并不明显（见表 8 - 10），而“基本现金流波动效应”（Irvine and Pontiff，2009）、“信息—风险效应”（Lowry et al.，2010）以及公司市场势力或行业集中结构的“创新激励效应”（Bunch and Smiley，1992；Schumpeter，1912，1942；Chun et al.，2008）只得到了间接的验证（见表8－9），故还应设计专门的样本和指标并结合我国公司的行业竞争结构分布特征进行更为系统的研究。

（3）公司研发投入数据的限制同时体现了上述两种约束。我国上市公司的研发投入（R&D）信息仍属于非强制性披露，CSMAR（2010）数据库里只有2007—2009年的数据，且披露还不够精确（里面还包括了开发支出等“非R&D”项目），缺失值也较为严重，有效检验样本的偏少（全样本125个）直接制约了本书拟对其按投入水平、产权性质、公司规模或市场势力（MP）以及市场类型（板块差异等）影响等多元特征分组，以验证相对集中的行业结构或显著的公司市场势力有助于推动公司间在创新与创造（即“创新激励效应”）等方面的战略性合作或价值依赖的预想，而这对于纵深验证公司显著的市场势力（MP）或更为集中的行业结构在降低信息不对称、缓解异质性风险激增、稳定公司回报以及改进其证券市场的低效率（SME）等方面，即在本书中已获验证的命题，还具有重要的“参照”意义。但可以预见，随着我国证券资本市场的纵深发展，上市公司治理机制及其制度环境的不断改善，相关信息或数据的披露将日益充分，对上述命题的进一步验证以及将R&D作为信息不对称的替代度量等，将势必如国外研究一般，日益具备可行性路径的价值和更强的解释力。

综上，考虑到本书逻辑关切主题的庞大体系及其复杂性，要找出一条切实可行的理论分析框架和实证检验路径殊非易事。故正如书中多次提到的那样，本书的研究只是一种“启蒙性”的尝试，很难说其足以框架该主题。特别是对于公司产品市场竞争与其证券市场的效率关联尤其是其互动效应（“PMC－SSE”）的考察尚只限于简单的验证，表8－11关于融资便利、产品市场竞争与公司异质性风险的检验，虽可作为本书逻辑关切之互动关系的一个证据，但仍不足以完整验证其效率的互动，且未及深入考虑产权结构、地区治理环境等制度背景差异的影响，这虽然也是国外已有相关研究的一个“通病”，但并不能掩盖本书作为“尝试性”研究的诸多缺陷，敬待后续研究的逐步深入。

参考文献

［1］［美］阿夫纳·格雷夫．大裂变：中世纪贸易制度比较和西方的兴起①［M］．郑江淮译．北京：中信出版社，2008．105～107．

［2］陈郁．企业制度与市场组织——交易费用经济学文选［M］．上海：上海人民出版社，2006．

［3］陈郁．所有权、控制权与激励——代理经济学文选［M］．上海：上海人民出版社，2006．

［4］［美］尼尔·弗雷格斯坦．市场的结构：21世纪资本主义社会的经济社会学［M］．甄志宏译．上海：上海人民出版社，2008．8～9，31～32．

［5］陈浪南，屈文洲．资本资产定价模型的实证研究［J］．经济研究，2000（4）：26～34．

［6］陈小悦，孙爱军．CAPM在中国股市的有效性检验［J］．北京大学学报（哲社版），

① 该书原名为"Institutions and the Path to the Modern Economy"，着力于制度的历史学和社会学分析。

2000（4）：28～37.

［7］陈展辉．股票收益的截面差异与三因素资产定价模型来自A股市场的经验研究［J］．中国管理科学，2004（12）：12～17.

［8］［美］丹尼尔·F. 史普博．管制与市场［M］．余晖等译．上海：上海三联书店，2003.

［9］邓可斌，丁重．中国为什么缺乏创造性破坏？——基于上市公司特质信息的经验证据［J］．经济研究，2010（6）：66～79.

［10］董志勇，韩旭．于GCAPM的羊群行为检测方法与中国股市中的实证依据［J］．金融研究，2007（5）：108～117.

［11］方军雄．所有制、市场化进程与资本配置效率［J］．管理世界，2007（11）：27～35.

［12］［美］赫尔曼，琼斯，考夫曼．转轨国家的政府俘获、腐败以及企业影响力［J］．经济社会体制比较，2009（1）：1～12.

［13］胡大春，金赛男．基金持股比例与A股市场收益波动率的实证分析［J］．金融研究，2007（4）：129～142.

［14］姜付秀，刘志彪．行业特征、资本结构与产品市场竞争［J］．管理世界，2005（10）：74～81.

［15］汪伟，史晋川．进入壁垒与民营企业的成长——吉利集团案例研究［J］．管理世界，2005（4）：132～139.

［16］靳云汇，刘霖．中国股票市场CAPM的实证研究［J］．金融研究，2001（7）：106～115.

［17］刘志彪，姜付秀，卢二坡．资本结构与产品市场竞争强度［J］．经济研究，2003（7）：60～67.

［18］李春涛，宋敏．中国制造业企业的创新活动——所有制和CEO激励的作用［J］．经济研究，2010（5）：55～67.

［19］李青原．会计信息质量与公司资本配置效率——来自我国上市公司的经验证据［J］．南开管理评论，2009（2）：115～124.

［20］李心丹，宋素荣，卢斌，查晓磊．证券市场内幕交易

的行为动机研究［J］. 经济研究，2008（10）：65~79.

［21］林毅夫，李志赟. 政策性负担、道德风险与预算软约束［J］. 经济研究，2004（2）：17~27.

［22］刘霖. 不完全竞争、交易效率和证券风险［J］. 中央财经大学学报，2006（9）：46~49.

［23］陆毅，李冬娅，方琦璐，陈熹. 产业集聚与企业规模——来自中国的证据［J］. 管理世界，2010（8）：84~89.

［24］聂辉华，谭松涛，王宇锋. 创新、企业规模和市场竞争——基于中国企业层面的面板数据分析［J］. 世界经济，2008（7）：57~66.

［25］施东晖. 证券投资基金的交易行为及其市场影响［J］. 世界经济，2001（10）：26~31.

［26］宋军，吴冲锋. 基于分散度的金融市场中的羊群行为研究［J］. 经济研究，2001（11）：21~27.

［27］苏冬蔚. 噪声交易与市场质量［J］. 经济研究，2008（9）：82~95.

［28］魏后凯. 中国制造业集中与X非效率探讨［J］. 产业经济评论，2003（4）：1~6.

［29］魏后凯. 中国制造业集中与市场结构分析［J］. 管理世界，2002（4）：63~71.

［30］魏后凯. 中国制造业集中状况及其国际比较［J］. 中国工业经济，2002（1）：41~49.

［31］吴昊旻，杨兴全. 融资环境、行业产品市场竞争与上市公司现金持有量研究述评［J］. 外国经济与管理，2009（3）：60~65.

［32］吴昊旻，杨兴全. 产品市场竞争战略与公司债务融资选择［J］. 财经科学，2008（3）：92~98.

［33］吴延兵. 企业规模、市场力量与创新：一个文献综述［J］. 经济研究，2007（5）：125~138.

[34] 许年行，赖建清，吴世农．公司财务与投资者法律保护研究述评 [J]．管理科学学报，2008 (2)：101～109.

[35] 肖作平．公司治理结构对资本结构类型的影响 [J]．管理世界，2005 (9)：137～147.

[36] 辛清泉，林斌．债务杠杆与企业投资：双重预算软约束视角 [J]．财经研究，2006 (7)：73～83.

[37] 许宪春．当前我国的经济增长及其变化趋势 [J]．经济科学，2009 (5)：5～18.

[38] 徐忠，沈艳，王小康，沈明高．市场结构与我国银行业绩效——假说与检验 [J]．经济研究，2009 (10)：75～86.

[39] 杨兴全，张照南，吴昊旻．治理环境、超额持有现金与过度投资 [J]．南开管理评论，2010 (5)：61～69.

[40] 杨兴全，吴昊旻．行业特征、产品市场竞争与上市公司现金持有量 [J]．经济评论，2009 (1)：92～98.

[41] 杨兴全，张照南．制度背景、股权性质与公司持有现金价值 [J]．经济研究，2008 (12)：111～123.

[42] 杨兴全，吴昊旻．成长性、代理冲突与公司财务政策 [J]．会计研究，2011 (8)：40～45.

[43] 姚颐，刘志远．震荡机构、机构投资与市场稳定 [J]．管理世界，2008 (8)：22～32.

[44] 叶康涛，陆正飞．中国上市公司股权融资成本影响因素分析 [J]．管理世界，2004 (5)：128～142.

[45] 于立，吴绪亮．关于“过度竞争”的误区与解疑：兼论中国反垄断立法的“渐进式”思路．中国工业经济 [J]，2007 (1)：5～13.

[46] 于良春，张伟．中国行业性行政垄断的强度与效率损失研究 [J]．经济研究，2010 (3)：16～27.

[47] 张维迎，马捷．恶性竞争的产权基础 [J]．经济研究，1999 (6)：11～20.

[48] 朱恒鹏．企业规模、市场力量与民营企业创新行为[J]．世界经济，2006（12）：41～52．

[49] 袁知柱，鞠晓峰．制度环境、公司治理与股价信息含量[J]．管理科学，2009（2）：17～28．

[50] 张纯，吕伟．信息披露、市场关注与融资约束[J]．会计研究，2007（11）：32～38．

[51] 翟林瑜．信息、投资者行为与资本市场效率[J]．经济研究，2004（3）：47～54．

[52] 朱茶芬，李志文．政府干预和会计盈余质量的关系研究——来自 A 股上市公司的经验证据[J]．商业经济与管理，2009（6）：82～89．

[53] 张五常．中国的经济制度[M]．香港：花千树出版公司，2008．

[54] Aboody，D. and Lev，B. Information asymmetry，R&D，and insider gains. *The Journal of Finance*，2000，55，2747－2766.

[55] Aguerrevere，F. Real Options，Product Market Competition and Asset Returns. *The Journal of Finance*，2009，64，957－983.

[56] Ang，A.，Hodrick，R.，Xing，Y. and Zhang，X. High idiosyncratic volatility and low returns－International and further U. S. evidence. *Journal of Financial Economics*，2009，91，1－23.

[57] Ang，A.，Hodrick，R.，Xing，Y. and Zhang，X. The cross－section of volatility and expected returns. *The Journal of Finance*，2006，61，259－299.

[58] Asparouhova，E.，H. Bessembinder and I. Kalcheva. Liquidity baises in asset pricing tests. *Journal of Financial Economics*，2010，96，215－237.

[59] Baker，G. P. Growth，corporate policies，and the investment opportunity set. *Journal of Accounting and Economics*，1993，16，161－165.

[60] Bain, Joe. Economies of scale, concentration and the condition of entry in twenty manufacturing industries. *American Economic Review*, 1954, 44, 15-39.

[61] Bali, T., Cakici, N., Yan, X. and Zhang, Z. Does idiosyncratic risk really matter? *The Journal of Finance*, 2005, 60, 905-929.

[62] Beatty, Randolph and Jay Ritter. Investment banking, reputation, and the underpricing of initial public offerings. *Journal of Financial Economics*, 1986, 15, 213-232.

[63] Bennett, J. and R. Sias. Why company-specific risk changes over time. *Financial Analysts Journal*, 2006, 62, 89-100.

[64] Bharath, S. T., Pasquariello, P. and Wu, G. Does asymmetric information drive capital structure decisions? *Review of Financial Studies*, 2009, 22, 3211-3243.

[65] Birt, J., Bilson, C., Smith, T. and Whaley, R. Ownership, competition, and financial disclosure. *Australian Journal of Management*, 2006, 31, 235-263.

[66] Bolton, Patrick and David A. Scharfstein. A theory of predation based on agency problems in financial contracting. *American Economic Review*, 1991, 80 (1): 93-106.

[67] Brander, James and Tracey Lewis. Oligopoly and financial structure: the limited liability effect. *American Economic Review*, 1986, 76, 956-970.

[68] Brown, G. and N. Kapadia. Firm-specific risk and equity market development. *Journal of Financial Economics*, 2007, 84, 358-388.

[69] Butler, W. A. and Cornaggia, J. Does access to external finance improve productivity: Evidence from a natural experiment. *Journal of Financial Economics*, 2011, 99, 184-203.

[70] Campello, M. Debt financing: Does it boost or hurt firm performance in priduct market? *Journal of Financial Economics*, 2006, 82, 135 - 172.

[71] Campbell, J., Lettau, M., Malkiel, B. and Xu, Y. Have individual stocks become more volatile? An empirical exploration of idiosyncratic risk. *The Journal of Finance*, 2001, 56, 1 - 43.

[72] Campello, Murillo, John R. Graham and Campbell R. Harvey. *The Real Effects of Financial Constraints: Evidence From a Financial Crisis.* Working Paper, Duke University, 2009.

[73] Carhart, M. On persistence in mutual fund performance. *The Journal of Finance*, 1997, 52, 57 - 82.

[74] Carlin, B. Strategic price complexity in retail financial markets. *Journal of Financial Economics*, 2009, 91 (3): 278 - 287.

[75] Chang, X., Dasgupta, S. and Hilary, G. Analyst coverage and financing decisions. *The Journal of Finance*, 2006, 61, 3009 - 3048.

[76] Chemmanur, T. and He, J. IPO Waves, Product Market Competition, and the Going Public Decision: Theory and Evidence. Working Paper, SSRN Database, 2009.

[77] Chen, S., K. W. Ho and K. H. Ik. The wealth effect of new product introductions on industry rivals. *Journal of Business*, 2005, 78 (3): 969 - 996.

[78] Cheng, Q. The role of analysts' forecasts in accounting - based valuation: A critical evaluation. *Review of Accounting Studies*, 2005a, 10 (1): 5 - 31.

[79] Cheng, Q. What determines residual income? *The Accounting Review*, 2005b, 80 (1): 58 - 112.

[80] Chodand, J. and Lyandres, E. Strategic IPOs and product

market competition. *Journal of Financial Economics*, 2011, 100 (1).

[81] Chun, Hyunbae, Jung – Wook Kim, Randall Morck and Bernard Yeung. Creative destruction and firm – specific performance heterogeneity. *Journal of Financial Economics*, 2008, 89, 109 – 135.

[82] Demsetz, H. Industry Structure, Market Rivalry and Public Policy. *Journal of Law and Economics*, 1973, 16, 1 – 9.

[83] DeLong, B. J., A. Shleifer, L. Summers and R. Waldman. Positive feedback investment strategies and destabilizing rational speculation. *The Journal of Finance*, 1990, 45 (2): 379 – 395.

[84] Dey, Aiyesha. Corporate governance and agency conflicts. *Journal of Accounting Research*, 2008, 46 (5): 1 – 39.

[85] Duchin, Ran, Ozbas Oguzhan and Berk A. Sensoy. Costly External Finance, Corporate Investment, and the Subprime Mortgage Crisis. Working Paper, Marshall School of Business, 2008.

[86] Fama, E. and French, K. Common risk factors in the returns on stocks and bonds. *Journal of Financial Economics*, 1993, 33, 3 – 56.

[87] Fama, E. and French, K. New lists: fundamentals and survival rates. *Journal of Financial Economics*, 2004, 73, 229 – 269.

[88] Fang, Vivian W., Thomas H. Noe and Sheri Tice. Stock Market Liquidity and Firm Value. *Journal of Financial Economics*, 2008, 94, 150 – 169.

[89] Fink, J., Fink, K., Grullon, G. and Weston, J. IPO vintage and the rise of idiosyncratic risk. Unpublished working paper. Rice University, Houston, TX, 2005.

[90] Fresard, Laurent. Financial strength and product market behavior: the real effects of corporate cash holdings. *The Journal of Finance*, 2010, 65 (3): 1097 – 1122.

[91] Fu, F. Idiosyncratic risk and the cross – section of

expected stock returns. *Journal of Financial Economics*, 2009, 91, 24 - 37.

[92] Gale, B. Market share and rate of return. *Review of Economics and Statistics*, 1972, 54, 412 - 423.

[93] Gaspar, José - Miguel and Massimo Massa. Idiosyncratic volatility and product market competition. *Journal of Business*, 2006, 79, 3125 - 3152.

[94] Gaver, J. and Gaver, K. Additional evidence on the association between the investment opportunity set and corporate financing, dividend, and compensation policies. *Journal of Accounting and Economics*, 1993, 16, 125 - 160.

[95] Gebhardt, W., C. Lee and B. Swaminathan. Toward an implied cost of capital. *Journal of Accounting Research*, 2001, 39, 135 - 176.

[96] Ghemawat, Pankaj and Barry Nalebuff. Exit. *The Rand Journal of Economics*, 1985, 16, 184 - 194.

[97] Goyal, A. and Santa - Clara, P. Idiosyncratic risk matters! *The Journal of Finance*, 2003, 58, 975 - 1007.

[98] Grossman, S. J. and J. E. Stiglitz. On the impossibility of informationally efficient markets. *American Economic Review*, 1980, 70, 393 - 408.

[99] Guadalupe, M. and Francisco Pérez - González. *The Impact of Product Market Competition on Private Benefits of Control*. Working paper, SSRN Database, 2006.

[100] Gul, F. A. Growth opportunities, capital structure and dividend policies in Japan. *Journal of Corporate Finance*, 1999, 5, 141 - 168.

[101] Gao, Pingyang. Disclosure Quality, Cost of Capital, and Investors' Welfare. Working paper, SSRN Database, 2008.

[102] Haw, I. – M., B. Hu, Lee, J. J. and W. Wu. The Impact of Industry Concentration on the Market's Ability to Anticipate Future Earnings: International Evidence. Working paper, SSRN Database, 2008.

[103] Han, Y. and D. A. Lesmond. Liquidity Biases and the Pricing of Cross – sectional Idiosyncratic Volatility. Working Paper, Tulane University, 2010.

[104] Haushalter, D., Klasa, S. and Maxwell, F. W. The influence of product market dynamics on a firm's cash holdings and hedging behavior. *Journal of Financial Economics*, 2007, 84, 797–825.

[105] Healy, P. and Palepu, K. Information asymmetry, corporate disclosure, and the capital markets: a Review of the empirical disclosure literature. *Journal of Accounting and Economics*, 2001, 31, 405 – 440.

[106] Hoberg, G. and Phillips, G. Real and financial industry booms and busts. *The Journal of Finance*, 2010, 65 (1): 45 – 86.

[107] Hou, K. and Robinson, D. Industry concentration and average stock returns. *The Journal of Finance*, 2006, 61, 1927 – 1956.

[108] Hu, T. Pricing of Cross – sectional Idiosyncratic Volatility and Liquidity Bias in Emerging Market. Working Paper, Tulane University, 2010.

[109] Hutchinson, M. and Gul, F. A. Investment opportunity set, corporate governance practices and firm performance. *Journal of Corporate Finance*, 2004, 10, 595 – 614.

[110] Irvine, P. and Pontiff, J. Idiosyncratic return volatility, cash flows, and product market competition. *Review of Financial Studies*, 2009, 22, 1149 – 1177.

[111] Jensen, M. C. and Meckling, W. H. Theory of the firm: managerial behavior, agency costs and ownership structure. *Journal of Financial Economics*, 1976, 3 (4): 305-360.

[112] Jin, L. and S. Myers. R^2 around the world: new theory and new tests. *Journal of Financial Economics*, 2006, 76, 257-292.

[113] Kale, Jayant R. Product market power and stock market liquidity. *Journal of Financial Market*, 2010, 65, 1-35.

[114] Karuna, C. Industry product market competition and managerial incentives. *Journal of Accounting and Economics*, 2007, 43, 275-297.

[115] Kim, Y., M. Lacina and M. S. Park. Positive and negative information transfers from management forecasts. *Journal of Accounting Research*, 2008, 46 (4): 885-908.

[116] Leuz, C. and R. Verrecchia. The economic consequences of increased disclosure. *Journal of Accounting Research*, 2000, 38, 91-125.

[117] Leuz, C. and R. Verrecchia. Firms' Capital Allocation Choices, Information Quality, and the Cost of Capital. Working paper, SSRN Database, 2005.

[118] Lowry, M., Officer M. and Schwert, W. The variability of IPO initial returns. *The Journal of Finance*, 2010, 65 (2): 425-465.

[119] Lyandres, Evgeny. Capital structure and interaction among firms in output markets: theory and evidence. *Journal of Business*, 2006, 79, 2381-2421.

[120] MacKay, P. and Phillips, G. M. How does industry affect firm financial structure? *Review of Financial Studies*, 2005, 18, 1433-1466

[121] Maksimovic, V. and Zechner, J. Debt, agency costs, and industry equilibrium. *The Journal of Finance*, 1991, 46, 1619 – 1643.

[122] Malkiel, B. and Xu, Y. Investigating the behavior of idiosyncratic volatility. *Journal of Business*, 2003, 76, 613 – 644.

[123] Mayers S. Determinants of corporate borrowing. *Journal of Financial Economics*, 1977, 5, 147 – 175.

[124] Morck, R., Yeung, B. and Yu, W. The information content of stock markets: why do emerging markets have synchronous stock price movements? *Journal of Financial Economics*, 2000, 58, 215 – 260.

[125] Massa, M., Z. Rehman and T. Vermaelen. Mimicking repurchases. *Journal of Financial Economics*, 2007, 84 (3): 624-666.

[126] Merton, Robert C. A simple model of capital market equilibrium with incomplete information. *The Journal of Finance*, 1987, 42, 483 – 510.

[127] Nofsinger, J. R. and Sias, R. W. Herding and feedback trading by institutional investors. *The Journal of Finance*, 1999, 54 (3): 2263 – 2295.

[128] Novy – Marx, R. Competition, Productivity and the Cross Section of Expected Returns. Working paper, SSRN Database, 2009.

[129] Pastor, L. and Veronesi, P. Stock valuation and learning about profitability. *The Journal of Finance*, 2003, 58, 1749 – 1789.

[130] Pastor, Lubos, Lucian A. Taylor and Pietro Veronesi. Entrepreneurial learning, the IPO decision, and the post – IPO drop in firm profitability. *Review of Financial Studies*, 2009, 22, 3005 – 3046.

[131] Pastor, Lubos and Pietro Veronesi. Rational IPO waves.

The Journal of Finance, 2005, 58, 1749 - 1789.

[132] Peress, Joel. Product market competition, insider trading and stock market efficiency. *The Journal of Finance*, 2010, 65 (1): 1 - 43.

[133] Peress, Joel. How does the Distribution of Ownership Affect the Production of Information. Working paper, SSRN Database, 2004.

[134] Perotti, Enrico C. and Ernst - Ludwig von Thadden. Strategic transparency and informed trading: will capital market integration force convergence of corporate governance? *Journal of Financial & Quantitative Analysis*, 2003, 38, 61 - 86.

[135] Piotroski, J. D. and D. T. Roulstone. The influence of analysts, institutional investors, and insiders on the incorporation of market, industry, and firm - specific information into stock prices. *Accounting Review*, 2004, 79 (4): 1119 - 1151.

[136] Povel, P. and Raith, M. Financial constraints and product market competition: ex ante vs. ex post incentives.. *International Journal of Industrial Organization*, 2005, 22, 917 - 949.

[137] Raith, Michael. Competition, riskand managerial incentives. *American Economic Review*, 2003, 93, 1425 - 1436.

[138] Rajan, R. and Zingales, L. The great reversals: the politics of financial development in the 20th century. *Journal of Financial Economics*, 2003, 69, 5 - 50.

[139] Scbumpeter, Joseph. The Theory of Economic Development. Cambridge. Mass: Harvard University Press, 1912.

[140] Schumpeter, Joseph. *Capitalism, Socialism, and Democracy*. New York and London: Harper & Row, 1942.

[141] Sherman, Ann E. and Sheridan Titman. Building the IPO order book: Underpricing and participation limits with costly

information, *Journal of Financial Economics*, 2002, 65, 3 –29.

[142] Sias, R. W. Volatility and institutional investor. *Financial Analysis Journal*, 1996, 23 (10): 13 –20.

[143] Szewcyk, S. Tsetsekos, G. and Richard. V. Institutional ownership and the liquidity of common stock offerings. *The Financial Review*, 1992, 27 (4): 211 –225.

[144] Spiegel, M. and Tookes, H. Dynamic Competition, Innovation and Strategic Financing. Working Paper, Yalc University, 2008.

[145] Tookes, H. Information, trading, and product market interactions: cross – sectional implications of informed trading. *The Journal of Finance*, 2008, 63, 379 –413.

[146] Verrecchia, R. E. and J. Weber. Redacted disclosure. *Journal of Accounting Research*, 2006, 44 (4): 791 –814.

[147] Wanzenried, G. Capital structure and output market competition under demand uncertainty. *International Journal of Industrial Organization*, 2003, 21, 171 –200.

[148] Wei, S., Zhang, C. Why did individual stocks become more volatile? *Journal of Business*, 2006, 79, 259 –292.

[149] Welker, Michael. Disclosure policy, information asymmetry, and liquidity in equity markets. *Contemporary Accounting Research*, 1995, 11, 801 –827.

[150] Wurgler, J. and E. Zhuravskaya. Does arbitrage flatten demand curves for stocks? *Journal of Business*, 2002, 75, 583–608.

[151] Yong – Chul Shin. The Effect of Product Market Competition on Corporate Voluntary Disclosure Decisions. Working Paper, SSRN Database, 2002.

后 记

后记当有两层含义，其一为叙成文之感想，其二为表达提助之恩情。

先叙自我成文之感想。论文之选题本无好坏，关键在于能否挖掘出区别于前人的视角、方法或结果来，故旧话题未必不能“老树生花”，而所谓的新创意亦难免“拾人牙慧”。本书之选题“历久而弥新”，归其功则在于早期经典研究之先见之明与当前经济变迁大势及新政之推动，文中已叙，无须赘言。罗格夫所谓“历史不会重复，却总是惊人地相似”（《这次不一样》），回顾危机重演，不免有此一叹。故借鉴前人，析分时势，当有所思。本书所论产品市场竞争与公司证券市场之效率关联或互动，要其意即在为“过犹不及”求证。行业之聚散离合，虽多为竞争演变之自然后果（张五常），但亦难免人为之矫枉过正。本书为适度集中之行业结构与公司显著之市场势力“鼓噪”，似与市场竞争之当下主流背道而驰，然要其本意，实着眼于效率。国学大师钱穆，因受蒋介石格外礼遇，而备受时人诘责，孤愤之余，其弟子安慰他：“先生讲理，人以为谄”（原文“事君尽礼，人以为谄也”，语出《论语·八佾第三》），钱穆因而倍感欣慰。笔者自非学者，但忆及此事，个中心境，似不一而同。本书于各章之前，均遥引学术名家之断说，实为借权威之言佐证竞争反思之必要。老子曰“反者道之动也”，凡事规行矩步，实难有所创获，而研究初兴之命题，皆必经由此道。

故本书自研究之初至成文之末，笔者即力求围绕主题、依理推演、条分缕析并据实验证。然鉴于本书主题关切之“历久而弥新”，其相关文献，犹如杂史，体系宏大，正反相呈，故其个中规律，殊难勾陈厘定。若果真能做到“其胪陈故实，如丝连绳贯，本末粲然”（见《四库全书总目提要》评宋人王栐《燕翼贻谋录》），则必能为本书之实证研究奠基增色。文献述评如同史家论说，其所谓“……则后人视前人所有者必节之，前人所无者必增之，以见其不雷同抄袭”（赵翼《廿二史札记》），亦符合现代学术尤其是实证研究之原则。本书之述评即遵循史家赵翼所谓“带叙法”，其文献回顾、理论分析与数理建模，因其用功之久与剧，故当为文章增色，并能为其“显著相关”之检验结果，提供堪称系统的数理支撑。时人评说学术研究之价值，有“重要、新颖、可行”之论，笔者的学生之笔、反向之思及其所谓“创新之处”，会在何样层次，或堪结业之资，或充引玉之砖，只有期待，自难评说；但其逻辑关切之重要性，经由前辈今人之推陈，已然不言而喻。电影《费城故事》里有句台词：“我们在没有证据时才相信信心。”对照研究之初乃至成文之末的忧虑、质疑甚至揶揄，本书“先抑后扬”的逻辑分析、模型推理及其实证验证，似乎可堪使“我们将因为有证据而更加相信信心”。故抛砖引玉，尚有期来者：能够潜心沉性，广见多思，以求光大此“重要、新颖、可行”之命题。

次达师友提助之恩情。成文的甘苦之后，当有致谢，以表达师长友亲提助关爱之恩情；故致谢之意，其贵在诚，看似多溢美于外，实则皆发乎内心。本书是在笔者的博士论文基础上修改而成。三年攻读，数载苦辛，个中情愫激荡，不由不如此耳。注视着眼前即将付梓的“专著”，思绪已悄然徜徉在感慨、惆怅与苦乐参半的回忆之中。古人求学，“负笈尘中游，抱书雪前宿”（白居易《相和歌辞·短歌行二》），或三五十载，或穷其一生，其酸苦倍于今人；且始终倡导博洽兼专精、广纳而深沉，故其造化恢弘、德业精劲者实多。然现代学术研究，强调专业之分门别类，其意首在知识之专门，兼及博闻广识。此乃时境变迁之差异所致，与时俱进，当不分薄厚，难较优劣。但若就其选定之主题关切，并予以推演、解析及验证之历程而言，则虽古今有异，而其思理、论证及甘苦实同。故感慨古今，忆及甘苦，当念师恩之重大。

韩愈所谓师道，“传道”在前而“授业”、“解惑”在后，看似等量齐观，而其理实有先后。做学问犹如做人，学问之道，首在其德：不为虚名而投机博利，不以无名而悲天悯人，凡事力所能及，忠勇勤奋，自有其可敬可爱之处，亦自能利国、利家而又利己。此当为孔子之“正已—修身—治国—平天下”、范文忠之“不以物喜，不以已悲”以及胡适所谓“爱自己当如爱国家”（原文为“争你们个人的自由，便是为国家争自由”，语出《介绍自己的思想》）之真意境吧。当此论文甫就、毕业在望之际，笔者首先要感谢导师王华教授，导师谦和平易，性情醇厚，巍然而有长者之风。求学三载，公务之余，面谈亲授；其质疑发问，循循善诱；其往来交流，协调自然；其体恤弟子，和蔼至周；又赖其威望，笔者得以破格公费就读暨大，无生活后顾之忧，有奋勇争先之力；故此，笔者还要衷心感谢暨南大学之奖学金惠助，以及笔者所在单位石河子大学经管学院之三年脱产政策。感谢石本仁教授谦谦君子，儒雅风度；刘国常教授的直言不讳，宋献中教授、胡玉明教授、谭跃教授、香港中文大学范博宏（Joseph P. H. Fan）教授、吴毓武（Woody Wu）教授、香港城市大学苏锡嘉（Xijia Su）教授、北京大学姜国华教授的课堂启迪，以及石水平博士、饶品贵博士的中肯之见。感谢我的师母余丽琳老师以及“忘年之交”华南师大哲学系刘李伟教授的关心和照顾。在此，笔者还要诚挚感谢我的硕导、石河子大学经管学院院长杨兴全教授，其不时的督促和鼓励，使我不敢稍有懈怠；其幽默平易的性情，又使我得享友朋相亲的快慰。感谢刘俊浩教授、陈旭东教授以及王伟国教授等师长领导的看望、关爱和提携。是他们，为我插上“隐形的翅膀”，从此得以更自由地遨游于天际，渐高渐远，而难忘师恩。在此，我要把三年攻读的成果，作为最为谦逊、低调和热忱的献礼，一并奉给我的父母、兄长、小妹以及曾经的爱人，“欲报之德”，路漫漫，其修远兮；回首往昔，泪潇潇，其乎远矣……

最后，感谢同窗好友徐全华、李奇峡、欧阳励励、曾建新、陈晓敏、王莹以及夏芳、陈华妹博士，还有生病时照顾过我的陶宝山、郑彬（市场营销学）博士，以及“同居”室友杨剑兵（文学）博士、王绍祥（药学）博士；感谢我的同事好友兼“技术顾问”魏卉博士和蔡敏同学，我的同事好友厦门大学吕珺博士、南京大学吕雪晶博士在数据方面提供的热心支持；感谢同窗兼好友谭伟荣博士不时的体贴和宽慰；感谢我系郭桂花教授、王薇副教授、杨元贵及白俊博士等同仁的帮助和关心。三年同窗，同仁数载，因缘际会，唯愿同学、师生、友朋之间的情谊，仍如笔者庚寅诗作《中秋别韵》所言，犹如月般纯净，一如桂般清香！

是为记。

吴昊旻

辛卯年秋十月